当代全人教育的
中国经验

张立平 著

中国社会科学出版社

图书在版编目（CIP）数据

当代全人教育的中国经验/张立平著. —北京：中国社会科学出版社，2021.8
ISBN 978－7－5203－9047－7

Ⅰ.①当… Ⅱ.①张… Ⅲ.①小学教育—研究—中国 Ⅳ.①G629.2

中国版本图书馆 CIP 数据核字（2021）第 175737 号

出 版 人	赵剑英
责任编辑	马　明　孙砚文
责任校对	赵　洋
责任印制	王　超

出　　版	中国社会科学出版社
社　　址	北京鼓楼西大街甲158号
邮　　编	100720
网　　址	http://www.csspw.cn
发 行 部	010－84083685
门 市 部	010－84029450
经　　销	新华书店及其他书店
印　　刷	北京明恒达印务有限公司
装　　订	廊坊市广阳区广增装订厂
版　　次	2021年8月第1版
印　　次	2021年8月第1次印刷
开　　本	710×1000　1/16
印　　张	18.5
插　　页	2
字　　数	304千字
定　　价	99.00元

凡购买中国社会科学出版社图书，如有质量问题请与本社营销中心联系调换
电话：010－84083683
版权所有　侵权必究

代序　探寻全人教育的中国道路与经验

陈向明[*]

教育是一项培养人的当下事业，但教育目的的选择却有一个历史演变的过程。中国古代教育中，孔子较早提出了培养"君子"的教育目的，孟子的"大丈夫"、荀子的"大儒"、颜之推的"士大夫"等概念，也大致相当于当前的"全人"。清末王国维提出教育要把人培养成"知情意的综合体"，近代学者钱穆更直接提出"专门教育惟以教事，全人教育乃以教人"[①]。古雅典的教育目的是均衡发展人的身体、道德、智力和审美；古罗马的教育目的是不懈地给青年灌输坚定、刚毅、勇敢、虔诚、自制、审慎和正义等精神；基督教提出了拯救灵魂的教育目的；而文艺复兴时期的人文主义教育则关注绅士和廷臣的培养。现代科学兴起后，培根和夸美纽斯倡导的泛智教育，追求把知识纳入教育的视野，之后扩展为智力训练的教育目的；斯宾塞强调教育的目的是为完满生活做准备；而杜威则认为各种类型的完满生活并不是教育的目的，教育过程在它自身以外无目的，它自身就是目的。[②]

一般认为，教育的目的有着社会本位和个体本位之分。凯兴斯泰纳、涂尔干、赫尔巴特、孔德等认为，教育的目的应从社会需要出发，将受教育者培养成符合社会准则的公民，使其社会化，保证社会生活的稳定与延续。[③] 而卢梭、康德、裴斯泰洛齐、萨特、福禄贝尔等则持有与以上学者

---

[*] 陈向明，北京大学教育学院教授、北京大学基础教育研究中心学术委员会主席、北京大学质性研究中心名誉主任、华东师范大学上海终身学习研究院特聘研究员。

① 钱穆：《国史新论》，生活·读书·新知三联书店2010年版，第269—271页。

② [美]约翰·S.布鲁巴克：《教育问题史》，单中惠等译，山东教育出版社2012年版，第1—23页。

③ 张人杰：《国外教育社会学基本文选》，华东师范大学出版社1989年版，第9页。

相异的观点,更侧重根据个人发展需要来制定教育目的,通过教育使人的本性和本能得到自然发展。① 随着时代变迁,学界对教育目的的认识也从静止和僵化的二元对立,转向动态、情境化和发展的后现代观。社会是人的社会,教育要为人的发展服务;同时,人是社会的人,不能脱离社会现实空谈教育。此外,对教育目的的认识还应考虑所处的社会和文化传统,以及学校基于教育理念所进行的探索性实践,更加关注教育实践的真实性和复杂性。

从这个角度看,张立平博士的《当代全人教育的中国经验》一书,旨在从社会本位和个体本位的教育目的之间寻求一种平衡,探索在当代如何培养"完整发展的人"。正如作者在书中所论述的,全人教育思想与人的全面发展学说虽非同出一脉,但两者都认为人的全面发展是教育的最终追求和最高目标。人的全面发展理论强调人的需要、能力、社会关系、自由个性和自身文化素质的全面发展;而全人教育强调开发人的理智、情感、身心、美感、创造力和精神潜能,反映了马克思主义关于人的全面发展学说的实质精神。

做这样的一种研究,作者是需要有强烈教育情怀的。张立平的研究针对当前局部或区域教育中的内卷化、工具化、功利化和非人化等异化现象,在批判应试教育论、唯智论、社会资本决定论和社会控制论的基础上,强调学校教育应该重构人与人之间的相互理解和生命的意义,寻求精神世界与物质世界的平衡。他研究的起点不是学校课程、教学、德育或管理等微观教育现象,也没有将注意力放在国家教育制度与政策的宏观分析上,而是以学校的整体实践探索作为对象,从中观层次考察学校如何在中国社会、文化和历史情境中选择全人教育路径和模式。

本书借鉴第二代"文化—历史活动理论",形成了有新意的概念框架和分析视角。书中探讨了学校作为教育主体,依托共同愿景,形成教师发展共同体,搭建合适的组织结构,有效使用中介工具等情况,重在揭示在行动中探索具有学校特色的发展路径。通过对不同个案进行结构性分析,本书发现了学校活动的结构与活动的构成要素,以及各种要素之间的相互关系。

在此基础上,作者通过扩展个案研究法,在学校个案内看到国家、经

---

① 王道俊、郭文安:《教育学》,人民教育出版社2016年版,第84页。

济或社会秩序等层面更为宏观的权力运作,以便理解学校微观处境是如何被宏大结构所形塑,并产生特定结果的。[①] 此后,作者在个案研究和扩展个案研究的基础上,又进行了跨个案分析,提炼了当代中国全人教育的意涵。通过这种系统化的分析程序,作者也为全人教育的类型及特点找到了依据。

总体而言,作者梳理了全人教育理论的来源和发展,总结了中、日、欧、美全人教育理念的意涵,探索了当代中国全人教育的路径,拓展和丰富了全人教育理论。该研究在田野调查基础上提炼的"理念为先的快乐教育""文化奠基的全纳教育"和"智慧传道的经典教育"三种全人教育路径,厘清了当代中国全人教育的类型特点、结构模式和运行情境,体现了当代中国教育实践中的经验和智慧。我相信,这些研究成果对于未来全人教育的进一步探索具有指导意义,也有利于学校优化立德树人的文化环境和氛围。

2021 年 7 月 30 日

[①] 卢晖临、李雪:《如何走出个案——从个案研究到扩展个案研究》,《中国社会科学》2007 年第 1 期。

摘　　要

教育的目的在于立德树人，而学校的学习，应该充满趣味、人文关怀和生命意义。一些学校、机构和个人正尝试用新的教育理念改变教育现状。这既包含主流教育的一些内部创新变革，也包含一些观念和途径不同的非主流教育探索。其中全人教育因倡导"人的完整发展"的理念，引起我国学界和学校的关注。在基础教育阶段，目前有些新建学校或教育机构正以该理论探索新的教育变革。

尽管全人教育理论有其深厚的渊源和明确诉求，但它并没有形成一套统一的操作程序或方法，因此给实践者带来很大的困扰。全人教育理念如何与中国文化和社会交融？学校机制如何变革才能开展全人教育？这是我在本研究中想要回答的问题。

本书从学校教育探索的视角去分析全人教育在中国的实践，以期获得对全人教育的深刻理解。本书之所以选取国民小学、蒙新小学和新苗书院三所学校（含书院）为研究对象，是因为三所学校都宣称以全人教育理念探索育人和发展的新路径。三所学校在体制和环境的宏观因素以及办学理念、组织结构、课程设置、教学方法、教师发展、学生成长和评价等微观因素方面呈现出较大的异质性和典型性，通过研究它们可以考察当前中国全人教育探索的成就与不足，并凭此展望未来教育探索的方向。

本书呈现的研究报告是以笔者的博士学位论文为基础的。该研究持续两年在三所学校推进，进行了大量人类学意义上的田野调查。研究主要采用观察、访谈和实物收集等方式进行个案研究，边收集资料边进行资料分类、编码和分析，归纳个案学校的类型特点，建构特定文化背景下的全人教育发展理论。最后，通过跨个案分析，对三所学校全人教育探索的路径进行综合比较、分析，得出当代中国全人教育探索的三条路径结论。整个研究采用质性研究方法，借鉴了人类学（民族志）、现象学、扎根理论等研究范式（但没有拘泥于某一种范式），尤其是扎根理论缜密的编码程序给予研究分析强大的说服力。

依据资料分析得出的"理念""教学""师生""中介工具"四个核心类属，为分析三所学校的实践路径提供了基本框架。在此基础上，本研究形成了"理念为先的快乐教育""文化奠基的全纳教育"和"智慧传道的经典教育"等三个当代中国全人教育的路径和模式。

Abstract

In China, the utilitarianism, instrumentalization and involution of education cause people to worry about the alienation of it. The separation of education and life, students' body and emotion are common in schools, which makes the interesting learning lack of humanistic care and life significance. Some schools, institutions and individuals are trying to change the current situation with new ideas. This includes some internal innovation of mainstream education, as well as exploration of alternative orgnizations nurturing young generations with different ideas and approaches. Among them, the theory of holistic education (whole person education), which advocates the concept of "the complete development of human", has attracted the attention of Chinese academic circles and schools. Some new schools or institutions are even experimenting reforms with this theory in basic education system.

Although the theory of holistic education has its profound origin and clear demands, it has not formed a set of unified operation procedures or methods, which brings great trouble to practitioners. How does the concept of holistic education blend with Chinese culture and society? How to reform school mechanism to carry out holistic education? These are the questions I want to answer in this research.

This study analyzes the practice of holistic education in China from the perspective of school exploration and experiment, in order to obtain a profound understanding of holistic education. The reason why the study selects three schools (including the Academy of old style) as the research objects is that they all claim to explore new ways of education and development with the concept of holistic education. The three schools show great heterogeneity and typicality in the macro factors of system and environment, as well as the micro factors of school running philosophy, organizational structure, curriculum, teaching methods, teacher development, student growth and evaluation. By studying them, we can see the achievements and shortcomings of the current exploration of holistic education in China, and look forward to the direction of future education exploration.

The research report presented in this book is based on the author's doctoral dissertation. This research has been carried out in three schools for two years, and a lot of anthropological fieldwork has been done. The research mainly adopts the methods of observation, interview and material collection to carry out case study. While collecting data, it classifies, codes and analyzes the data, sums up the type characteristics of the case schools, and constructs the practical theory of holistic education under the specific cultural background. Finally, through the cross-case analysis, this paper makes a comprehensive comparison and analysis of the experimental paths of the three schools, representing the fundamental trends of holistic education in contemporary China. Qualitative approaches are applied in the whole research, especially drawing lessons from Anthropology (Ethnography), phenomenology, grounded theory and other research paradigms (but not confined to a certain paradigm), especially the careful coding procedure of grounded theory, which gives the research and analysis strong persuasion.

According to the data analysis, the four core categories of "concept", "teaching", "teachers and students" and "intermediary tools" provide a basic framework for the analysis of the experimental paths of the three schools. On this basis, this study has formed three substantial theoretical concepts of three schools: "Happy Education Based on Concepts", "Inclusive Education Based on Cultures" and "Classic education of wisdom preaching".

目　　录

第一章　绪论 ……………………………………………………（1）
　第一节　研究背景 ……………………………………………（1）
　第二节　文献述评 ……………………………………………（8）
　第三节　预研究：全人教育教师的"家族相似性"
　　　　　——基于质性分析的视角 …………………………（23）

第二章　研究设计与实施 ………………………………………（37）
　第一节　研究问题与概念框架 ………………………………（37）
　第二节　研究过程与方法 ……………………………………（41）
　第三节　研究的效度和伦理 …………………………………（48）

第三章　新学校行动：理念为先的快乐教育 …………………（51）
　第一节　"居家过日子"的学校 ………………………………（52）
　第二节　有"温度"的"全人课程" ……………………………（61）
　第三节　包班教学 ……………………………………………（72）
　第四节　品牌教师共同体 ……………………………………（77）
　第五节　快乐教育 ……………………………………………（83）
　第六节　理念为先的快乐教育特征 …………………………（88）

第四章　新教育实验：文化奠基的全纳教育 …………………（97）
　第一节　做积极的儒家教育 …………………………………（98）
　第二节　全人之美课程 ………………………………………（107）
　第三节　创建共美教室 ………………………………………（117）
　第四节　共同的精神生活 ……………………………………（130）

第五节　土地不拒绝种子 ……………………………………（134）
　　第六节　文化奠基的全纳教育特征 …………………………（138）

第五章　复兴的书院：智慧传道的经典教育 …………………（160）
　　第一节　办有中国智慧的教育 ………………………………（161）
　　第二节　"六艺"课程 …………………………………………（171）
　　第三节　正心诚意之学 ………………………………………（188）
　　第四节　教书"匠" ……………………………………………（191）
　　第五节　表现性评价 …………………………………………（193）
　　第六节　智慧传道的经典教育特征 …………………………（197）

第六章　全人教育的意涵：三种探索路径的比较分析 ………（212）
　　第一节　全人教育的精神性范式 ……………………………（213）
　　第二节　全人教育的人本主义范式 …………………………（221）
　　第三节　三种探索路径的理论契合探微 ……………………（228）
　　第四节　当代中国全人教育的一种意涵
　　　　　　——以国民小学为例 ………………………………（231）

第七章　结论与讨论 ……………………………………………（242）
　　第一节　结论 …………………………………………………（242）
　　第二节　讨论 …………………………………………………（247）

附　录 ……………………………………………………………（251）
　　A　部分访谈提纲 ……………………………………………（251）
　　B　A市政府采购公告 ………………………………………（254）
　　C　国民小学刘小保校长在第一次内部培训上的讲话 ……（256）
　　D　新苗书院学生"评量" ……………………………………（264）

参考文献 …………………………………………………………（268）

后　记 ……………………………………………………………（283）

第一章

绪　　论

党的十八大以来，以习近平总书记为核心的党中央更加重视教育工作，明确把教育摆在优先发展的战略地位。党和政府对教育规律的认识不断攀升新高度，为加快新时代教育改革和发展提供了认识基础和思想引领。在教育实践中，教育观念落后、内容方法陈旧、学生课业负担过重、区域不平衡、教育机会不均等等问题在某些领域、某些地区依然严重，有些导致了教育的异化。有鉴于此，社会需要教育变革图新，以承载更大的担当。尤其是在 2021 年 7 月中共中央办公厅、国务院办公厅印发《关于进一步减轻义务教育阶段学生作业负担和校外培训负担的意见》后，如何全面贯彻党的教育方针，落实立德树人根本任务，遵循教育规律，着眼学生身心健康成长，满足学生多样化需求等更是引起了社会的普遍思考。本书即是在这样的背景下形成的。

第一节　研究背景

教育在其目的上有社会本位和个体本位两种倾向，前者强调教育服务于政治、经济、科技、文化和人口发展，具有功利性；后者则认为教育应能增进个体幸福感和福利，具有公益性。抑制教育的公益性，追逐教育的功利性，必然导致教育的功利化、工具化和内卷化，从而导致教育异化，脱离立德树人的根本目标。

《光明日报》曾发文指出，功利化是"实践主体将既定利益的追求视为行为的参照标准和驱动力，行为违背事物发展的客观规律，最终目标是实现组织或个体活动的特定需要。"① 这里明确指出了教育功利化的源头，即把教育作为追求利益和满足需要的手段，表现在违背人的发展规律和教育规律，推手是特定组织或个人。功利化驱动的教育，往往忽视教育的育人功能，关注技术—管理目标下的责任，评价的重点是能够测量到的东西，并不关注教育应具有的价值理性。② 教育功利化在教育中最明显的表现是教育评估中唯分数、唯升学、唯文凭、唯论文、唯帽子的"五唯"趋势，是对工具和效率的片面推崇，造成了忽视人的全面发展、背离德智体美劳全面培养的结果。于是，我们看到高中生为竞选自主招生名额而不惜科研论文造假、学校题海战术变本加厉、幼儿园小学化、校长因高考滑坡被要求"下课"、校外辅导机构贩卖焦虑、学业成绩政绩化等问题层出不穷。总体上看，教育功利化外显为短视性、片面性、简单性和传染性四个特征，具体表现为重视眼前利益轻视长远利益，重视局部收益轻视整体利益，重视结果表现轻视过程内涵，重视追逐潮流轻视理性思考。③ 依靠这种教育方式培养的学生，往往成为逃避责任、缺乏反思、没有创新的"考试机器"和精致的利己主义者。

如果说教育功利化体现的是教育目标异化问题，那么教育工具化就是教育过程的异化，具体表现为教学过程考试化、育人评价指标化、办学导向文凭化、学习方式非人化。在知识经济论、人力资本论、筛选假设论视角下，教育充当了"知识超市"角色，教育者摇身一变成为知识贩卖者，学生则在供养者资助下成为知识消费者。这就不难理解，大学外语和计算机课程何以沦为"过级"展示，中小学音、体、美、劳课时被严重挤压，个别人加入党团也是为了捞取政治资本以便未来找到更好的工作。有人说，目前的许多大学在做就业培训而不是培养理性的人，中小学在搞学科"军备竞赛"而不是面向全面发展。以人为工具的教育制造的失败者越来越多，而这些背负着"实现父母理想"的工具还不断被社会羞辱和贬低，以突出某些机构或个人的成功。工具化的教育或许能让学生短时期呈现追求知识的亢奋，却在一点点损磨他们对

---

① 李建民：《破除功利化 让教育回归育人本位》，《光明日报》2019 年 12 月 10 日第 13 版。

② ［荷］格特·比斯塔：《测量时代的好教育》，张立平、韩亚菲译，北京师范大学出版社 2019 年版，第 50 页。

③ 崔保师等：《扭转教育功利化倾向》，《教育研究》2020 年第 8 期。

追寻人生意义的乐趣。在某种意义上,被榨去人文关怀汁水的教育已经不能对学生的心灵予以滋养。

"内卷化"这个概念源于经济学,原指农民为获得好的收成不断在土地上精耕细作,但由于土地的生产能力有一定限度,如果超限度地增加时间和经济投入,土地产出不会增加甚至出现衰减。教育的"内卷化"指的是教育投入上的无意义内耗,即在白热化竞争背景下,教育者、受教育者、教育机构和家庭被迫卷入以提高成绩和排名为目的的劳动比赛,过度的精力、智力和经济投入却未能提高受教育者的创新能力、幸福感受和生命价值。杨东平把教育"内卷化"称为极端应试主义的结果,表现为某超级中学"只要学不死,就往死里学"的口号和千万家庭"拼时间、拼命"和"拼父母"的消耗模式。① "不输在起跑线上""名校升学率""清北录取率"等鞭子在不断地抽打着教育利益攸关者,导致他们陀螺一样地高速运转,却很少停下来思考教育何为。《杭州日报》这样形象地描述:②

> 当教育和教育评价进入"内卷"的"死循环"之后,犹如剧场里第一排人从椅子上站起来看戏,结果后面每一排观众都被"内卷",都要站起来看戏;如果"内卷"不断加码,那么,"卷"得大家站在地上看戏还不行,还得站到椅子上看戏。

教育功利化、工具化和内卷化,从某种意义上讲都是沿袭了科举制"读书改变命运"的传统,希冀通过考试促进阶层流动,其真实表达的欲望是"经济维度中对物的生产与消费能力,以及社会维度中人对人的支配与控制能力"③。尤其是某些早期从升学中获得红利的超级学校,更是打着为学生未来谋福利的旗号,不断通过强化竞争口号和升学成绩来炫耀自己的存在价值。实际上,作为极致应试标本的这些"超级学校",并未在人才培养方面显示出更高效率,其教育本身很可能没有给学生增添更多

---

① 杨东平:《"教育内卷化"的秘密》,https://www.163.com/dy/article/FUIJUFEA0536JW7T.html,2020年12月27日。
② 徐迅雷:《教育要切实避免"内卷化"》,《杭州日报》2020年10月26日第A04版。
③ 刘云杉:《"知识改变命运"还是"教育使人不被命运所摆布"》,《探索与争鸣》2015年第6期。

潜质。① 相反，他们所宣扬的"唯材教育"把人作为考试机器，抹杀了人性的价值。统一教材、统一教学、统一进度、统一考试等划一性的教育安排正在抹杀生命的独特性。李润洲把这种现象称为"割裂"，即学习的离身化、意情的边缘化和知识的碎片化。②

当前国家实施了教育优先发展的战略，中国教育呈现出一种繁荣的景象。许多学校，尤其是大城市的中小学，在规模、条件、数量和"声望"上都不比国际名校逊色。但是，学校中名目芜杂的考试、竞赛、特长学习占用了孩子本该用于全面发展和成长的时间；很多人积累了各种考试经验和技巧，学习成绩优秀却缺乏社会公德；原本健康、活泼、阳光的孩子，却最终沦为"考试人""文明的野蛮人""有智商（IQ）没情商（EQ）的人"及"识字的文盲"等。③ 校园生活中，学生组织等级化、学校领导行政化、教师教学权威化、道德教育狭隘化、课程形式竞技化、优质资源市场化等趋势明显；校园欺凌频现、师生冲突频发、校园贪腐案也屡屡发生。这些教育的异化已经到了非常严重的程度，让人不禁发问：教育将走向何方？

过度强调科学主义、忽视人文精神，曾导致西方出现"理性毁灭"和"西方的没落"等隐忧。在中国，人们也在担心，在人文关怀缺乏的世界里，学生可能很难形成对人生意义的思考，他们也将缺乏对别人存在的理解。更何况，学校教育与生活的割裂，也会让本该充满童真和趣味的学习变得成人化、庸俗化，因此缺乏生命意义。此外，学校管理中缺乏人文关怀的知识规训，也在压抑孩子的天性和自由。总之，功利化、工具化和内卷化的教育是"一种看不见的失调，一种精神伤害。它在最近时代里毫无节制地蹂躏人类，已经成为一种流行疾病。它既不立即致人于死命，也不造成可见的伤害"④。如果不对此进行诊断和修正，长此以往将严重影响一代甚至几代人的身心健康，教育危急，则中华民族危急。鲁迅曾高呼"救救孩子"，如果在今天我们能提供更好的教育，就是在履行这

---

① 黄晓婷、卢晓东：《"超级中学"未必"超级"》，《中国青年报》2016年1月4日第10版。
② 李润洲：《完整的人及其教育意蕴》，《教育研究》2020年第4期。
③ 李志刚：《香港浸会大学全人教育目标之建立及其实践之研究》，载林治平主编《全人教育国际学术研讨会论文集》，财团法人基督教宇宙光传播中心出版社1996年版，第325页。
④ ［美］大卫·利文斯顿·史密斯：《非人》，冯伟译，重庆出版社2012年版，第5—6页。

样一项功在未来的职责。

马克思把异化看作"不应有的偏差、缺陷",认为它的表现是"一种非人的力量统治一切",从而造成对象的丧失和被对象奴役,人丧失了主动性。① 教育的异化往往使"受教育者的世界"受制于"物的世界",教育的本质被抽象,对世界的认识碎片化;同时,个人需求被社会机制所评判,人性受到压抑和控制,形成单向度思维,造成病态社会。②

在改革开放后的四十年中,中国教育经历了两次结构性的改革,这被刘云杉称为教育改革的"两季"。她说:③

> 第一季是"应试教育"和"素质教育"之争,即培育功能与筛选功能的分离;到了第二季,则发生在学校教育内部,出现了精约教育(强调严格的制度和纪律,用"苦中苦"实现"人上人"的目标)和博放教育(将约束力降到最低,主张解放学生,让学生在集体之外成长)两种理念型,这对"理念型"教育模式后是中国社会的断裂:大城市尤其是社会中上阶层开始体验与享受素质教育的成果,而中小城市、乡村与社会中下阶层信任与选择的仍是"应试教育";中国社会的中上阶层与中下阶层在对"继承人"的培养途径上出现了明显的分歧。

素质教育和应试教育是中国基础教育界长期纠缠不清的两种思想,在理论层面和实践层面均有其合理性和正当性的一面。但是,如果说应试教育压抑了人性,素质教育在语义和实践两个方面也都存在天然的缺陷。④ 学校在回应教育改革要求和践行办人民满意的教育时,所选择的教育理念和模式反映了社会的撕裂。那些实行严格选拔和刻苦训练的学校,往往比拼的是学生的时间、身体和意志;而信奉兴趣至上和思想解放的学校,背后倚仗的是家长的文化惯习、家庭资本和再生产机制。究其实质,当代的

---

① 《马克思恩格斯全集》(第二版),人民出版社2006年版,第337页。
② [美]赫伯特·马尔库塞:《单向度的人》,刘继译,上海译文出版社2008年版,第12—16页。
③ 刘云杉:《今天的教育已经变成了赌场》,http://finance.sina.com.cn/roll/2019-07-23/doc-ihytcerm5638718.shtml.,2019年12月6日。
④ 郑也夫:《吾国教育病理》,中信出版社2013年版,第3页。

教育面临的并不是一个关于应试教育与素质教育、精约教育与博放教育的对立问题，而是如何对抗教育功利化、工具化和内卷化的问题。

在国家层面，教育主管部门对此也并非没有关注。国家转型、社会结构优化涉及面广，改革也并非能毕其功于一役。但国家一直在努力通过课程改革、考试招生制度改革和教育评价改革等予以纠偏，旨在办人民满意的教育。如在第八次课程改革中，国家强调了素质教育，号召关注学生知识与技能、过程与方法、情感态度与价值观的培养；同时联系社会生活，通过校本课程鼓励特色发展，形成过程评价等。① 国务院在 2014 年提出，要坚持育人为本，遵循教育规律；着力完善规则，确保公平公正；体现科学高效，提高选拔水平；加强统筹谋划，积极稳妥推进。② 2020 年 10 月中共中央、国务院还印发了《深化新时代教育评价改革总体方案》，提出破除"五唯"，扭转不科学教育评价导向的要求。

但是，由于地域分布、经济水平、文化意识、办学理念等方面存在的巨大差异，不平衡不充分的多元办学形式尚未能满足人民日益增长的需要，对教育的批评之声仍然不绝于耳，"人"的教育依然任重道远。立德树人既是一种理念的提升，也是一种实践的探索。那么，将如何进行？

鼓励多元化办学，满足所有学生和家长不同的教育需求也许是一种有意义的探索。20 世纪 60 年代美国出现的非主流教育（alternative education）就是一种新的教育形式。非主流教育也称"可选择的教育"，本义指美国教育中那些"可选择的、另类的学校教育"③，最初是为那些在普通公立学校环境中没有成功的青少年开办的。学校提供更小的教室、更强的情感和行为支持，有时还提供专门的课程来满足学生的需求。理想情况下，非主流学校往往是家长、青少年和学校为寻找积极有效的学校环境以继续他们的教育所做的最后努力。④ 后来非主流教育扩展到"凡能提供不同于传统学校学习经历、无须额外付费、家长在社区范围自由选择的学校

---

① 张立平：《教育学》，江西教育出版社 2020 年版，第 72 页。
② 中华人民共和国国务院：《国务院关于深化考试招生制度改革的实施意见》，http://www.gov.cn/zhengce/content/2014-09/04/content_9065.htm.，2020 年 12 月 21 日。
③ 黄晓星：《从主流教育和非主流教育谈起》，《教育科学论坛》2004 年第 3 期。
④ Franklin C., Kelly M. S., Szlyk H. S., *Alternative Schools*, In: Levesque R. (eds.), Encyclopedia of Adolescence. Springer, Cham. https://doi.org/10.1007/978-3-319-32132-5_154-2, 2015 年 10 月 23 日。

教育"，它具有规模不大、办学灵活、领导有力、高参与度、激发学生的成功和自尊等特点。[①] 全球比较出名的非主流学校有夏山学校、蒙台梭利学校、华德福学校等；在当代中国，也出现了如新教育实验学校、森林小学、雅歌小学、今日学堂、日日新学堂、智慧家学园、种籽学苑、开明书院、兆基创意书院等非主流教育形式，以及在家上学的小教育机构等。这些教育机构努力践行的教育理念是让人"成人"，强调通过教育实践合乎理性和道德地改变受教育者现状，继而改变世界。

非主流教育的典型特征是理念为先，即以某一个明确的教育理念为根本，探索具有自身特色的办学之路。如夏山学校的"创造适应孩子的学校"、华德福学校的"注重身体和心灵整体健康和谐发展"、森林小学的"教育使人成为他自己"等理念，与一般的传统学校明显不同。非主流教育为学生和家长提供了多样性选择，促进了教育的多元化和民主化。当然，非主流教育也存在法律空白、经费保障、社会监督、人员流动和研究不善等问题。但这些学校的教育理念、教材教法、学校组织和管理、校园生活等也为更好地发展公办教育提供了借鉴。当然，这并不等于否定公办教育的基础性和广泛性。最值得关注的地方是，在这些成功的非主流学校中，大都提出了反应试教育、反唯智论、反政治决定论和反社会控制论等理念，而把教育的目的放在培养"人"上。

非主流学校并不是要与传统教育彻底对抗，它们只是想把"人"从工具的桎梏中解放出来，做一个理性的"全人"。"全人教育"这个理念开始进入理论家、研究者和实践者的视野。当然，不同时代、不同机构和不同身份的人对"全人"和"全人教育"有着不同的理解，也有着不同的实践路径设想。但归根结底，"全人教育"理念体现了对现代教育中半人化、非人化、功利化、工具化倾向的批判，目的是重构人与人之间的理解与生命的真正意义，寻求精神世界与物质世界的平衡。

全人教育有着怎样的概念史？全人教育的发展脉络是什么？全人教育与中国文化和社会交融的情况如何？当前中国全人教育的样态如何？这些是目前全人教育理论探讨和实践总结中没有得到完全论证和很好回答的问题。正是基于对全人教育中理想与现实、理论与实践之间张力的关注，本

[①] Ascher, C., "ERIC/CUE: Alternative schools—Some answers and questions", *Urban Review*, Vol. 14, No. 1, 1982, pp. 65–69.

研究将从文献角度分析全人教育的内涵，从历史角度分析全人教育的发展，从实证角度分析全人教育实践的中国道路和经验。

第二节　文献述评

文献述评是一项持续和不断回顾的工作，贯穿于研究的整个过程。它使既有的研究和理论与研究问题建立起联系，也使模糊的问题边界在此互动过程中逐渐明晰。借此，已有研究方法论的局限得以显现、矛盾的研究结果得以暴露，也使新的研究问题得以细化、核心概念和理论框架得以形成、研究意义得以发现，并有助于建立研究假设。

基于此，本研究从文献搜集和整理开始，即着意建构全人教育内涵意蕴、理论渊源、基本流派和探索实践的"地形图"，以便于全面呈现全人教育的整体面貌和主要脉络。研究借鉴的纸质文献来源于国家图书馆、北京大学图书馆收藏的专著、期刊、学位论文、会议资料等，网络资源部分包括国内的中国知网、万方、ProQuest、Springer、Sage 等数据库的国内外硕博论文、期刊文章以及部分报纸内容。此外，还搜索了美国全人教育网站（www.holistic-education.net 和 http://www.great-ideas.org.）以及澳大利亚全人教育网站（http://www.hent.org）等资源。

一　对全人教育基本内涵的研究

给全人教育下一个定义不是一件容易的事情。首先，古今中外对于"全人"和"全人教育"有不同的流派和认识，试图在不同理论之间建立"最大公约数"既有难度又有风险。其次，全人教育很多时候代表的是一种价值取向，并不可定义为一种特别的方法或技巧，它必须被视为一种范式，一套可以适用于各种方法的基本假设和原则。[1] 最后，后现代主义认为，对给定的一个表征和符号，可以有无限多层面的解释，因此它的相对主义倾向使得定义变得个性化、情境化、多元化和充满不确定性。因此，目前学界对全人教育没有形成统一的定义，只能从零散的"全人"的描述性定义开始，再归纳"全人教育"的一些基本构成要素。

---

[1] Miller, R., *What Are Schools for? —Holistic Education in American Culture*, Holistic Education Press, 1900, p. 208.

中国早期教育家对于通过培养什么人的问题做过很多论述,如孔子视野中的"君子"、孟子的"大丈夫"、荀子的"大儒"、颜之推的"士大夫"等概念,大致相当于当前的"全人"。清末王国维1903年提出的"人是知情意的综合体"定义,接近于当代全人的内涵。

当代全人教育研究中的"全人"概念,大致可以追溯到希腊词汇"holon",本义指把宇宙看作由不可分割的部分组成的整体,[①] 由此,"全人"在词源上就蕴含了人与自然共融共生的意义。推广到"全人"的学术论述,则有"素质论"和"形象论"两种。美国的隆·米勒在对60多位全人教育学家的观点总结之后认为,"全人"应包含智能、情感、身体、社会、审美和精神性六方面的基本素质。其中,精神性又具有统领地位,它远比知识和技能重要得多。教育不仅仅是知识的传递和技能的培养,而应更注重人的情感、创造力、想象力、同情心、好奇心以及人对终极存在的体悟等内在情感体验与人格的全面培养,从而达到人的精神性与知识、技能的统一。[②] 朱文雄则借用五种形象描绘了"全人"的轮廓,即人是能使用符号的动物、人是文化的创造者、人是讲美感与懂爱情的动物、人是伦理的动物、人是探讨的动物。[③] 人的五种形象中,人的本质是人具有群性,具有思想及语言能力,具有发展能力,具有追求意义的能力以及具有超越的本质。全人的"素质论"侧重从人的内涵来预设全人教育的结果,而"形象论"更侧重从人的外在表现来预设全人教育的过程。

钱穆先生从教育内容的角度对全人教育进行了概括。他说:"所谓全人教育,乃是其人之内在全部生命言。贯彻此内在全部生命而为之中心做主宰者,乃其人之心情德性……故孔子虽以六艺教,而曰:'志于道、据于德、依于仁、游于艺。'其教人终以道德为重,才艺为轻,显然可见……专门教育惟以教事,全人教育乃以教人……孔子教育理想,是一种人的教育,全人的教育。"[④]

张淑美、蔡淑敏从教育目的角度进行了定义。她们在译著《学校为

---

① Lee, K. D., *Toward a Philosophical Frame work for Holism in Education*, Ph. D. dissertation, University of Arizona, 1997, p. 62.
② Miller, R., "Holism and Meaning", In Ron Miller, *Caring for New Life: Essays on Holistic Education*, Foundations for educational Renewal, 2000, pp. 23-24.
③ 朱文雄:《大学经营与全人教育》,高雄:复文图书出版社2010年版,第49页。
④ 钱穆:《国史新论》,生活·读书·新知三联书店2010年版,第269—271页。

何存在——美国文化中的全人教育思潮》的序言中，总结了全人教育的目的，即"教人成人"，期使"自然人"涵养化育为"有教养的人"（educated-man），归根结底是使人"向上向善"。①但强调"成人"并不意味着全人教育否认知识的重要性，而是强调把人文精神渗透在学校教育的方方面面，即用"人文教育的方法来达到全人发展的目标"，②整合知性认知和情感体验，在教育中发展自我；同时，在基于信任的基础上，引导人的德性、和谐和连续成长。

也有学者从结构的角度分析了全人教育的内涵。如冯建军认为，全人教育整体上是由自然教育和价值教育两部分构成，其中价值教育具有特殊的意义，其金字塔结构由真的教育、善的教育和美的教育构成，它们相互依存、相互融合；理想的教育应该是三"育"之间的圆融。③黄俊杰从儒家道统出发，认为"全人教育"应包括培养"君子不器"的性格、"仁者不忧、智者不惑、勇者不惧"的境界、"义以为质，礼以行之，逊以出之，信以成之"的人格、"敏于事而慎于言，就有道而正焉"的行为。④

从全人教育的要素出发，加拿大的约翰·米勒认为全人教育要做到平衡、整合与联结。⑤平衡观点主张精神世界与物质世界的平衡，强调不能为了科学和专业化的需要，破坏人的全面发展；它还强调摆脱物质、金钱、名利的奴役，从教育和学习过程中获得内心愉悦和与人交往的乐趣。整合观点主要强调教学中跨学科的互动与相关知识的整合，打破学科或职业为导向的教学，加大科际互动、影响和渗透，形成有机的联系系统。联结观点从整体论的角度认可系统内各部分之间的相互依赖、系统内部和系统之间存在复杂的关系网络、个体与环境之间的联系、系统内部和系统之间非线性的复杂互动。⑥全人教育的三大要素是一种整体呈现，这就意味

---

① ［美］隆·米勒：《学校为何存在？——美国文化中的全人教育思潮》，张淑美、蔡淑敏译，台湾：心理出版社2009年版，第3页。

② Miller, R., *What Are Schools for? Holistic Education in American Culture*, Brandon, V. T.: Holistic Education Press, 1990, p. 25.

③ 冯建军：《论全人教育》，《中国教育学刊》1999年第3期。

④ 黄俊杰：《从古代儒家观点论全人教育的涵义》，载林治平主编《全人教育国际学术研讨会论文集》，财团法人基督教宇宙光传播中心出版社1996年版，第105页。

⑤ Miller, J. P., *The Holistic Curriculum*, Toronto: OISE Press, 2001, p. 65.

⑥ 刘宝存：《全人教育思潮的兴起与教育目标的转变》，《比较教育研究》2004年第9期。

着要教从部分到整体的儿童（学生）、把儿童（学生）当作整体而不是部分集合来教，以及把儿童（学生）视为特定社会、人类、环境、信仰整体的一部分。① 具体来说，这三个要素通过以下六种方式形成一致性：线性思维—直观思维、身心关系、知识领域之间的关系、自我与社区关系、自我与地球关系、自我与他人的关系。②

二 对全人教育理论渊源的研究

（一）中国历史—文化背景下的全人教育理念

全人教育在中国传统文化乃至东亚文化脉络中，是以儒家思想为基础的。孔子的"全人"思想体现在培养仁、知、信、直、勇、刚的君子品质上，进而通过教育使平民成为德才兼备的从政君子。孟子提出培养"富贵不能淫，贫贱不能移，威武不能屈"的"大丈夫"理想人格。荀子认为教育应当以培养知识广博、以已知推未知、自如治理好国家的"大儒"为培养目标。颜之推则希望通过德与艺培养治国人才——士大夫。总体而言，儒家全人教育思想主要体现在天人、政教、文道和知行合一的理念上，强调人的内在全部生命的发展。③

蔡元培基于中国传统文化提出了"五育"并重、和谐发展的全人格教育方针，给予了理想人格新的、具有时代特点的内涵，这对于古老的中华文明向现代形态的转化，有着积极的意义和贡献。④ 他提倡的"尚自然、展个性"的教育理念，他推行的"思想自由、兼容并包"的办学原则，推动了近现代中国全人教育的发展。

当代中国"人的全面发展"的教育理念是由毛泽东在继承马克思全面发展理论和苏霍姆林斯基全面发展教育思想的基础上提出的，由继任者不断完善的。1957年毛泽东在《关于正确处理人民内部矛盾的问题》中明确地提出："我们的教育方针，应该使受教育者在德育、智育、体育几方面都得到发展，成为有社会主义觉悟的有文化的劳动者。"2010年发布的《国家中长期教育改革和发展规划纲要（2010—2020年）》指出，坚

---

① Forbes, S., *Holistic education: An analysis of its ideas in nature*, Brandon, V. T.: Foundation for Educational Renewal, 2003, pp. 2–4.
② Fan, Y., *From Integrative Worldview to Holistic Education*, 西南大学出版社2004年版。
③ 郭海鹏、黄匡忠：《全人教育的理念和实践》，《社会科学前沿》2020年第9期。
④ 肖川：《蔡元培教育思想的现代诠释》，《教育发展研究》2000年第12期。

持教育为社会主义现代化建设服务，为人民服务，与生产劳动和社会实践相结合，培养德、智、体、美全面发展的社会主义建设者和接班人。2018年9月10日，习近平总书记在全国教育大会上强调，要努力构建德、智、体、美、劳全面培养的教育体系，形成更高水平的人才培养体系。这些观点都明确将德、智、体、美、劳教育确定为全面发展教育的重要组成部分。

根据文献记载，当代中国的"全人教育"研究大约起始于2000年，最初主要是介绍台湾和香港的全人教育。2001年华东师范大学钟启泉教授发表在《全球教育展望》第9期上的《"整体教育"思潮的基本观点》在国内业界较早全面介绍了全人教育思潮。在他的论文中"holistic education"被译作"整体教育",① 其学生安桂清的博士学位论文《整体课程研究》则继续沿用了"整体教育"这个概念。但在之后的研究中，华东师范大学的谢安邦教授、张东海博士，北京师范大学的刘宝存教授，厦门大学的范怡红教授等则不约而同地把"holistic education"改译为"全人教育"，认为它能够表达这一学派的真实旨趣。自此，"全人教育"逐渐成为"holistic education"的专门用语。

2006年刘宝存教授的《全人教育思潮的兴起与教育目标的转变》助推了内地全人教育理论研究的热潮。之后，国内对全人教育理论的研究更加深入、全面地展开。但总体而言，在中国传统和主流意识中，全面发展的教育比之全人教育具有更广泛的拥趸者。

童宏保等认为，人的全面发展学说，虽然跟全人教育思想不是同出一脉，但两者都期望受教育者的全方位综合发展，都将人的全面发展视为教育的最终追求和最高目标。人的全面发展理论的具体内容包括人的需要、能力、社会关系、自由个性和自身文化素质的全面自由发展。更倾向于集体主义的、社会本位的教育目的。全人教育以塑造未来为目的，倡导以育人为本分，强调开发人的理智、情感、身心、美感、创造力和精神潜能,② 因此更倾向于从人本身出发、个体本位的教育目的。全人教育理论的关键在于育人和人的完整发展，从本质上反映了马克思主义关于人的全

---

① 钟启泉：《"整体教育"思潮的基本观点》,《全球教育展望》2001年第9期。
② 童宏保、高涵、谈丰铭：《从"全人教育"到"人的全面发展"辨析》,《中小学德育》2018年第12期。

面发展学说的精神。与人的全面发展学说相比,欧美社会背景的全人教育带有强烈的唯心主义哲学烙印,具有一定的乌托邦色彩。

(二) 日本小原国芳的全人教育思想

日本的小原国芳提出了"全人教育"思想,当年被称为日本的"八大教育主张"之一。小原国芳既是一位卓越的教育思想家,也是出色的教育实践家。许启伟认为小原国芳的伟大在于提出了包含全人教育在内的12条教育原则。[①] 李谊、周婷则考证了小原国芳全人教育思想的来源,认为中华文化对他影响深刻,尤其是他批判性地吸收了儒家思想,[②] 同时借鉴了希腊哲学家柏拉图的"和谐即善"思想以及裴斯泰洛齐的"和谐发展教育"思想,[③] 提出了全人教育的理念。小原国芳的全人教育是建立在对日本国内"填鸭式"的教育、死记硬背的教育、为考试竞争获胜如何取巧的教育、有显身扬名走捷径的教育,甚至还有专为考试如何作弊的教育批判的基础上的。[④]

小原国芳全人教育思想的核心部分就是希望培养费希曼所说的"文化人格"(Kultur Charakter)、中世纪以后伊拉斯谟或路德或加尔文所要求的"全人"(Humo totus),即培养"完全人格、和谐人格"的"真正的人、有教养的人、文化人",教育的理想是创造"真、善、美、圣、健、富"六种价值。[⑤] 学问的理想在于真,道德的理想在于善,艺术的理想在于美,宗教的理想在于"圣",身体的理想在于健,生活的理想在于富。从六者的价值来说,他认为真、善、美、圣四者具有绝对价值,而健和富则具有手段价值。他还为自己的全人教育建构了一套体系(见图1-1)。[⑥]

[①] 小原国芳提出的全人教育十二条教育原则是:全人教育;尊重个性的教育;自学自律;高效率的教育;建立在学理根据上的教育;尊重自然;师生亲密无间;劳作教育;对立的合一;吃苦耐劳;书塾教育;国际教育。(详见许启伟《小原国芳艺术教育思想述评》,《日本问题研究》2005年第1期)

[②] 李谊、周婷:《小原国芳全人教育思想的理论构架及其渊源》,《湖南行政学院学报》2006年第3期。

[③] 李谊:《小原国芳教育思想探析》,硕士学位论文,湖南师范大学,2005年,第14—15页。

[④] 周鸿志:《小原国芳的全人教育论及其别具特色的教学原则》,《北京师范学院学报》(社会科学版)1991年第2期。

[⑤] 《小原国芳论著选》,刘剑乔等译,人民教育出版社1993年版,第2页。

[⑥] 《小原国芳论著选》,刘剑乔等译,人民教育出版社1993年版,第10页。

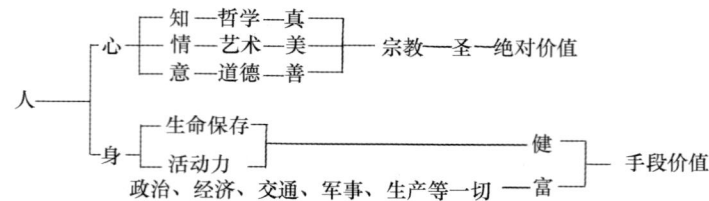

图 1-1 小原国芳全人教育体系

自 20 世纪 30 年代以来，小原国芳"全人教育"思想在日本教育学界拥趸者甚众，关于小原国芳办学实践和"全人教育"思想的研究长久不衰，即便在欧美、港台等地区也享有盛誉；其教育思想具有较强的指导意义，具有世界教育思潮的引领作用。他的全人教育思想虽与美国的隆·米勒等提出的全人教育理论相隔时间久远，也没有传承渊源，但它们却有着惊人的相似之处。他们将教育的起点和终点都定位于"人"，期望用人的整体发展来对抗近代社会的人格之片面模糊；在教育中，他们不仅要培育"完整"的人，更要将教育纳入世界和自然，将"人"的生理、社会性和其他个性特征放在宇宙一种不证自明的终极存在中。因此，杨亚辉称"全人教育是中西共通的教育理念"，也是"世界性的教育改革运动"。①

教育家杨贤江对小原国芳的全人教育思想进行了归纳，认为他提出的全人教育是活的教育、开拓的教育、主张归于一元的教育、公正妥当补偏救弊的教育以及包摄主义的教育。也就是"全人教育论者持对于世界和人类很是宽大的态度"。②但小原国芳的全人教育思想也有着一定的局限性，即其所追求的教育目标过于理想化，无法在现实的生活中找到完美契合的逻辑。小原国芳全人教育价值体系中"圣"所强调的宗教影响力与当代教育理念也有较大分歧，其合理性和合法性值得商榷。刘炳赫、于伟认为需要对"圣"的概念做出重构和新的阐释，可将"圣"升华为德育的一部分，形成德育与智育之间有机融通。③

---

① 杨亚辉：《全人教育：培养全面发展的人的一种视角——"中国百年教育历程：回顾与展望研讨会"综述》，《中国高等教育》2010 年第 12 期。
② 《杨贤江全集》（第二卷），河南教育出版社 1995 年版，第 700 页。
③ 刘炳赫、于伟：《小原国芳"全人教育"的价值界定与理论探讨》，《贵州民族研究》2019 年第 10 期。

(三) 北美全人教育的理论

严格意义上讲，作为"建构性后现代主义"代表之一的全人教育理论兴起于 20 世纪 60—70 年代的美国，是建立在对机械论等当代主流教育思想批判基础上的一股思潮。全人教育思想反映了人们对现代工业文明美丽面纱下环境恶化、生态失衡、核武威胁、战争频仍、人的异化、消费至上等种种问题的质疑和反思。它的目的是纠正功利主义导向的技术理性，防止教育片面化倾向，转而认可人性向善的本质，追求人与自我、人与社会、人与自然的整体和谐发展。

陈能治认为，美国的全人教育脱胎于人本主义教育理论，甚至早期的全人教育也经常被视为"人本主义教育学派的分支"。[①] 但是全人教育从关注学习中学生的情感和尊严转向了更高层次的精神性发展。自由学校运动时期（1967—1972），出现了大量的教师罢课、学生不满、社会谴责的"教育危机"，一些激进的教育改革者开始举办以非暴力和关怀人性的自由学校和非主流学校，用隐喻、想象和试错方式培养儿童成长，师生共同决定学习进程等互动合作的"后现代教学方式"组织教学。[②] 在这种社会和历史背景中产生的全人教育倡导教育回归有机的、整全的和精神性的自然本质属性，在充满不确定的社会重新发现生命与教育的灵魂。[③]

全人教育理论更多地挑战了主流文化和教育中碎片化的、还原论的假设。但这并不是说，它只是一个现代工业社会的产物，它的理论来源可以追溯到古希腊罗马以来的各种教育思想，并从美国进步主义、人本主义教育中找到自己的最大同盟。滕大春认为，柏拉图在《理想国》中用"身心既美且善"诠释了全人教育，指向一种追求个人自由与心灵解放的教育。[④] 在这个意义上，古希腊雅典的身心和谐教育与古罗马的自由教育均可看作全人教育观念的早期实践。[⑤] 如果从这种意义上讲，全人教育思潮

---

① 陈能治:《以全人教育理念作为通识教育的核心价值》，人文价值与生命关怀通识课程之理论基础研讨会，树德科技大学通识教育学院，2002 年，第 66 页。

② Miller, R., "Non-Standardized Education", In Ron Miller, Edited by *Caring for New Life: Essays on Holistic Education*, Foundations for educational Renewal, 2000, p. 127.

③ John P. Miller:《生命教育——全人课程理论与实务》，张淑美等译，心理出版社 2011 年版，第 67 页。

④ 滕大春:《外国教育通史》（第一卷），山东教育出版社 1989 年版，第 175 页。

⑤ 江宜桦:《从博雅到通识:大学教育理念的发展与现况》，《政治与社会哲学评论》2005 年第 14 期。

应该是人文主义教育在当代复兴的一个表征,① 它或歌颂、赞扬人的价值和尊严,或宣扬人的思想解放和个人自由,或肯定现世生活的价值和尘世的享乐。② 因此,它能成为对抗科学主义泛滥、工业化和技术化的功利性、培养发育不全的"技术人"和"工具人"教育的一种利器。③

早期"浪漫主义教育家"的思想成为全人教育理论的重要来源,在更宽泛的意义上,他们更被当作早期全人教育的实践者和先驱。这群"先驱"(隆·米勒称之为 Pioneers;斯科特·福布斯称之为 Authors)有卢梭、裴斯泰洛齐、蒙台梭利、雅思贝尔斯、福禄贝尔、梭罗、帕克等人。卢梭要求人们"在社会秩序中把自然的感情保持在第一位",④ 他的性善论拒绝原罪说,成为全人教育的基本假设。裴斯泰洛齐认为"教育意味着完整人的发展",⑤ 人经由教育而得到全面和谐的发展,是一个从天性到人性,即由自然状态到社会状态(含心理状态),再到道德状态的发展过程。⑥ 雅思贝尔斯认为,真正的人是实体、一般意识、精神和生存形式的组合,是所有方面完满发展的"全人"。教育不只是培养某一方面或者只具备某种技能、能力、意识的人,而是培养"整体"的人或"全人"。雅斯贝尔斯通过对德国历史的反思,指出教育即生成,教育就是人类灵魂的教育。他认为教育是全人类的事情,教育能陶冶和生成一代新人,教育的主要目标是培养全人、有教养的人,即按照一定理想陶冶自己的人。⑦

美国全人教育思想受到进步主义教育的影响。福禄贝尔认为教育、教学和训练的最初基本标志必然是容忍的、顺应的,仅仅是保护性的、防御

---

① 张东海、谢安邦:《全人教育的理论与实践》,华东师范大学出版社 2011 年版,第 86 页。
② 吴式颖:《外国教育史教程》,人民教育出版社 1999 年版,第 159 页。
③ 林杰:《人文主义教育与科学主义教育思潮评析》,《江苏高教》2002 年第 3 期。
④ [法]卢梭:《爱弥儿》,李平沤译,人民教育出版社 1985 年版,第 6 页。
⑤ [瑞士]裴斯泰洛齐:《裴斯泰洛齐教育论著选》,夏之莲等译,人民教育出版社 1992 年版,第 7 页。
⑥ 冯克诚:《裴斯泰洛齐人文教育思想与教育论著选读(上)》,中国环境科学出版社 2006 年版,第 30 页。
⑦ 黄丽玲、胡小桃:《论雅思贝尔斯的"全人"教育思想及启示》,《当代教育实践与教学研究》2018 年第 2 期。

性的。① 进步主义教育家帕克通过《关于教育学的谈话》表示，教育必须尊重和维持学生自我激发的活动，为人的完满发展提供条件。而杜威则强调人类的经验在教育中的重要作用，提出"教育即生长""教育即生活""教育即经验的改造"等主张。② 以上所述教育家能够成为全人教育阵营的标志人物，是福布斯借用维特根斯坦的"家族相似性"（family resemblance）方法筛选而出的，他们都强调人类的精神本性，重视儿童的个性，尊重人的每一种经验。③

全人教育理论认为华德福学校的创始人鲁道夫·斯坦纳和蒙台梭利学校的创始人玛利亚·蒙台梭利为其理论提供了丰富的实践意涵。④ 华德福学校倡导全人教育，以发展人的自由精神为理想，强调文化要向人类精神深处汲取生命的活力。蒙台梭利学校也同样相信培养孩子的精神发展非常重要，相信人类精神的、身体的和灵魂的质量是由神圣的生命源泉支撑的；逼迫儿童学习东西不会让他们的智力活跃起来，关键是如何形成有利于孩子智力天然舒展的学习环境。

直接为全人教育提供认识论的是美国20世纪60—70年代兴起的人本主义教育思想。它面临的社会背景是高度发展的科学技术不仅控制了社会物质生产的一切过程，而且加强了对人的心理和意识的灌输。理性的误用反而导致人沦为机器和知识的奴隶，人们受到的困扰多来自外部价值标准的瓦解和价值的丧失，因而转向内心世界寻求价值目标，希望借助教育补益功利化和机械化社会中普遍存在的人生价值失落危机。人本主义教育思想中的"存在"观念、以格式塔心理学为基础的"整体"观念、以现象学为基础的"生活世界"观念，⑤ 以及"内在的学习""开放经验""软课程""以学生为中心""意义学习""价值条件""自

---

① 吴式颖：《外国教育史教程》，人民教育出版社1999年版，第336页。

② Miller, R., "Defining a Common Vision: The Holistic Education Movement in the U. S. Orbit", *Special Issue: Holistic Education in Practice*, Vol. 23, No. 2, 1997. // Edited by Miller, J. P. and Drake, S., Toronto: OISE Press, 1992, pp. 20 – 21.

③ Forbes, S., *Holistic Education: An Analysis of Its Ideas in Nature*, Brandon, V. T.: Foundation for Educational Renewal, 2003, pp. 2 – 4.

④ Grimes, B., Multidimensional Classroom: Development a Comprehensive Research Base for Holistic Education, Ph. D. dissertation, England: University of Cambridge, 2007, p. 67.

⑤ 单中惠：《西方教育思想史》，山西人民出版社1996年版，第969—973页。

我实现""美感高峰体验"等理念①都为全人教育理论框架的搭建提供了丰富资源。

全人教育从不同时代、不同领域的思想家那里汲取了营养，经过隆·米勒等人的挖掘，以一种新的内涵和面孔出现在世人面前。尽管教育史上的学术主流只将上述一些教育家（尤其是卢梭以来的教育家）视为一群主张"儿童为中心"的浪漫主义的乌合之众，但他们兼具自由、人文和浪漫的思想为全人教育注入了持久的活力。他们共同的信念是，教育必须顾及每个儿童的完整性格，涵盖人类所有的经验层面。

全人教育理论发展过程经过了范式改变和批判两个发展阶段。②范式论的全人教育，幻想通过一次彻底的革命性变革改造社会，重建一种适合当前社会的教育体系和制度，摆脱工业社会给教育带来的种种弊端，但终因缺乏处理现实文化政治问题的有效手段和改造社会的具体操作程序而失败。1988年后，约翰·米勒出版了《全人教育课程》、隆·米勒创办了《全人教育评论》，接着成立了全球教育改造联盟（GATE），这些标志着全人教育开始转向了一种批判理论范式。③它更为小心地看待人类历史且充分认识到社会改造的难度，认为全人教育理论并不是一种社会改造的良方，只是表征了社会转型的一种可能。全人教育者应该从其他一些教育改革运动中汲取营养，构建一种新的具有批判精神视角的全人教育。无论是早期的范式改变论还是批判论，都在美国和世界产生了一定的影响力。

三 对全人教育实践的研究

在现代全人教育实践方面，美国的全人教育理论家率先在北美一些国家开展了探索。④如美国犹他州"为了人的伟大"的范式论全人教育变革、科罗拉多州杰弗逊开放高中的全人教育办学、纽约市的伊萨卡可选择

---

① 陈仲庚、张雨新：《人格心理学》，辽宁人民出版社1986年版，第276—278页。
② 两个阶段的说法来自全人教育网站（http://www.Holistic-education.net.），2018年12月10日。
③ 张东海：《全人教育思潮与高等教育实践研究》，博士学位论文，华东师范大学，2007年，第33页。
④ 张东海、谢安邦：《全人教育的理论与实践》，华东师范大学出版社2011年版，第144—158页。

学校、加州金橡树学校的快乐阅读计划、加拿大安大略省西姆科学校的"联系"观念课程体系等，都是对传统教育理念的变革，从而转向追求人的均衡发展、潜能开发以及鼓励学生自主参与学习过程。全人教育在技术主义占统治地位的美国，开始拥有一席之地；其思想也传播到加拿大、墨西哥、澳大利亚、日本等国家和中国香港、台湾地区，形成一种世界性的教育思潮。

2010年后中国开始零星出现对全人教育实践的研究，如厦门大学马来西亚分校、西南财经大学天府学院、山东省茌平县博平中学、辽宁省丹东市凤城六中、北京大学医学部等都开展了全人教育的探索，强调培养人的整体发展、个体的多样性和人文精神等，为全人教育实践研究与探索提供了案例。2015—2017年中国全人教育研究出现"井喷"状态，研究论文如雨后春笋般出现。

民间教育组织也在积极地进行全人教育实践。如2002年开始的新教育实验，强调"过一种幸福完整的教育生活"，提出了"营造书香校园""构筑理想课堂""师生共写随笔"等六大行动，[1]并在全国成了新教育共同体，这种教育理念与全人教育非常契合，2010年后有些新教育加盟学校则直接把"全人教育"写入学校育人目标中。另一个全国性的教育实验项目"新学校行动研究"也提出让学生在"理想学校"幸福成长、完整发展的理念；[2]受它影响，一些中小学把"完整发展"提升到全面育人的理念中，有些则直接制定了"全人课程"。2015年21世纪教育研究院推出了中国第一个"全人教育奖"，意在基础教育界发现一批具有"全人教育"理念的教师，通过奖励的形式更广泛地推动以人为本的教育改革，目前已经举办了六届。

对全人教育实施过程的研究，宏观层次上涵盖全人教育目标和原则的制定和落实，微观层次上侧重课程观、教学观和教师观的形成和实施。如隆·米勒把全人教育的目标概括为整体性，即在个人、社区、社会、地球和宇宙之间建立一种整体的教育。[3] 这种整体性的描述通过1990年6月第二

---

[1] 朱永新：《"新教育实验"的基本理论与实践探索》，《课程·教材·教法》2005年第9期。
[2] 李希贵：《改造我们的学校——"新学校行动研究"之内蕴》，《人民教育》2010年第7期。
[3] Miller, R., "Holistic Education in the United States", In Ron Miller, Edited by *Caring for New Life: Essays on Holistic Education*, Brandon, V. T.: Foundations for educational Renewal, 2000, p. 22.

届全人教育国际会议宣言——《教育2000：全人教育的观点》——得以确立。该宣言提出了全人教育的十大原则，成为全人教育的重要衡量准则。[①] 全人教育的这些原则包含了丰富的生态性和精神性，更加强调人类经验的完整性和生活的有机性；也表达了对于还原论哲学的批判，强调了认识的情境性和动态性；同时崇尚杜威所倡导的"教育即生长""教育即生活"的观念，强调知识和意义的建构性；此外，全人教育家也把社会存在导向神秘的生命源泉，强调用生命去回应它的召唤，即把人的无限潜能发挥出来。

隆·米勒给全人教育课程做了一个宽泛的定义，即课程是"生活的所有表现形式"，意指教育发生的场所包括家庭、社区和世界。他认为全人教育的课程观应强调每个人既是教育者又是学习者，学习过程中要打破学科之间的界限，在学习过程中主动地与课程联结而获得知识和技能。另一位创始人约翰·米勒把全人教育的课程观概括为"平衡、整合与联结"三大原则。[②] 平衡指的是课程促进个人的智力、情感、身体、审美、社会和精神性各个方面整体均衡发展；整合指的是在课程学习中综合各种有用的学习方式和教育倾向，知识加工和应用是交互式的；联结则指课程要建立事物之间的联系，寻求个人与组织、地球和世界的整体联系。

安桂清认为，全人教育中的整体论是一种关系思维、转化思维和精

---

① 1990年6月第二届全人教育国际会议宣言——《教育2000：全人教育的观点》中提出的全人教育的十大原则为：（1）个体发展优先于国家经济发展。教育最主要和最根本的目的是培育人的内在潜能。（2）每个学习者都具有独特的价值和内在的创造性，具有无限的学习能力。要尊重每一个学习者。（3）教育是经验的产物，学习是一种积极的、多种感官参与的个体与世界之间的互动过程。（4）应重视教育过程的完整性，教育的完整性意味着每一门学科都应为丰富而复杂的生活现象提供不同的观察视角。为实现教育的完整性，教育机构和政府的教育政策必须有所改变。（5）学习过程应当是有机的、自然的过程，而不是教师根据社会的要求生产某种产品的过程，教育者是学习过程的支持者。（6）在学习的各个阶段，都必须给学生提供选择的机会。（7）必须建立真正的民主教育模式，使所有公民都能以有意义的方式参与到社区和全球生活中去。（8）每个人都是地球公民，无论他是否意识到这一点。教育应该培育人们对于文化差异性的欣赏态度。（9）教育必须从它与生活之间的深刻关联中有机地生发出来，人们必须重新认识到人类与自然界之间是一种相互共存的伙伴关系，而不应把自然视为可开发的资源。（10）人最重要、最有价值的，是他内在的、主观的生命，即自我或灵魂教育必须培育人的精神性（spiritual），使其健康成长，而不能通过无休止的评价和竞争伤害它。

② Miller, J. P., *The Holistic Curriculum* (2nd ed.), Toronto: OISE Press, 2007, pp. 4–9.

神性思维，基于整体论哲学基础上的整体课程具有联结、转化的特点。整体学习以强调学习的多样化联结、恢复学习的修炼传统和寻求学习的内在平衡为特征，因此全人教育的课程是生成的、建构的和动态的，学习者与课程之间是共同创造（co-creation）、共同演化（co-evolution）的关系。①

在课程教学上，全人教育倡导的是一种整合的教学观，强调在关联性和整体性的基础上发展一种跨学科和多元学习者关联的教学方式，采用多种学习策略满足学生多样化的学习要求，创设情境，以促进学生身体、情感、精神性等多方面的发展。如教学中采用分析性思考与直觉性思考关联（比喻、想象）、身心关联（运动、舞蹈、戏剧）、学科间关联（主题式学习、价值教育、艺术统合、故事）、与社群关联（合作学习、社区学习、全球化教育）、与地球关联（环境教育、生态教育）、与自己关联（文学、神话、日记、讲故事）等策略。②

如何成为全人教师？这是约翰·米勒重点关注的一个领域。首先，他认为全人教师要坚持独特的信念，在"独立—共依存""物质—心灵"等一系列充满张力的现实中获得一种平衡能力；教师在课程与儿童教学的传递（transmission）、交流互动（transaction）与转化（transformation）之间做出及时和明智选择；教师还要找到教学各元素之间的关联性，处理好线性思考和直觉、身心、自我与真我（the Self）之间的关系。③ 其次，全人教育的教师也是多种身份的归一。李荣堂从教师（TEACHER）词源的角度，认为全人教育教师应该是学生思维的训练者（Trainer）、学生精神世界的教导者和培育者（Educator）、社会角色与课堂活动的演员（Actor）、学生学习和生活事务的辅导咨商者（counsellor）、激发人性的人文主义学者（Humanist）、各种文本的编辑者（Editor）以及教育和教学的研究员（Researcher）。④ 最后，不论是全人教育教师还是学习者，都是终身性的。他们的学习包括身体、情绪、智力与精神层面，也包含努力与玩耍的形式。

---

① 安桂清：《整体课程：面向21世纪的课程远景》，《比较教育研究》2006年第6期。
② John P. Miller：《如何成为全人教师》，李昱平、张淑美译，心理出版社2008年版，第43—45页。
③ John P. Miller：《如何成为全人教师》，李昱平、张淑美译，心理出版社2008年版，第6—16页。
④ 李荣堂：《全人教育至善论》，高雄：复文图文出版社1998年版，第6—7页。

四 对全人教育研究的反思

对全人教育的已有研究厘清了全人教育的理论脉络,对全人教育的渊源、理念、策略、原则、方法和内容进行了梳理,确立了非理性因素在教育中的地位,有利于消除教育中诸多的二元对立,关注直觉、情感、审美、精神等个人经验在教育中的作用。但是,这种教育理论并不是一种完美和成熟的理论,很大程度上说,全人教育还在路上。之所以这么说,是因为到目前为止,全人教育理论家和学者还没有形成一套逻辑严密、被教育和社会广泛认可的概念体系。很多时候,全人教育研究者在阐述理论的时候刻意模糊其边界,显示出对自己理论的自信不足。此外,全人教育的理论和实践预设相对理想化,对现实的评估不足,给理论的可操作性带来了困难。因此,"它尚处于一个开始而且易碎的阶段"。人们也许更应该把全人教育看作一种教育的态度,而不是一套成熟的方法。确如全人教育创始人隆·米勒所言:"全人教育运动还在理论形塑期 (theoretical foundation)。"①

回观国内的全人教育研究,大致出现了两种趋势。第一种是以大学研究者为主的理论探索,梳理了全人教育的发展脉络(如华东师范大学钟启泉、谢安邦、张东海、吴立保等)、全人教育思想与其他教育思想的区别(厦门大学范怡红、谭敏等)、全人教育的理念(北京师范大学刘宝存,华东师范大学安桂清,北京大学钟启旸等)。第二种为职业技术院校和中小学教师撰写的如何实施全人教育的应用性论文,覆盖学校管理、各科教学以及就业教育、图书馆管理、媒体建设等领域,但总体来说这些论文虽冠以"全人教育"的名称,实则谈论的还是素质教育、通识教育、全面发展的教育、生命教育等内容,研究缺乏必要的理论高度和实证资料。因此,中国全人教育理论研究丰富,而本土实践研究不足,尤其是中小学全人教育实践的实证研究较少。

综上所述,尽管全人教育理论有其深厚的渊源和明确诉求,但它并没有形成一套统一的操作程序或方法,因此给实践者带来很大的困扰。一方面,这些教育实践者相信全人教育理论将对于目前的基础教育产生积极的作用和影响;另一方面,现实中社会、文化情境的复杂性,需要他们把美

---

① 陈能治:《以全人教育理念作为通识教育的核心价值》,人文价值与生命关怀通识课程之理论基础研讨会,树德科技大学通识教育学院,2002年,第63页。

好的理念变成具体的行动，这需要创造性的思维和合理的行动。不填补理论和实践之间的鸿沟，它就会"搅乱并挑战意识，从而使信念发生动摇"①。

第三节　预研究：全人教育教师的"家族相似性"②
——基于质性分析的视角

全人教育关注人的生命和价值，是一种全新的教育范式和原则，对于中国当代教育具有理论和实践意义。全人教育理念实施的核心是教师，而对已有全人教育教师共同特点的分析，可以为更多青睐全人教育的教师提供行动参考。本文借鉴扎根理论的研究方法，对中国三位小学全人教育教师的访谈进行了分析，得出并检验了他们成为全人教育教师的家族相似性。本研究对于继续全面开展全人教育研究提供了新的视角和方法论基础。

全人教育作为一种新兴的思潮，20世纪70年代出现在北美，它是"以人的完整发展"为核心的教育理念，强调"自我的觉醒与整全"。③全人教育思想批判了工业革命以来病态的教育，并试图在关注人的生命、尊重人的潜能、促进人的整体发展等价值基础上建构自己的理论体系。2001年后，这种教育思想开始在我国传播，引起了研究者和一线教师的关注。从2010年开始，中国陆续出现全人教育的实验学校，一些教育者开始尝试在日常的教育教学中实施全人教育。但是，正如全人教育的奠基人隆·米勒说的那样，全人教育不可定义为一种特别的方法或技巧，它必须被视为适用于各种方法的一套范式和原则。④ 因此，从定义到操作程序

---

① [美]麦瑞尔姆：《质化方法在教育研究中的应用：个案研究的扩展》，于泽元译，重庆大学出版社2008年版，第13页。
② 本部分内容选自张立平、王晓玲《全人教育教师的"家族相似性"研究——基于扎根理论的分析》，《教育参考》2016年第2期。
③ 陈能治：《以全人教育理念作为通识教育的核心价值》，人文价值与生命关怀通识课程之理论基础研讨会，树德科技大学通识教育学院，2002年，第63页。
④ Miller, R., "Defining a Common Vision: The Holistic Education Movement in the U. S. Orbit", *Special Issue: Holistic Education in Practice*, Vol. 23, No. 2, 1997, Edited by Miller, J. and Drake, S., Toronto: OISE Press, 1992, pp. 201–202.

的模糊性给全人教育实践带来一定的不确定性,实践者经常在完美的理论和复杂的现实面前无所适从。人们需要了解关于全人教育的一些基本特征和方法。2015 年 8—9 月,笔者曾有机会参观了三所学校,并对三位卓越的全人教育教师进行了访谈,听取了他们对"全人教育"的认识。之后我使用质性研究的分析方法(借鉴扎根理论方法)对访谈资料予以分析,试图回答:(1)全人教育教师如何认识自己?(2)全人教育如何认识自己的学科和课程?(3)全人教育教师有什么共同特点?并希望从问题答案中探寻小学教师成为全人教育教师的路径。

一 研究对象

本研究的三名研究对象均为具有"全人教育"理念的教师,他们具有不同于传统教师的精熟教学技能和乐于奉献这样的特点,而且奉行课程改革,努力在人文教育和学生完整发展方面做出探索。

访谈对象马老师是"全人之美课程"的实践者,先后在南阳、深圳、苏州和鄂尔多斯等地从事教育工作,一直追随新教育实验,被称为"中国教育的理想主义者"。近些年,她推广"毛虫与蝴蝶"儿童阶梯阅读项目,在全人教育的实践中做出了显著成绩,曾获得 2015 年中国"全人教育奖"。

访谈对象陈老师是一名乡村小学的科学教师,从 20 岁开始沉浸于自然科学教育,利用双休日和假期带学生野外考察。他心怀儿童,满腔热情地投入农村小学科学教育和教育公益事业,构建了中国全人教育的田园山水课程,辅导学生获得两项全国发明专利,九百多项国家级、省级科技创新大赛奖,被评为"全国特级教师",受到总理接见。

访谈对象朱老师是一位小学语文教师,她以母语文化为依托,通过阅读、吟诵、故事、童谣等形式浸润儿童生命,给孩子完整的滋养;她发明的自然笔记教学法,引领孩子和世界连接,唤醒儿童的自然意识;她举办的全人教育公益研讨和"公益书包"行动,影响了一大批教师和学生。

二 研究设计

本研究分为两个阶段:第一阶段为质性研究的准备阶段,进行访谈、观察和收集文本资料;第二阶段为质性研究的编码分析阶段,并在资料分析的基础上建构自己的理论。

(一) 研究方法

本研究使用的质性研究方法借鉴了扎根理论（Grounded Theory），之所以使用这种方法，是因为扎根理论是"除了民族志以外，最早且最具影响力的研究取径"。[①] 这种方法因其对某一特定情境下某一现象的研究可以获得实质理论，分析胜过描述、喜欢新鲜的概念类属（category）胜过预先设定的观点等特点，对于笔者的研究目的来说非常合适。作为一种质性研究方法，扎根理论强调从实践经验入手，在没有任何预设的前提下对原始资料进行归纳提升，从而得出系统的理论。与其他松散的质性研究相比，扎根理论研究更具系统性和严谨性，被认为是"今日社会科学中最有影响的研究范式，走在质性研究革命的最前沿"。[②] 扎根理论是格拉泽和施特劳斯在1967年提出的研究方法，目的是"填平理论研究与经验研究之间尴尬的鸿沟"。[③] 该理论提倡在资料（数据）中发展理论，而不是从理论中演绎可验证的假设。它提出了开放性访谈、文献分析、参与式观察等收集资料的方法，在资料饱和的情况下，对资料进行分类、编码。之后，施特劳斯还阐述了编码中的技术操作步骤，包括使用"开放式编码与关联式编码形成命题链，再对命题链进行核心式编码，发现影响中心命题的政治、经济、文化、历史等条件，在此基础上概括出理论命题；概括出的理论命题再回到资料或类似情景中接受检验，进一步修正与发展该理论"。[④] 这种研究方法是一种在系统化资料的基础上，经过研究分析，进而挖掘发展后，运用归纳法对已知现象和事实加以充分比较和分析总结，最后得到结果的理论，[⑤] 其基本流程如图1-2所示。

[①] 陈向明:《扎根理论在中国教育研究中的运用探索》,《北京大学教育评论》2015年第1期。

[②] Strauss, D. and Norman, K., *Strategies of Qualitative Inquiry*, Thousand Daks: SAGE Publication Incorporated, 1998, pp. 158–183.

[③] Glaser, B. G. and Strauss, A. L., *The Discovery of Grounded Theory*, Chicago: Aldine, 1967, p. vii.

[④] Strauss, A. L., *Qualitative Analysis for Social Scientists*, Cambridge, UK: Cambridge University Press, 1987, p. 241.

[⑤] 李志刚:《扎根理论方法在科学研究中的运用分析》,《东方论坛》2007年第4期。

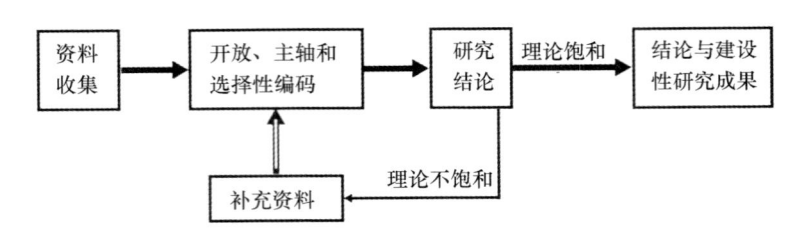

```
资料      开放、主轴和    研究   理论饱和   结论与建设
收集  →   选择性编码   →  结论    →      性研究成果
           ↑              ↓
           └── 补充资料 ← 理论不饱和
```

图 1-2　扎根理论流程①

（二）数据采集

以扎根理论研究为基础的质性研究方法的资料来源主要包括访谈、实地观察和现场文本等。笔者的资料收集途径如下。（1）设计了包含四个问题的访谈提纲，对三位教师进行半结构化访谈。访谈问题包括：你是怎么走上教育之路的？你在教育教学上做了什么不同的探索？你为什么要这样做？你的探索是怎样给学生和你本人带来变化的？（2）田野调查中，与访谈教师的同事、学生进行了访谈，并进班听了他们的讲课。在访谈对象许可的情况下笔者进行了录音，之后整理出文字资料。其间，还收集了教师的教案、教学反思等资料。这些资料作为辅助材料，在需要三角互证的情况下便于获得。

三　"全人教育"教师发展的理论建构和验证

扎根理论方法对资料的分析过程较为严格，从数据（资料）到理论，是一个技术支撑的分析过程，其中编码是糅合资料与产出理论的关键环节，它促成事件之间和事件与概念的不断比较，从而产生更多的范畴、特征的形成及对数据的概念化。本书所使用的编码方法借鉴了施特劳斯扎根理论的编码方式，即在开放编码的基础上，形成类属、属性和维度，发展并检验各类属之间的关系。在轴心编码阶段，将不同类属按照事情发展联系起来，如"因果关系—现象—情境—中介条件—行动—结果"等。② 最

---

① Pandit, "The Creation of Theory: A Recent Application of the Grounded Theory Method", *The Qualitative Report*, Vol. 2, No. 4, 1996.

② Strauss, A. and Corbin, J., *Basics of Qualitative Research: Grounded Theory Procedures and Techniques*, Newbury Park: Sage, 1990, p. 99.

后，产生编码资料的核心类属，其下有若干支援类属支撑，形成整合图式或故事线。本研究的资料分析就经过了开放编码、轴心编码和选择性编码三个过程。整个过程中保持理论敏感性，对事件与概念以及概念与概念的关系不断提问、比较之后，根据编码形成的属性、维度、类属，推导出核心类属。① 类属达到理论性饱和之后，不再分析访谈资料。此时，通过编码、写备忘录和画图来完成类属和类属之间的关系，形成初步假设，最后进行理论整合，② 从而建构起自己的全人教育教师的理论。初步理论形成后，在三位访谈对象之间进行同质比较和异质比较，合并同类结论，把不同结论再放入原文，进行重新认定，最后得出结论。

（一）资料编码

开放性编码的作用是将资料中挖掘的概念及其属性进行界定的分析过程，其目的在于指认现象、界定概念、发现范畴，也就是处理聚敛问题。③ 本研究的三个访谈对象谈话内容和侧重点不完全相同，为便于分析，笔者把完整的对话进行了"切割"，遵循着"原始语句—代码—属性—维度—类属"（自右向左的推导）的发展脉络进行编码，如表1－1所示。

表1－1　　　　　　　　马老师访谈资料的开放编码

一级：开放编码			代码	原始语句
类属				
类属	维度	属性		
身份认同（自我认识）	做—不做 有—没有 大—小 多—少 深—浅	做老师 动力 教育理想 缺点 痴迷教育	天生为师 持续动力 理想 不足 痴迷	"我天生就是老师命"，做小学语文老师整整24年了。做老师还是要有持续的动力。做教育就是"理想越大，做的事越小、越具体"。我"知道我在教育上还有很多不足，可是没想到我会越来越因为我的不足而更加痴迷!"

---

① 陈向明：《扎根理论在中国教育研究中的运用探索》，《北京大学教育评论》2015年第1期。
② 陈向明：《扎根理论在中国教育研究中的运用探索》，《北京大学教育评论》2015年第1期。
③ Strauss, A. and Corbin, J., *Grounded Theory Methodology: An Overview*, Thousand Oaks: sage Publications, 1994, pp. 273–285.

续表

一级：开放编码			代码	原始语句
类属				
类属	维度	属性		
与世界连接	体验—避开 结合—分离 由衷—威压 喜欢—厌恶 有用—无用 重要—无所谓	自然 内心 习惯 状态 重要他人 自然知识	风雨里奔跑 挑战 自然而然 欢悦 家长顾问 养羊技巧	我带着学生体验过在风雨里奔跑，孩子们竟喜欢上这种生命的挑战。以后再遇到这样的天气，只要能跑，只要身体没有生病，孩子们就会自然而然地欢悦着冲出教室；在牧区的这个学校，我们还从家长顾问那里学习养羊的技巧。
教育的人格力量	利己—利他 接受—拒绝 普遍—个别 强—弱 必需—选择 慢—快 快乐—难过 独自—大家 自愿—勉强 大—小 重要—无所谓 学生—老师	教育目标 教育结果 教育价值 品格教育 教育手段 教育观念 同乐 同行 同游 人格教育 学生收获 受益者	为学生 为自己 感染 觉醒 奇迹与意义 自强不息 读书 培养 喂养小羊羔 奔跑 拥抱 人格力量 自由 意义	我不赞同"为学生而教"；每个人的最终目的不是为别人。首先你应该是为自己，当我自己生命更新了，我也会感染其他人，然后他的心中有了转变，会自发的觉醒。小毛虫教室的价值就是创造奇迹与意义，就是迎难而上，对不可能说"不"，对自身的懦弱与无担当说"不"！我们一直把自强不息作为一个比较重要的核心。我把学生读书很重要当作吃饭一样必不可少，需要更多的时间，慢慢培养完整的孩子。 每当兴致勃勃地和孩子们一起喂养小羊羔、带着孩子们在草原上奔跑、在雨天狂野地与大自然拥抱之时，我才能明白教育沁润人心养育人格的力量是如此强大。学生们获得了智慧和思考的自由，育人者也找到了她生活的意义。

续表

一级：开放编码			代码	原始语句
类属				
类属	维度	属性		
个性化课程	全—偏 量—质	全人理念 阅读	课程体系 身体、艺术、 学科、智慧 广谱 深读	我们开设了"全人之美"课程体系，有身体课程，艺术课程；学科课程；智慧课程。我们还把学生的阅读从海量阅读到广谱深读精读。
跨学科互动	喜欢—讨厌 参与—逃避 高雅—低俗 实用—时髦	艺术教育 才情展示 文学内涵 实用学问	音乐会 诗会 莎士比亚戏剧 养羊经济学	每周的小桥音乐会深受大家喜欢，从开学到现在开了12期了；有时我们还在那里举行诗会；我带孩子们还排演了莎士比亚戏剧；我们养了羊，还开了一门养羊经济学的课程。
交往行动	说教—思辨 真实—虚拟 得当—不当 建构—赋予 健康—扭曲 良性—破坏 合理—偏颇 优先—滞后	德育 方法 关键事件 群体性 成长观 生态观 公民教育 选择权	暮省、班会 生活真实事件 黑榜 荣誉感 成长 与自然共处 公平 纪律 保护 决定 机会	我在暮省、班会中都加强了思辨部分，引入了相当部分的社会生活真实事件的讨论。利用"黑榜"事件激发集体荣誉感。在不断解决问题的过程中，孩子们稳健地成长着。磨炼品行、与自然共处、热爱生命、解决现实问题才是真正的智慧！一间教室的公平就是强者得到纪律下的自由，弱者得到无条件的保护与帮助；任何人可以决定自己是优先还是滞后去赢得仅此几次的机会。

续表

一级：开放编码			代码	原始语句
类属				
类属	维度	属性		
精神世界与物质世界平衡	好—差 留—走 研究—教学 坚定—脆弱 沉静—浮躁 坚决—动摇 光鲜—无闻 教师—明星 苦—乐 外—内	条件 决心 身份 坚持 情感 态度 过去 本质 价值观 本质	偏远 扎根 当老师 定力 专注、安心 坚守 富有 影响 原点 不在乎 与学生一起 心甘情愿 面子、里子	小学地处偏远，时常停水断电，师资的招募也不尽如人意。真在这里扎根，即便不做研究只是当老师，也需要很大的定力。但是，哪儿能让我专注，哪个团队能让我安心，我就在哪儿扎根。我最终认定自己要坚守在这里。我在最富有的地方待过，被央视采访过，出过书，当过影响全国百万教育追随者的网络版主，终于还是回到原点。我不在乎房，不在乎车，不在乎工资和保险，与学生们一起吃食堂、住宿舍，心甘情愿地为学生们当保姆、当医生、做朋友、做母亲。我要的不是"面子"而是"里子"。
信息整合	影响—不影响 大—小 高—低 纯净—杂乱 合作—倾轧 艰辛—容易 悬空—落地 实现—落空	体制 个人发展 地位 工作性质 共同体 研究成果 实践 教育理想	世外桃源 空间 灵魂 学术 团队成员 12年 现实 惊蛰	这里是教育的世外桃源，我们的创造和想法有足够的空间去发挥；班主任是教室的灵魂和核心，各科教师配合；这是绝对以学术为核心的教育团队，我愿与中心的其他成员一起把新教育实验发轫12年来的理论与实践框架、课堂与课程设计、教师培养与教学生活付诸现实，期待成为真正能惊醒中国教育大地的"惊蛰"。

接着,笔者将上述开放编码中被分割的内容再次建立关联,创建轴心编码。这种建立关联的过程并不是要把几个核心类属联系起来构建一个全面的理论学架构,而只是要发展主要类属,在因果关系—现象—情境—中介条件—行动/互动策略—结果的发展顺序下形成。因为轴心编码已经高度概括,因此也接近核心类属,经过一个整合图式或故事线,可以形成核心类属。轴心编码和选择性编码的结果如表1-2所示(自左向右推导)。

表1-2　　　　马老师访谈资料的二级和三级编码

开放编码：类属	轴心编码	选择性编码：核心编码
身份认同（自我认识） 与世界连接 教育的人格力量 个性化课程 跨学科互动 交往行动 精神世界与物质世界平衡 信息整合	因果条件：追求教育理想 现象：开设"全人之美"课程 情境条件：身份认同、与世界连接、信息整合 中介条件：教育的人格力量 行动/互动策略：交往行动、立人立己、达人达己、个性化课程、跨学科互动 结果：精神世界与物质世界平衡	核心类属："全人教育"教师的"整合"和"存在"。 支援类属1："整合"即连接、整合、个性、跨学科、平衡 支援类属2："存在"即认同、人格力量、交往 初步假设： 1)"全人教育"教师首先是人的"存在",即教师是有自我认同的社会人。 2) 作为教师,他/她必须具有与世界连接和信息整合的能力,能有效地向学生提供适切的课程。 3) 教师还应有一种平衡精神和物质的能力,参与并促进与世界的交往。

用相同方法,我对陈老师和朱老师的访谈资料也进行了编码分析,因篇幅所限,不再一一列出。在下文的理论验证部分,就三者的差异性进行分析。

(二) 理论建构

本书的核心范畴是"全人教育"教师的"家族相似性",即共同特点。围绕核心类属的故事线可抽象为"整合"和"存在"两个类属。即上述三位全人教育教师都有"整合"和"存在"的特点："整合"体现的是教师发展中各因素"合"的过程,即教师与自然、世界和社会的和谐统一。一个全人教育的教师一定要形成自己的个性化课程，这种课程融合了教师生命中精神和物质的统一性，涵盖学校教育中的各种信息，并在以主题教学或项目教学中实现跨学科互动，最后达到人与人、个人与社区、个人与世界的连接。而"存在"是人作为独立存在的内外影响的结果，它强调教师对自我身份的认同、建构以及不断重构，更是通过教书育人、立人立己、达人达己的教育人格力量，实现师生的交往行动，使学生的身体、精神和灵性得到完整发展。由此，我们形成关于中国"全人教育"教师家族相似性如图1-3所示。

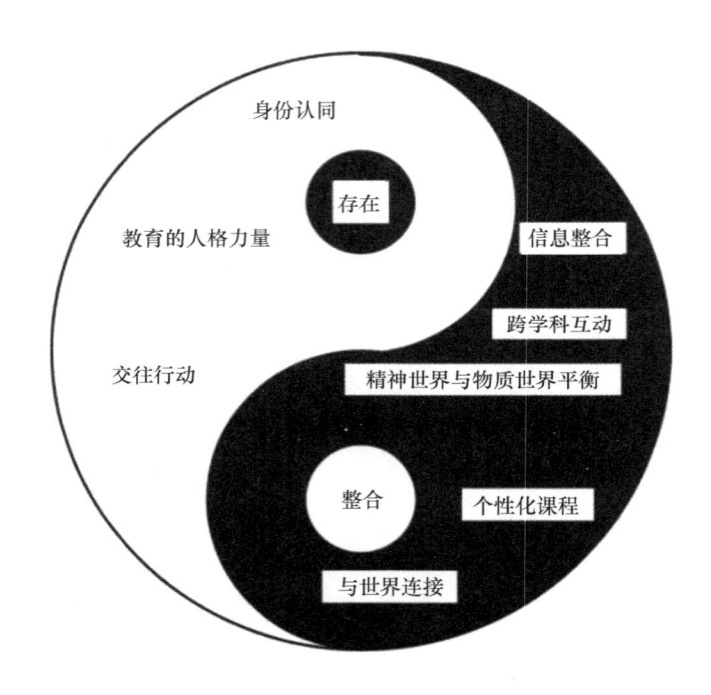

图1-3 全人教育教师家族相似性

（三）理论检验

笔者主要使用了连续比较法来对形成的理论进行检验。首先，笔者使用相同的扎根理论方法对两位"全人教育"教师的访谈资料进行了编码。在人口统计特征上（性别、教龄、荣誉称号等），朱老师和马老师非常相似，因此在学科素养、对生命的关注、语文阅读、精神世界与物质世界平衡等方面，也有很大的相似性。但是，访谈中朱老师在身份认同方面，更强调个人与制度的融合、学科具身化，提出了"教自己的语文"的口号。在个人化的课程上，朱老师提出"二十四节气"课程，更强调文化传承，把语言学习与传统文化、现代课程、自然教育结合起来。但在完整课程体系上来说，马老师则更有系统性，这种系统课程来自新教育体系的宏观设计。朱老师在教育哲学上思考更多，她把教学和教育与世界意识、宇宙观和生态观紧密联系，并贯彻于自己的行动中，形成连接、自然、节奏、顺应、艺术的教育思想。总结起来，两位语文老师具有很强的同质性，但是，马老师的"全人教育"更强调一种学术性质的探索，在一个纯粹的空间实施自己的教育梦想；而朱老师的"全人教育"则强调"圆融通达"，与自然、社会、世界和宇宙形成一个整体以及生态系统。与她们比较，陈老师是位男性，小学科学教师。在一般人的眼里，他应该是人文情怀最少的。资料编码后的分析显示，陈老师和学生关系特别融洽，他对跨学科互动有着独特的见解，他认为，"语文是'科学之母'，数学是'科学之父'，艺术是科学之魂，体育是科学之根。科学是核心，大家不分彼此。做科学教育，也需要回到历史中，寻找科学实验的素材"。他在学科教学中有着深刻的批判性思维，敢于质疑教科书、对抗权威，在做中学、探究地学。三位老师中，朱老师明确提出了"教自己的语文"、听说读写画制作的学习原则，把学习活动具身化了。再对比马老师，她带学生风雨里奔跑、组织乐队和排演戏剧，也是在具身化语文知识。陈老师带给学生的科学知识，几乎都是在野外获得的，他们走遍了温州的每一座山。认知具身化，也是三者共同的属性。具身化，意味着情境性、建构性和身体化。马老师认为喂养小羊羔、在草原上奔跑、在雨天狂野地与大自然拥抱可以使学生们获得智慧和思考的自由，育人者也找到了生活的意义。朱老师带学生做的自然笔记，在二十四节气里听、说、读、写、画、制作，带给孩子们鲜活的生命体验；陈老师也因为带学生野外考察而被称为"那个启蒙了我的勇气、我的好奇心、我的科学思想、我的人格的老师"。三者的共同点，在于将学科内的一系列动作内化，同时也进行一种隐喻投射。认知具身化（Embodiment），可以视为"全人教育"教师的新特点。至此，我们对"全人教育"教师的家族相似性可以在一系列扎根理论分析后，变成如图1-4所示的结构。

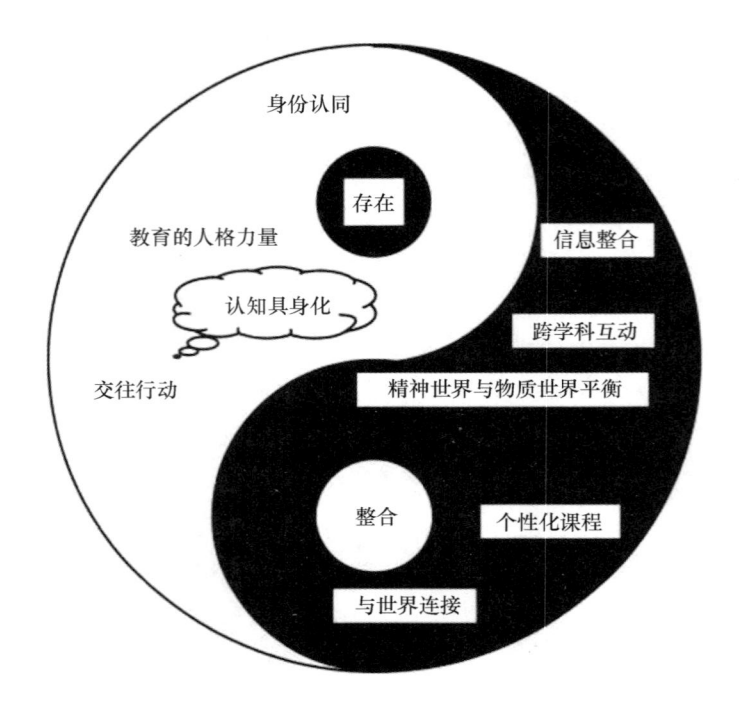

图 1-4 修订的全人教育教师的家族相似性

四 "全人教育"教师"家族相似性"的阐释

全人教育内涵的模式中包含了"整合"与"存在"两个方面,下面在资料分析的基础上对相关因素进行阐释。

(一)全人教育的"整合"模式

现代工业社会教育的弊端是常常割裂人类经验的整体性,人被拖拉出直觉和自我实现的领域。而在全人教育学者看来,儿童不仅通过思维学习,还通过感觉、想象和身体学习;不仅要接收各种信息,进行整合,更要在整合中注重对个体的意义;杜威"教育即生长""教育即生活"的观点,启示全人教育者重视学习者的经验学习;在全人教育者眼里,课程应该是生活的所有表现形式,要在界限分明的学科之间建立广泛的联系,并把课堂和外部世界紧密联系起来,成为师生个人知识的来源。在认识人与自然关系的同时,人的精神世界与外部物质世界保持一种平衡和内在秩序。马老师带着学生体验过在风雨里奔跑,孩子们竟喜欢上这种生命的挑战。而朱老师是借助中国传统文化中的二十四节气,如在"清明"组织孩子们放风筝,让孩子们了解清明的来历,了解风筝的故事,自己制作风筝,到户外去放风筝,并让孩子们把清明这一天放风筝的事情画下来,写出来,把文化带入了自己的生命体验中。陈老师让学生养小动物、种豆芽,寓学习于体验中。无论是毛虫与蝴蝶的课程、自然之美的课程还是田园科技课程,无不凝结着教师对美好人生的探索与深刻体会,同时也跨越了单一学科的束缚。他们和孩子们一起,用身体连接世界。老师在和学生的互动中,培育了学生的整体素养,又何尝没有提升自己的品位?即使在偏僻荒凉的草原、在乡村一隅的矮楼,抑或是在忙碌嘈杂的都市,他们都没有为物质的贫乏而忧虑,也不会因物质的丰裕而骄纵。"一箪食,一瓢饮,居陋巷,人不堪其忧",也不改其志。他们在为孩子们准备知识盛宴的时候,不也是在款待自己吗?

(二) 全人教育的"存在"模式

正如约翰·米勒所说,做好全人教师,教师只需"真实(authenticity)和关怀(caring)"。[①] 教师的真实,是对自我生命存在的映射,更外显为对自己身份的认同。马老师认为自己"天生就是老师命",但她不是为了学生而教,她在为自己的更新而活,"苟日新,日日新";朱老师是"十七年赛课"专业户,她已和语文同化,她在教"自己的"语文;陈老师不惧小学科学的"副科"地位,勇于怀疑和否定教科书、权威,建构自己的科学课程。正如海德格尔认为的,真实生活意味着人在完全明了其基本生存条件的情况下做出的选择,真实的人勇于直视自己的生活,不回避基本的责任。

对于教师来说,"认识你自己",不是在内心雕刻自己,而是在整个宇宙中与各种存在对话。认知具身化,其知识不局限于大脑中,而在于整个环境中,认知成果是由"自我—他者"的互动关系决定的。

马老师的小毛虫教室是创造奇迹与意义的地方,她感召学生迎难而上,对不可能说"不",对自身的懦弱与无担当说"不"。朱老师给孩子完整的滋养,让孩子与人、与世界产生真实的联系,让孩子与自然建立健康的关系。她顺应孩子的天性,帮助孩子慢慢地进入这个世界。她还用艺

---

① Miller, John P., *The Holistic Curriculum*, Toronto: OISE Press, 2001, pp. 47–48.

术点亮孩子们的童年。陈老师用梦想激励着那些留守儿童，带领孩子们启动奇思妙想探究世界。他们都在唤醒孩子们。为什么教育需要去唤醒呢？约翰·米勒指出，尽管"自我"是先赋性的，但人在出生后，"自我"却处于沉睡状态而逐渐被忘却，随着人不断成长，沉睡的"自我"越来越难以被唤醒，儿童时期是唤醒"自我"的重要时期，唤醒的重要途径是欣赏孩子的作品，从内心去真正地关怀他们。[1] 以体己之心关怀他人，以成己之心成就儿童，好的师生关系产生，善的教育得以形成。

弗洛伊德宣称，有三种不可能完成的使命：教育、统治和精神分析。[2] 诚然，教育不能完成其全部使命，但它可以在最人道和最人性化的地方做到最好。这样，我们就不用再为课堂是以学生为中心，还是以教师为中心辩论了，因为我们已经知道，课堂的中心是伟大事物，并且这个伟大事物指向人的完整发展。教育者在进行教育时，最好怀着一种宗教般的虔诚，去唤醒、等待、呵护学生，同时完善自己。

五　结论

本书借鉴扎根理论研究方法对三位"全人教育"教师的访谈资料进行了剖析，得出了"全人教育"教师"整合"和"存在"的家族相似性，并发现了这两个核心范畴下的故事线。研究过程中，笔者不断反问自己：这是一个关于什么的研究？通过资料，笔者觉得对"全人教育"教师的"家族相似性"有了较清晰的认识。分析的资料显示，在以标准、应试和评价至上的当代社会，在个人被碎片化、物质化和沙粒化的今天，教师可以带着一颗虔诚的心，去寻找教育的"世外桃源"。本研究对三位访谈者进行了分析，也进行类型匹配、差异对比和连续比较。但是，由于时间仓促，分析资料也以访谈资料为主，对观察记录和实物分析不够，没有形成完整的证据链，因此对"全人教育"教师的归纳也显得武断。随着研究的深入、更多资料的分析、更全面案例的对比，相信对于"全人教育"教师的论述会更丰满。

---

[1] Miller, John P., *The Holistic Curriculum*, Toronto: OISE Press, 2001, p. 62.
[2] ［西］费尔南·多萨瓦特尔：《教育的价值》，李丽等译，北京大学出版社2014年版，第8页。

第二章

研究设计与实施

学术研究的规范总是与研究方法的使用密不可分，而不同学科的基础研究方法和数据分析偏好存在差异。[①] 教育研究只有提高研究方法使用的规范性和严谨性，才能达到预定的研究目标。本书第一章呈现了全人教育的文献述评和一项预研究，揭示了当前全人教育中存在的理论与实践之间的张力，也让研究者看到了研究的方向。本章将介绍对全人教育研究方法问题的思考，并列出研究的概念框架以及对研究过程和研究效度的认识。

第一节 研究问题与概念框架

一 研究问题

研究问题是教育研究的起点，也是衡量研究价值的重要依据。它基于研究者的个人兴趣和对教育现象的理解，有着对相关理论进行验证或完善的学术追求。本研究的核心问题是：作为全人教育的实验学校是如何进行全人教育探索的？这是一个需要通过多个案进行分析比较获取类型特点的问题。这个问题可以借助三个子问题进一步阐释。

（一）中国的这些学校为什么要进行全人教育探索？

本研究定义的全人教育探索，首先是对全人教育理念的实践，即为每个人完整发展与人的"福祉和德性完美"[②] 而"有意识地培养人的活动"。[③] 其次，探索意味着基于对全人教育理念认可的情况下，学校有预

[①] Willson, V. L., "Research Techniques in AERJ Articles: 1969 to 1978", *Educational Researcher*, Vol. 9, No. 6, 1980, pp. 5–10.

[②] 金生鈜：《何为教育实践》，《华东师范大学学报》（教育科学版）2014年第5期。

[③] 顾明远：《教育大辞典》，上海教育出版社1998年版，第773页。

期和负责任的尝试。最后,这种探索是一种对学校理念、教学、教师与学生、学校组织结构整体的变革和尝试。要回答这个问题,需要从学校的历史出发,寻找学校践行全人教育的原因、契机、预期与设计。这些学校在当前的教育教学中遇到了什么困境?他们如何决策进行全人教育探索的?这也需要从学校发展面临的宏观结构(如制度安排、经济基础、地理位置、社会环境等)和微观结构(如学校的人员构成、校长领导力、学校愿景、管理方式、人际关系等)予以说明。

(二)中国的这些学校是怎样进行全人教育探索的?

要回答这个问题,需要进入个案学校,探寻学校发展所使用的中介工具和互动机制,并提炼学校形成的本土全人教育理念、共同愿景、课程体系、教学方法、学生活动、教师发展、家校联系以及日常生活中学校整体的精神风貌。对学校全人教育的考察主要了解学校是否提出全人教育目标,并为全体成员知晓并认同;学校是否以学习体验作为教学手段,在增进学习者知识技能的同时,获得成长快乐;学校教育是否关注每一个学习者的独特性,采取符合他们特点的方式激发他们的潜能;学校是否以主题教学、融会教学取代学科教学和教材教学;学校教学是否以文化情境为依据进行意义建构(如游戏中学习、做中学等)来取代机械记忆、重复练习和终结性评价。学校作为社会结构和个人行动的中观层面,兼具结构与行动的实践意涵,通过对其在探索全人教育过程中的关键事件与决策行动,展示学校在上述各因素中的互动策略。

(三)中国的这些全人教育探索学校有什么类型特点?

本研究的学术追求是提炼出中国的学校在全人教育探索中内隐的类型特点,并与全人教育的基本理念进行比较,揭示中国社会文化情境下全人教育的差异性和独特性,并与全人教育的原理及国际实验进行比较,为中国的基础教育改革提供理论参考。当然,个案研究也不能直接作为总体推论的依据,而是借此得出某些假设与结论性认识;其初始阶段是要深入个案的内部进行剖析,然后拓展个案的纵向发生机制。正如格尔兹认识的"对个案基本材料的深描,不是超越个案进行概括,而是试图把它们置于某一可理解的系统之中"[①]。之后进行的跨个案分析可以提炼归纳出具有类型特点的模式。

---

① [美]克利福德·格尔兹:《文化的解释》,韩莉译,译林出版社2008年版,第29页。

二 概念框架

研究的概念框架有助于清晰地阐述研究问题，构思研究思路并具体化研究内容，并使得资料分析理论化和结构化。本研究首先对相关概念进行了定义，然后描述它们之间的关系，并通过一定的理论联结起来。而概念图是一种关系的逻辑建构，表达的是理念上的因果关系。概念框架的构建可以看作应用理论对所研究问题的一种逻辑分析，有助于确定达到目标的关系或关系类型，也就是提供目标与实现目标的方法与程序之间的理论联系。但需要明确的是，目标与方法的联系是概念框架的附带作用，而不是它的核心关注点。

本研究中，基于研究问题和核心概念所形成的概念框架，意在为中国全人教育探索的描述、解释性理解和特点归纳服务，借此呈现全人教育实验学校本土化探索过程中的类型特点。本研究的概念框架如图 2-1 所示。

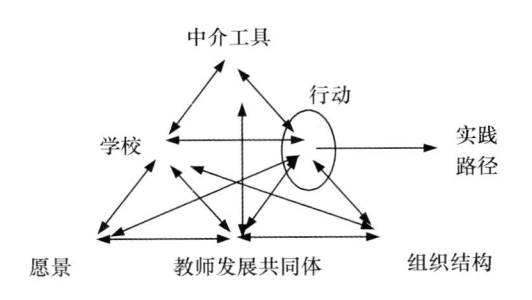

图 2-1 全人教育研究的概念框架

（一）中介工具

中介工具指学校为进行全人教育探索而使用的文化工具，它包括为提高教育效率和效果所使用的技术、教育理论以及其他用语言表达的口号、理念、思想和哲学认识等文化符号。

（二）学校

本研究中的学校，指的是目前中国存在的、国家批准成立的、供适龄少年儿童接受正规基础教育的组织，这种组织包含公立和私立中小学，也包括以"书院"名义进行基础教育的教育机构，它们都是基础教育的重要组成部分。

（三）愿景

学校愿景，是一个学校全体人员共同希望出现的、具体的前景。它一般包括学校的办学思想、办学目标、校训等，它建立在学校可获取的资源基础上，一般与学校的使命和价值观相连。

（四）教师发展共同体

教师发展共同体是指学校教师为实现学校和个人发展目标，依据一定的方式和规范结合而成的一个专业和生活群体。群体成员分享共同的价值认同和生活方式，或者在共同的活动中进行有效沟通和协商，最后能达成信念或利益一致性。

（五）学校的组织结构

学校的组织结构是学校管理的外在表现形式，是进行管理的前提和基础，一般包括校长个人理念和领导力、学校管理结构设置、权责分工以及运行规则等，是一所学校办学思想、文化价值的隐性表达。

（六）实践路径

实践路径指全人教育具体的实现过程所必要的条件与人自觉的实施行为步骤。哲学意义上的实践实质指教育行为的自觉性与外在客观性的具体操作过程，是学校中人行为的具体目的与一定方法的统一。

（七）行动

行动指为实现教育目的而进行的课程开发或整合、教学、德育、活动、评价等，其中包含教师和学生在共同的教育教学过程中建立起来的一种"以情感、认知和行为交往为主要表现形式"的特殊人际关系。[1] 在建立这些特殊人际关系的过程中，个人与他人、个人与群体、群体之间是互动和相互影响的。

本研究的概念框架是一个静态的分析单位，但是研究中的每一个个案均被视为对全人教育理念进行本土探索的独立个体，它们内部的各种要素之间是相互连接并自动均衡的，因此形成一个动态的整体。这个概念框架参照了第二代"文化—历史活动理论"的关系结构，强调学校作为共同的交互影响，揭示了活动的结构与活动的构成要素，以及各种要素之间的

---

[1] 李瑾瑜：《论师生关系及其对教学活动的影响》，《西北师范大学学报》（社会科学版）1996年第3期。

相互关系。① 当然，上述分析框架只是研究者基于现有文献和预研究所形成的一个预设，大致标出了研究方向和图景。在后期的实际研究中，研究者根据资料呈现出的新属性和维度，对研究框架做了进一步丰富和修订，更关注资料分析和理论建构中的灵活性。

第二节 研究过程与方法

本节主要介绍对研究过程与方法的设计。在研究问题和概念框架确定后，接下来的重点就是如何确定研究对象、进入研究现场、收集资料以及如何分析资料。贯穿研究过程始终的，是研究方法与研究问题的匹配与运用。

一 研究对象的确定

本书使用的是质性研究方法，该方法要求研究者在自然状态下对个人的"生活世界"以及社会组织的日常运作进行探究，通过研究者对研究情境的参与，直面现实，与研究对象互动共情，对他们的生存状态和意义建构做出"解释性理解"，长期、深入、细致地考察真实现象的过程性、复杂性、偶然性和丰富性，具有强烈的草根意识和人文关怀。② 因此，研究结果的效度不取决于样本数量的多少，而在于样本的独特性和深刻性，能够回答研究提出的问题。根据这些原则，本研究主要采用了理论抽样、目的抽样和典型抽样办法。

理论抽样借鉴了扎根理论研究中概念驱动资料收集和分析的方法，它是在不断访谈的基础上建构一套类属关系，③ 并通过备忘录不断丰富理论的饱和度。目的抽样关注的样本与研究目的的匹配，可以提高研究的严谨

---

① 张立平：《拓展性学习：教师专业发展的共同体视角与实践意涵》，《教育学术月刊》2014 年第 4 期。
② 吴银银：《教师实践性知识表征形态的质性研究——以 Y 教师为个案的叙事》，《上海教育科研》2021 年第 1 期。
③ 臧玲玲、刘原兵、吴伟：《高校教师参与社会服务的决策机制——一个基于扎根理论的解释框架》，《高等教育研究》2020 年第 9 期。

性和结果的可信度,从而增加研究的可信性、可转移性可证实性。① 而典型抽样是判断抽样的一种,强调从总体中选择若干个典型的样本进行深入研究,这样做的目的是通过典型样本来描述或揭示所研究问题的本质和规律。

在前期的调研中,通过网络搜索和熟人推荐的办法,选择了20所宣称进行全人教育实验、提出"全人发展"目标或开设"全人(教育)课程"的学校作为备选对象,然后根据文献中关于全人教育原则、课程、教师、教学等理论,进行再比较分析和筛选。筛选研究对象的标准包括:第一,学校既有全人教育理念,又能在中国文化传统中找到支撑点,提出立足本校的鲜明办学思想。第二,学校具有一定的社会影响力,社会影响力包括区域知名度、独特的办学理念、积极稳健的教育改革、良好的学生和家长口碑或办学成就等。第三,学校精神风貌较好。通过观察和比较,发现自然环境、人文环境适于师生发展、成长,学校制度以人为本(在拥有共同价值的同时尊重个人选择)、师生精神状态积极活跃。第四,学校具有开放性,与社区、社会联系紧密,有生态意识和全球视野。除了上述四个条件外,研究者还对这些学校进行了评估,尽量选择交通便利、容易进入研究现场、人际关系简单以及特色差异明显等特点的学校,有利于在时间、能力和经费等方面允许的情况下完成研究任务。在这样的标准下,研究最终确定了三所学校为深入研究的对象。这三所学校为国民小学、蒙新小学和新苗书院。②

国民小学是A市D区政府投入巨资、与国民中学(全国"课改名校")联合举办的一所公立小学,它以豪华校园、高水平师资队伍和先进理念出名,被人称为"精英学校"(学校自己无意据有此称号)。它把培养"全人"作为学校的核心理念,提出了"学生第一"的教育理念,创办了"全人课程",进行主题教学、项目教学、全科教学,在教师专业发展上实施"师徒制"和"品牌教师周"等活动。学校不用考试来评价师生,对学生实行的是快乐教育和成长教育,促进孩子身心均衡发展。

蒙新小学位于B省草原和荒漠交界处,是一所自然条件恶劣、教育

---

① Campbell, S., et al., "Purposive Sampling: Complex or Simple? Research Case Examples", *Journal of Research in Nursing*, Vol. 25, No. 8, 2020, pp. 652 – 661.

② 本研究中三所学校涉及的校名、人名均已做匿名化处理。

基础薄弱的农村公办小学。它秉承"过一种幸福完整的教育生活"的理念，在"教师第一"的教育理念下，实行"文化治校"。学校开设了"全人之美课程"，在身体、艺术、智慧和人格上对学生进行均衡发展教育，同时在"理想课堂三重境界"原则下组织教学；在班主任带领下，师生通过创建共美教室，形成班级文化，对学生进行社会化教育；通过"卓越教师"引领下的教师共读促进教师专业发展，通过对学困生知识和心理补课，以及晨诵、午读和暮省打造校园共同精神生活。以上探索，都意在真正实现生命全面而本真的发展。

新苗书院是 C 省一所具有私塾特色的现代"耕读村落"，它以儒、释、道智慧立校，倡导"全人教育""东西方融合"和"知行合一"，对待学生如保赤子。书院开设了"六艺课程"，强调通过茶道、书道、剑道等课程体道，培养书香门第；通过山水美学课程师法自然、知行合一；通过节气生活课程按自然时序生活，天人合一；通过手工工坊课程培养匠人精神，从经验中学习。他们的课程根据学生年龄和认知特点，在套装知识和经验知识之间依序转变，并对学生进行质性评价。教书"匠"是他们培养教师的最高目标，意在用工匠精神培养专注、不苟且、不侥幸、精益求精的教师。书院在当代浮躁社会中走的是一种"小而美"的私塾教育路径。

这三所学校（书院）的办学特色初步获得了其所在区域的关注，其全人教育理念也赢得了一些学生家长和社会的认可，因此具有较大的典型性。

二 研究现场的进入

本研究的田野工作选择的是公开研究，即在对研究对象告知研究兴趣的情况下，寻求与研究对象的合作。进入现场前和研究中，笔者一直用语言和行动向研究对象展示：我到底要做些什么？我将如何使用我的研究发现？为什么要选择他们作为研究对象？他们能从我的研究中获得什么？[①]在每一所案例学校，笔者都结识了负责学校管理工作"重要"人物，在他们帮助下，笔者逐渐与田野学校的教师、学生和部分家长熟稔，他们中

---

① ［美］罗伯特·波格丹、萨利·诺普·比克伦：《教育研究方法——定性研究的视角》（第四版），钟周等译，中国人民大学出版社 2008 年版，第 78—79 页。

有些人已经自觉努力合作了。重要他人的帮助对于研究迅速展开和获得全面资料具有很大的支持作用，使研究的经济成本和时间成本都大大降低了。这也是研究得以完成的最重要因素。

在此基础上的资料收集主要涉及研究方法的使用。简单地说，研究方法就是在探究世界过程中所采取的方式方法的总称，它又被分成方法论、研究方式（路径）和具体方法三个层次。一般在方法论层次介绍对一个事物的基本看法，这种基本看法表达了研究者的哲学视角，如把研究范式分为思辨、实证、批判和行动研究等。研究方式层次代表了认识事物的基本策略或基本途径，表达了研究者的认识论信仰，如把研究分为定量研究、质性研究和实验研究等。研究方法则是论证的基本手段，代表了具体获得资料和处理资料所采用的方法，如观察法、调查法、实验法、文献法、个案法、比较法、语义分析法等。①

资料收集阶段，笔者主要使用个案研究的方法。顾名思义，个案是研究者根据研究目的选取出来的作为直接研究对象的个别案例，目的是展示个案现象的特殊性与复杂性，揭示"怎么样"及"为什么"的研究疑问。② 个案研究的目的不在个案本身，而是为社会全体提供一种解释的可能。③ 本研究中，个案呈现的并不是整个教育现状的缩影或代表，而只是全人教育的典型，未必最能完美体现类型的共性，但同样具有相应的标识意义。④

在具体个案研究过程中，所用到的技术手段有观察、访谈、实物收集等方法，目的是将研究根植于情境之中，并形成关于某种结论的"证据链"。如对学校的观察分为环境观察、课堂观察和事务观察三部分。入校之后笔者首先对学校的人文环境进行观察，观察点包括教学楼办公室分布、楼道及楼梯的标识语张贴、教室内物品设置、餐厅及就餐观察、宿舍，以及场馆用途与使用情况等。在课堂观察中，笔者主要使用非参与性

---

① 王洪才:《教育研究的基本方法论》,《北京师范大学学报》（社会科学版）2006 年第 6 期。

② Yin, R. K., *Case Study Research and Applications: Design and Methods*, Thousand Oaks: Sage, 2018, p.78.

③ 渠敬东:《迈向社会全体的个案研究》,《社会》2019 年第 1 期。

④ 吴康宁:《个案究竟是什么——兼谈个案研究不能承受之重》,《教育研究》2020 年第 11 期。

课堂观察。听课过程中,笔者注意观察教师的位置、学生的座位安排、教师话语、师生互动、课堂时间结构、学生参与、课堂生成等多种环节。事务观察包括学校会议、学生活动、学校与外界的联系、校长与教师的谈话、校长和学生的交流、教师之间的教研活动和事务性沟通、教师和学生的交流等方面。观察中笔者对关键细节进行记录,如特定的人、互动或活动,人们言论中的关键词、谈话的结论等,并适当点评;如果不能记录,则在晚上进行补记,并做好研究备忘录的撰写。研究中笔者没有把自己变成"皈依者"(陷入研究情境,现场化),也没有刻板地成为"火星人"(完全隔离地观察)。① 整个观察过程中,笔者努力做到一个"研究性参与者"角色,参与特定情境,但能确保跳出情境并恢复自己研究者的立场,和研究对象之间的关系一般停留在即兴的、间接的程度上,而"不必越位到与研究对象交朋友的阶段"。②

很多时候,笔者需要在观察后进行访谈,以获取特定事件中当事人的情感、态度、感知等情况。笔者的访谈对象分为五类:第一类是学校领导,主要了解学校制度、结构、办学理念与活动设计目标等;第二类为教师,主要了解个人的教育和教学理念、个人信念、成长经历、对个人与社群的关系认识等;第三类为学生,主要了解学生对学校生活的感知、对学校教育的认识以及对学校关系的认可等;第四类为学生家长,主要了解他们对学校理念的认可、对孩子学校生活的认知、对孩子知识建构的了解以及对教育效果的评价等;第五类为焦点团体。这不是在每个学校都必须进行的项目,只是在调研期间遇到学校重大事件或决策的时候,把有共同特点或兴趣的个人召集在一起,由研究者充当协调员进行团体互动,以便获得关于某个特定问题的信息。访谈一般为半结构性访谈,每个访谈持续15—30分钟,访谈本身不做价值判断,多设置"是什么"(what)"怎么样"(how)问题,间或进行"为什么"(why)的提问,意在通过访谈发现研究对象的话语表达以及隐藏其后的理解和价值。访谈中,笔者一般采用三个循序渐进的谈话层次,即从生活化的开场白,到个人生活史,最后

---

① [美]艾尔·巴比:《社会研究方法》(第11版),邱泽奇译,华夏出版社2009年版,第290页。

② Adler, P. A. and Adler, P., "Observational Techniques", In Denzin, N. and Lincoln, J. (eds.), *Handbook of qualitative research*, San Francisco, C. A., 1994, pp. 377–392.

是笔者的研究问题。访谈中注重情境、情感、有限介入与互动四个维度的结合。① 在专门的访谈中，笔者根据学校领导、教师和学生的要求，选择合适的时间和地点。每次访谈前，笔者会告诉他们研究目的、保密原则以及自愿原则，并在征得他们同意的情况下才进行录音。访谈后，笔者自己或请专门的录音转化公司把录音转录成文字，并交给相关访谈人员核实、补充或修订。

笔者还收集了全人教育学校的各种实物。这些实物包括文本资料（如学校的制度、计划、总结、上报材料、统计数据、会议记录、评比结果、师生个人档案、教师教案、学生作业、师生反思等纸质文本；其他还有网络博客、微博、微信等电子文本等）以及照片、录音、小视频、师生的手工制品、手抄报等。通过对实物的收集，可以在学校的文化情境中理解这些具有符号特点的物品所包含的外显含义和内隐含义。

三　资料分析

研究遵循的是实在论基础上的建构主义的范式，主张理论是在社会互动中被建构、解构、重构和互构，永远处于发展的过程中。具体到质性研究中，它告诫研究者的理解和解释一定要立基于研究对象独特的背景和脉络之中。资料分析基本由三种活动共同组成，即资料简化（data reduction）、资料展示（data display）和结论引出，② 主要的方法是通过个案、拓展个案和跨个案研究来分析全人教育的实践探索，从历史、地域、情境、个人经验等因素考察主体之间的理解，并在此基础上借鉴扎根理论资料分析的方法来形成自己的结论。

研究中，资料分析借鉴了教育民族志的深描方法和扎根理论的三级编码程序。"民族志方法特别适用于对学校或课堂这样相对局限的系统作经验研究，而且也适用于研究家庭、社会组织和少数民族社区在教育中的作用。"③ 同时，研究强调在参与式观察和深度访谈的基础上以"当地人"的观点进行深描。而扎根理论则一边收集资料，一边进行编码分析，而不

---

① 王晴锋：《反思社会研究中作为方法的深度访谈》，《云南社会科学》2014 年第 1 期。
② Miles, M. B. and Michael, H. A.：《质性资料的分析：方法与实践》，张芬芬译，重庆大学出版社 2011 年版，第 16 页。
③ 王鉴：《教育民族志研究的理论与方法》，《民族研究》2008 年第 2 期。

是等到资料收集完成再进行分析。首先是类别建构。在资料收集的时候，尽量给每个田野学校、每位访谈对象建立档案。然后在此名录下，记录每次进入现场的田野笔记、撰写接触摘要单、相关录音的文字转录，并进行简单归类分析、编码。如最初收集到的资料被分作学校理念、制度、校长角色、校长和老师关系、校长和学生、课程、教学、师生关系、社会认可、荣誉等。把这些类群制成流水表格，记录在资料登记簿上，同时附录下拉菜单的条数。资料收集越多，这个表格也就越长。这其实就是在做资料的简化工作，并且是和田野工作同步进行的。当然这个工作不是一个量化的过程，而是一个选取、摘述或改述、重新主题归类的过程。

其次是类属归拢和命名。研究者经常阅读收集到的资料，并根据内容、性质等特点的相似性，进行类别合并，形成主题；然后，提炼材料中的高频、概括的词汇或短语，有时使用教育学专业词汇、文献中出现的概念等为这些主题命名。归类以研究目的和研究问题为方向，类别之间无交叉、概念体现一致性。如把校长角色、校长和老师关系、校长和学生、校长和家长等类属归结为"领导力"等高抽象概念，即是一例。

资料分析的重要一步是在个案中提出推论、发现类型或产生理论，这个环节主要通过三级编码分析和备忘录连续比较分析实现。从原始资料出发，提取代码词汇、进行属性分类、分析属性维度、概括类属特质。在此基础上，进行轴心编码，把类属概念分成因果条件、现象、情境条件、中介、行动/互动策略以及结果，最后形成核心编码（即案例学校全人教育实验的类型）。沿着资料分析的路径，逆向回归原始资料，为核心编码匹配支援类属，并不断与最初的备忘录进行对话。整个分析过程强调的是资料的理论化，需要在现象描述—类属—概念—现象之间循环往复，尽量保持开放态度，尽可能多地呈现不同类属。在对收集的资料进行类属归纳后，再从逻辑上对这些类属进行提炼和归纳，以形成每个个案中的核心概念。如对国民小学的研究，初步分析出的"全人课程""主题教学""包班教学""师徒制""品牌教师周"等构成"以精英教育为主"等核心概念。之后的扩展性个案研究主要是将以上步骤获得的概念与特定的组织结构结合，大致可以推导出一种"公办精英型全人教育"的类型。再深入分析国民小学的全人教育实验与已有教育理论的关系，可以看出国民小学是以西方现代教育理念为指导而进行的全人教育实验。至此，一个相对清晰的类型特点才得以形成，那就是"理念为先的快乐教育模式"。

由类别到主题，由主题到理论或者模型，从个案到扩展个案，形成了个案研究的密集分析。运用同样的方法，也形成了蒙新小学"文化奠基的全纳教育"和新苗书院"智慧传道的经典教育"等模式分析。

最后是跨个案研究。在三个个案的分析之后，接下来进行的是跨个案分析。尽管面临细节各不相同的个案，跨个案研究依然寻求一些共同特点来与全人教育理论进行比较。本研究主要使用了概念框架的纲领作用，进行个案比较。每个个案抽象出类型特点后，再拿这些特点与全人教育的基本原则对比，可以得出每种类型的全人教育意涵。

第三节　研究的效度和伦理

效度与研究伦理一直都是质性研究过程的重点。相对于量化研究，质性研究的信效度以及推广度一直都是"范式之战"的焦点之一。[①] 为保证研究的质量达到自己宣称的效果，并确保所有的研究步骤符合伦理道德，本研究在效度和伦理做了如下安排。

一　效度问题

质性研究的效度是指研究结果的"真实性"是否可接受、可信赖或可靠。本研究从开始就对"以个人观点来解释所收集资料"的倾向保持警惕性，主要通过自反性（reflexivity）对可能持有的偏见和倾向进行批判性的反思，并不断研究过程中各个环节之间的一致性与连贯性。但作为人文社科研究，绝对摆脱个人态度及价值观等主观因素影响绝非易事，研究者要做的就是努力将事件与其情境联系，尽量客观地对资料进行描述和分析。要做到这些，主要在内部效度上下足功夫。

在保证内部效度方面，本研究采用三角互证（triangulation）的方法来验证有关人员对于同一件事情的解释。在遭遇相互的矛盾资料上，主要通过情境复制和增加访谈对象的办法予以确定。如果可能，也会把矛盾的资料返还给研究对象，听取当事者的解释。即便如此，仍不能确定的重要资料，还可能邀请同一单位的其他人员对此进行评价。虽然不能保证本研

---

① 陈霜叶、王奕婷：《察器求道转识成智：质性教育研究五年述评与学术共同体的使命展望》，《华东师范大学学报》（教育科学版）2020年第9期。

究在普遍性、推广性等外部效度上的效果，但会在每一个个案中厚实地描述全人教育发生的场景和情境，让读者理解该情境中发生了什么（即强调真实度 truth）、理解发生事物对于当事人的意义（即强调保真度 fidelity）；解释行动与意义的概念和关系（即强调解释度 resolution）以及促进对于行动与意义的价值判断（即强调参考度 indicative）。

即使这样，文本中呈现出的全人教育的样态和结构，也可能不为一些读者认同，他们甚至对研究中的案例、研究方法提出质疑。这里需要声明的是，本研究所做的个案分析并不具备定量研究意义上的代表性与典型性。因此，其研究结果不可能通过对研究对象的控制而获得在研究范围之外的代表性，[1] 而是以个案来展示影响一定社会内部之运动变化的因素、张力、机制与逻辑。[2]

在个案研究的基础上，本研究还进行了跨个案的探索和描述，这样做的目的主要是提高分析的概括化程度（虽然并不是所有的质性研究者都有这种诉求）、加深理解与解释（即 Glaser 与 Strauss 主张的"多重比较组群"）。这样做的目的，既要探索每一个个案学校的独特性和独创性，又要了解不同个案特点代表的文化意涵。

二 伦理问题

比较正式的研究道德方针一般包括两个含义：一是研究要征得被研究者同意，二是保护被研究者免受伤害。[3] 本研究是一项个人研究，没有经费补偿研究对象的时间投入或多多少少的精神负担，但他们没有义务为笔者服务。因此，笔者对研究对象的承诺就是自愿、自主原则。虽然自愿参加对研究的概括性构成一定威胁，但笔者宁愿多花些时间、多做一些观察和访谈，也不想使用任何力量去试图说服人们参加笔者的研究。他们参加研究受欢迎，随时退出也没有任何问题。每次约见研究对象，笔者都要准备一些小礼物，无论价值大小，对于研究对象都是一种尊重和重视。有时，也会请帮忙的人吃饭，但主要是感情沟通。访谈一定安排在他们希望

---

[1] 陈向明：《质的研究方法与社会科学研究》，教育科学出版社2000年版，第414页。

[2] 吴毅：《何以个案、为何叙述——对经典农村研究方法质疑的反思》，《探索与争鸣》2007年第4期。

[3] [美]罗伯特·波格丹、萨利·诺普·比克伦：《教育研究方法——定性研究的视角》（第四版），钟周等译，中国人民大学出版社2008年版，第38—39页。

的时间、地点和空间,并且访谈对象讲话时,笔者都仔细倾听,并适当给予鼓励、赞许或表示共情,让他们感觉受到关注。当然,还有一些朋友不求任何回报地帮助联系、安排研究事项,因为他们对笔者的研究充满期待,希望笔者能把论文做好。在这样的朋友面前,任何财物和感谢都是多余的。在中国的文化传统下,人们耻于谈利而交于义,进行研究也是在建构一种关系。

从理论上讲,实用主义讲究研究要知情同意、避免伤害和保密;道义观讲要互惠、避免无礼和公正性;关系观讲合作、避免勉强和肯定研究对象;生态观讲要保持文化上的敏锐、避免疏离和回应式的沟通。[①] 实际上,研究者经常要做的第一件事,就是知情同意。仅有上文谈到的自愿是不够的,笔者在研究中还向研究对象说明:我的研究问题是什么?为谁做这个研究?如何搜集资料?会邀请谁?怎样保护研究对象的隐秘性?其次,提倡互惠性。除了物质,笔者会帮助学校或个人解决一些我力所能及的事情。再次,消减潜在的伤害与风险。笔者所做的就是在田野中尽量不涉及研究对象的"痛点"、不让他们内心深处的隐私成为道德评价的靶子,也不会在任何场合透露研究对象的隐私。笔者承诺论文发表时所有人名、地名都将做特殊处理,避免给研究对象造成威胁。如果研究对象强调其资料保密,笔者一定不在研究中使用那些资料。最后,资料的拥有权。观察和访谈内容是研究者整理与分析,因此属于研究者本人,但所引用的资料务求标明出处。

但需要申明的一点是,本书呈现的内容来自调研学校(书院)领导、教师、家长和学生的访谈,也有一部分来自学校的文件、宣传册以及相关人员的博客、微信。为了研究和表达的需要,这些资料都做了一些技术处理;为保护相关人员的隐私,所引用的材料有意隐去来源。本人对本书所涉及的资料信息负有全部责任,并向资料提供者致以衷心的感谢。

---

① Flinders, D. J., "In Search of Ethical Guidance: Constructing a Basis for Dialogue", *Qualitative Studies in Education*, No. 5, 1992, pp. 101 – 116.

第三章

新学校行动：理念为先的快乐教育

国民小学是一所本地政府投资、引进外来办学理念的公办小学。这所学校位于 A 市 D 区城郊，借助课改名校国民中学的优质教育资源而建，全称是"A 市国民中学 D 区附属实验小学（以下称国民小学）"。它的自我定位是用全人教育理念办一所落实"城乡教育一体化"的基础教育学校。D 区政府为这所小学首期投资两个亿，国民中学为其特地招聘了资深教育媒体人刘小保作为校长，学校面向全国招聘了特级教师和名牌大学硕士毕业生。

该校的办学之所以被称为"新学校行动"，源自国民中学的一项学校改造行动——"新学校行动计划"。这个计划的目的是创建老师和孩子们快乐、幸福的理想学校，通过科学的教育手段（如测量、透视、诊断、追踪和对比等）对实验学校分析和研究，解决学校课程、学生、制度、文化、教师和校长中存在的问题，提取理想学校的基因，破解理想学校的密码，构建理想学校的模型。[①]

刘小保校长以国民中学的办学理念和新学校行动计划为基础，加入了"全人教育"的思想，形成了国民小学的全人教育模式。这一模式在学校的组织结构、课程设置、教学、教师专业发展以及学生发展等方面做出了一些大胆的尝试。学校大量的投入、豪华的师资队伍、不同寻常的建筑设计、奇奇怪怪的课程、不中规中矩的教学、自由嬉戏的学生——林林总总的这些因素，颠覆了人们司空见惯的小学办学套路。

---

① 李希贵：《"新学校行动计划"解读》，《基础教育》2007 年第 3 期。

第一节 "居家过日子"的学校

国民小学常用一句话来形容自己的办学：学校生活就像"居家过日子"。用"居家"隐喻的是学校内部人与人之间的关系，像亲人般的温馨；"过日子"隐喻的是学校的运作，即对教育内容、理念、共同愿景、领导力和权力的安排。

一 重构教育引领全人

国民小学的"全人教育"的理念定位是批判应试教育，重构小学教育，面向学生的健康成长和幸福童年。传统教育中统一班级、统一课程、统一教学、统一考试的"大一统"思想，不利于孩子的个性发展，也将破坏孩子对未来美好生活的希望。学校不应该成为"养鸡场"，也不能成为流水线，更不能只顾标准、效率而不关注生命的成长。

所以，向学生提供适合成长的、顺应天性的、尊重差异的和带来安全感的教育，是重构小学教育的基本出发点。教师不是绝对权威和独裁者，而是教学活动的组织者、促进者和指导者；教学活动不是以学科知识为主线的，而是以儿童发展为出发点的；教育不是与生活脱离的，而是依托社区、家庭和学校合作共同提供的活动。在立德树人的教育方针下，小学更需要把割裂的学科教学变成以儿童为中心的、整体的、体验式的课程教学，真正形成面向未来社会的、重塑美好生活的教育。

因此，学校把自己的全人教育内涵设定为指向全面的人格发育，实现知识与技能、过程与方法、情感态度与价值观融合；打通学科壁垒，进行学科融合，形成以育人为目标的课程体系。他们希望自己开发实验课程，把语文、英语、数学等学科内的抽象概念变成儿童可以传唱的儿歌、便于阅读的故事、共同参与的游戏、活泼有趣的手工等，寓教于乐，多学科融会贯通。

国民小学还认真思考了区域功能、家长需求、政府期望等客观环境，结合国民中学和刘小保校长的办学理念，提出了学校的办学目标。如根据区域高端制造业高管家长们的意见，强调师生平等对话、给学生成长提供更多选择机会和多元评价等；根据本地居民家长们的意见，淡化学生无序竞争、促进快乐学习；根据外来务工人员要求，创造无歧视的平等教育机会、培养学生合群、乐学；根据 D 区政府要求，改革学校组织形式、开发特色课程、打造教育创新示范校；依据国民中学方案，继承母校的理念与传统，同时在小学教育方面做出更大胆和深刻的探索。学生家长、区政府、国民中学和国民小学校长刘小保的个人追求交织在一起，形成国民小学办一所"好"学校的愿望。

从家庭角度说，"好"学校意味着家长投入低但学校办学质量高、社会声誉好；从个人角度说，"好"学校意味着更健康的成长、更大的兴趣和更多的关怀；从社会角度说，"好"学校意味着更广泛的社会公平、更多打破阶层区隔的机会和更稳定的获得感。

二 "学生第一"的理念

国民小学作为一所公办学校，严格按照"有教无类"的原则进行教育。选择全人教育，是希望改变传统学校生态观，充分发挥学校积极力量和能动性，激发学校活力，唤醒师生热情，把学校打造成功能齐全的教育社区。最主要的是，通过课程和教学改革，学生可以把丰富多彩的校园生活与世界连接、与未来连接、与自我成长连接；通过全人教育，学生的身心完整发展得以实现，成为人格健全、情感丰富、视野丰富的一代新人。

因此，国民小学以"人"的成长作为衡量学校存在的价值标准，强调"人好了，课程才好，世界才好"。他们希望学校培育的"全人"富有童趣、情感丰满、智力不凡和思维踊跃，能正确看待自我、他人、世界之间的关系。贯彻在教育行动中，学校的发展必须建立在学生喜欢、课程需要、教师发展的基础上。教学活动中，优先考虑的原则是趣味性、自然性和生活化，照顾儿童的兴趣、进行学科融合、与自然和谐相处，转化枯燥的学科学习为情趣盎然的校园生活，并在探索中带给儿童惊喜和期盼，激活他们的善良人性。

这就不难理解为什么国民小学提倡，在日常学校生活中把肯定孩子放在第一位，课程放在第二位，秩序和纪律放在第三位了。落实学生第一的目标，就是保障学生有选择的权利。学校认为，只有给学生提供独立选择生活方式、学习方式的权力，才能有助于他们养成独立思考的精神。但这并不意味着忽视或降低孩子社会化过程中规则意识的培养，而是需要在漫长的教育过程中"浸润"孩子，帮助孩子养成良好的习惯，形成内在的秩序感。学校不指望通过纪律和惩罚形成的威权来控制孩子，而是通过教育者把社会规则在必要的时候艺术地传递给孩子。不急于求成、不期望一蹴而就,更多的时候要包容孩子,学会等待;要借助教师的示范、同辈的引领、学习共同体中共同价值和规则的协商,来实现学生内在秩序的形成。

有了学生第一的信念,学校的一切设施、空间和时间安排都是为培养全人服务的,成人世界的"面子工程"就可以被简化或省略。这样的理念从校门设置上可见端倪。国民小学的校门很"小家子气"挤在一面矮墙上,与其他学校动辄几千万元的校门相比,微不足道。走遍学校,找不到任何精美的小雕饰或气派的大广场,唯一的大工程是操场,只是发挥上操、升旗和大型活动的作用。学校初建时预留做会场的房间,也被改建成儿童剧场。校内那条一百米长、六米宽的马路,中间被挖成一米的深坑,填入沙子,供学生们玩耍;本来规划做艺术橱窗的墙面,被开辟成百米涂鸦长廊,让学生尽情挥墨涂彩。

校区看不到标语、口号、奖牌、荣誉墙,教学主楼的大厅内的一面墙上,摆满了师生活动、上课的照片,或笑或哭、或搂或抱、或静听或嬉闹。学生们在真实地表达、交流、寻找支撑,老师们在自然地平视、倾听、微笑,一切都看起来那么自然。这种景象给人的感觉是在教学,又像是在谈心,还像一场师生期盼已久的邂逅。

在教学楼穿堂入室,感觉像在走迷宫,一个"乱"字可以形容其日常的状况,但又不能描述内涵——那应该是一种鲜活的凌乱。没有统一口号、心灵鸡汤、名人名言、名人挂像,却随处可见各班的"招牌名字"——小星星、兔八哥、喜羊羊、小毛虫等以及主题展示。有手绘的、打印的学生作品,有"月度人物""每周新星"以及班级之"最"等海报,墙的高处还挂满了颜色各异、奇形怪状的帽子等。这种凌乱不让人生厌,却让人感受到一种充满想象力和活力的创意与惬意。

不经意间,你在某个教室看到工整得像校训的东西;走近看,才发现是某个老师或学生自己的人生格言或警言警句。这时候的你才发现,这个学校原来根本没有统一的校训。这简直不可思议,在大部分学校挖空心思创建独特、诗意、警醒校训的趋势下,国民小学放弃了这种努力。校长刘小保坦言:

"不是懒政。我们把校训的权力下放给了班级。让他们自己设计、自己解释，然后投票决定自己认为最好的校训。所有班级的校训合起来，就是我们的校训，也是每一个人的校训。这就像公司的原始股，每个学生都入股，公司就是大家的，也易于内化为自己的精神标志。"（校长刘小保访谈录）

学生的教室则可以用"奢华"来形容。学校把原来设置的教室隔断打开，两个房间变成120平方米的多功能学习大厅，内设课程学习区、图书阅览区、网络浏览区、休闲活动区，供30个学生使用。地面铺设的豪华地毯，四周摆放的柔软沙发，伸手即可触及的绘本和乐高玩具，可以搭放衣服的架子，悬挂空中的学生作品，摆放有致的绿植花卉，供师生使用的盥洗池，无不显示教室的别致。这空间还留出一个老师办公的场所，适合包班教学，全时陪伴。教学楼里设置了电视台、录音棚、数字电影院等设施，由学生们全权使用；生活区建设了儿童艺术创意街、校园模拟金融系统、超市以及休闲娱乐的咖啡厅、茶吧等，全部由学生们经营。

"学生第一"的理念贯穿在学校所有空间和活动设计中，首先考虑的就是适合学生年龄特点，它的前提是人人喜欢，目标是人人受益，基础是人人参与。国民小学以班级为单位，尽可能减少全校活动的做法也容易理解——将大型活动中心下移变成班组小单元的活动，能保证学生的参与面，个体的受益程度就会被充分考虑到。

"学生第一"的理念，是对人的完整发展的重视。借用刘校长的一个比喻，那就是学校教育应为学生成长提供一片干净、肥沃和安全的土壤，它不能被轻易污染、不能被杂草占据、不能被践踏板结、不能被胡挖乱掘，更不能被移作他用。校长和教师的职责是营造一个空气清新、阳光普照、雨露均匀的生态环境。

三 共同的愿景

激发教师的创意，形成学校共同的愿景，能够让教师自愿、自觉、自动地投身到课程改革和教学之中，在促进教师专业发展的基础上确保学生的全面发展，这是国民小学共同愿景的初衷。

刘小保校长提出，不能以行政权威树立校长的地位；尤其对于一所需要开创性发展的学校，校长一个人的智慧是不够的，要听到多数人的声音，即使是反对的声音也没关系。求同存异可以产生思维碰撞、激发办学活力。学校领导层的共识是：如果学校只有校长一个人的声音，学校就无法健康发展；如果一个会议从头到尾只有一个领导讲话，这个会议就是失败的会议。

刘小保和学校领导团队所做的工作就是致力于统一目标，也就是打造共同愿景，即把个人愿景与学校愿景结合起来，打造师生个性化的成长生态，实现"立人立己，达人达己"。这个主要通过事业激荡来凝聚老师的心。如学校通过"全人课程"实验项目，吸纳教师参与擅长和热爱的领域，支持教师根据特长开设课程，没有考核要求，还在人力、物力方面全力支持。

学校还为老师们搭建专业发展的平台，这成为教师共同愿景的基础。学校有18位特级教师，调来国民小学前，都是地方名师，大多数都做过中层以上领导，3人做过分校校长，7人做过校长。如果用常规的管理方法，无论使用多高的技巧，都难以管住他们。学校做的工作不是压制，而是为他们施展才能创造条件。学校为每一位特级教师开办了一个工作室，面向全区教师，招收共同研究者或者师徒结对；学校协助所有的工作室申请了课题，依托课题建立学术共同体。一年后，所有的工作室都有了一批合作研究者或追随者，多项研究成果获得了全国、市、区的嘉奖。

学校把青年教师的发展放在重要位置，主要通过包班教学的渠道实施。学校的包班制下，一个特级教师和一个硕士教师搭伴包班，同时结为师徒，协同发展。学校举办"品牌教师周"，在特级教师的带领下，青年教师全程参与，在参与中学习。学校的"青年才俊日"，给青年教师提供自我展示的舞台，在切磋中进步。

拥有共同愿景，却又和而不同，这成为国民小学教师生态的真实写照。学校倡导的"辩课制"就很好地体现了这种理念。"辩课"是在完善"评课"基础上提出的，针对的是以往"评课"过程中"赞课"的不良倾向。学校认为，以往的"评课"过程中，上课教师讲怎样设计教学，评课教师评论，基本是单方面的信息传递，即时的互动不够，教师间真正的理解不易发生。更多时候，老师们"一团和气、重重赞美、轻轻挠痒、三点表扬、两点不足"的做法，无法真正让讲课老师和评课老师们"红红脸出出汗"，无法从教学深层逻辑查找不足、促进教学。学校提出，上课教师提前把课备好，并把教学设计在开课前发给听课教师；听课教师进班听课，主要观察和记录学生在课堂上的反应以及学习成果；评课时，上课教师先自评自己的课堂设计、课堂流程和上课效果，然后评课教师就本节课的重点落实、难点分解和疑点解答以及教学方法等提出问题，展开辩论。辩论过程中，教师不论职位、年龄、资历，都可以提出自己的问题，不讲次序、不追求统一意见。国民小学形成了"辩课"的以下一些共识。

第一，领导和老师有平等的发言权，领导说错了教师可以批驳。每个人都坚持"我不认可你的观点，但我尊重你发言的权力"。不要求别人削足适履，迎合自己的观点。无论正方还是反方，既要列举事实，又要摆明观点；既要"看病"，又要"开方"。第二，辩课不是要对授课者"打棍子"，而是针对上课的某一环节或某一理念进行辩论。控辩双方辩论中或辩论后，还要给授课者留出时间，让他/她说说自己教学设计的目的、对学生课堂生成的预设、实际操作的困境、个性化的处理方式以及改进方案等。第三，课堂评价多元化，既要有教师的立场，又要考虑学生的情况，还要针对学科特点。辩课是为了更好地教学，而不是比赛辩论技巧，要合理吸纳对方观点，而不是死撑到底。第四，辩课要保持过程和结果的开放性，但应该对讨论结果予以条理化，给新手教师更多的选择和思考余地；必要时组织新手教师再进行深入研讨，并结合自己的教学实际，形成二次教学设计。

四　校长作为"跨界达人"

刘小保不是教师，却大半辈子都在和教育打交道。他大学毕业后一直在教育杂志社工作，应国民中学校长王贵邀请，从杂志社执行主编的职位上辞职，担任国民小学的校长。

刘小保自己也承认，自己对教育有一种痴迷。正是在读雷夫和克拉克的作品中、在与雷夫面对面交流中，他才意识到，这两位美国教育家身上那种浓烈的教育情怀，对教育宗教般的虔诚正是自己人生的追求。他觉得有一种召唤（calling）在鼓励自己放弃舒适生活走进国民小学办教育。他坦言，王贵校长对教育的钟情和执着感染了自己，尤其他那句"不管怎样，我们还是要为这个民族、为孩子们做点力所能及的事情"的话，一直在他的脑海萦绕。刘小保对发展国民小学充满了自信，他认为多年媒体宣传的经验，让他与一般学校校长在思维方式和观察视角上有很大不同；而从经验研究到进入真实的学校管理中，又让他真正地接上了教育地气。

他到任国民小学后"烧"的四把火，也确实让很多同行刮目相看。刘小保的第一把火是为学校发展定位。在全国各地名校"做大、做强"

的口号声中，刘校长拍板要办一所低起点的公办精英型学校。所谓低起点，就是立足城乡一体化、不择生源，办老百姓家门的纯公办学校。中国的精英学校不同于美国的"竞争流动模式"学校，也与英国"庇护流动模式"学校和法国的"选拔预备模式"有本质的不同，它面向普通大众要培养的是中国未来各行各业的精英。精英教育并非要搭挂物质和特权，而是培养具有社会责任、人文精神、科学素养和独特气质的当代人。

刘小保的第二把火是引进人才。他利用做杂志副主编时积累的人脉，从 A 市附近的省区中筛选了四十几位特级教师，发邮件、打电话、上门约谈，最后与 18 名教师签订了引进协议（其中 8 名来自山东省）。之后，他奔赴全国各地名校招聘了 14 名优秀硕士毕业生进入教师队伍。学校一次为 32 名新教师办理了 A 市户口和编制。这在 A 市近年来大幅缩减外来户籍指标和事业编制的情况下，不能不算是个奇迹。学校的第一次全体教师会上，含 18 名特级教师、14 名硕士毕业生在内的 35 位教师全部到位。刘小保在第一次教师培训时不无骄傲地说："拥有这样师资队伍的学校，这是全国绝无仅有的。"

刘小保的第三把火是对学校课程与教学的改革。国民小学第一批招生 598 人，其中周边居民的孩子 256 人，外来务工人员子女 273 人。这些孩子绝不是传统意义上的"优质生"，学校为怎么开设课程大伤脑筋。经过思考和讨论，他决定彻底放弃统编教材，自编制本校课程；不再参加区里统一的考试，不用传统的评价标准评价师生。学校希望通过调整课程结构、教学方法和评价方式，真正带来教育变革，从而改变小学教育生态，给学生提供安全、快乐和自由的成长空间。于是，学校提出和规划了"全人课程"，即在遵循国家课程标准的基础上，以"全人教育"为目标，打破学科藩篱，整合教育与教学，强调学习与活动结合，开设全面覆盖学校生活的综合性课程改革。小学六年被分成始业、常业和毕业三个阶段，开设不同的课程，使用不同的教学方法。

刘小保的第四把火是建立信任制学校。所谓信任制，是指学校对教师和学生充分信任，不求通过控制来治理学校。对教师不考勤、不搞推门课、不检查教案、不检查作业批改（学校不主张给学生留书写作业）、开会不签到、期末不交总结、汇报等。学校的全体会定在每学期的开学和期末召开，平时的学术会每周安排一个，教师凭兴趣自愿参加。哪位老师有了想讨论的话题或教育难题，微信群里吆喝一声，发布讨论时间、地点，到时候感兴趣的人就会聚拢过去，有时可能几十人，也可能三四人。在国民小学逐渐形成了关注人身自由和学术自由的氛围。学校认为，一个完美的教师，一定是自由的人和充满专业精神的人，如此才能创造性地去开发课程、教书育人。

刘校长因此被称为"善于放火的人"，他的四把火点燃了教师们事业的激情。而他朴素、务实、多思、求变的作风，也让老师们对学校前途充满了期望和信心。从媒体人到教育人，他实现了跨界转型。他认为，能够跨越两个不同领域、不同行业和不同文化，就必须优势组合、创新和再造，意味着原有模式的解构和新模式、新文化的诞生。媒体生涯带给他开阔的视野、独特的视角和丰富的资源，他觉得自己"比教育界更懂得传媒，比传媒界更懂得教育"。

五 "有限权力"和"无限服务"

在国民小学，刘校长或刘小保的名字都没有"保长"的名号响亮，这个名号出自语文老师老钱。据说钱老师有一次和刘校长谈话，称呼他为"刘小保校长"，因为觉得名字太长，于是戏谑着问，"以后称你保长算了"。没想到刘小保欣然应允了。在一次会议上刘小保自己也说，"唐朝四家为'邻'，五邻为'保'，北宋十户为'保'，保长是个不小的'官'呢。"从此，"保长"的名字不胫而走，大家见他面，也不叫校长，都称呼他保长。学生不知道这个名字背后的故事，他们觉得"保保"叫起来顺口，就这样叫校长，有的孩子过年送他的贺卡上居然写成"宝宝校长"，他也欣然接受。

他的校长室在二楼，非常不起眼。里面除有一张普通的办公桌、几把椅子、一台电脑、两个文件柜外，空空荡荡。连"校长室"三个字也省了。学校没有贵宾室、休息室，也没有专门的会议室，召开教师大会（很少）时就是大家围坐在某一间教室里，快开快散。"校长是干事的，不是享受当官的。"这是他的名言。

学校有一个校长，一个执行校长，没有中间层，直接到级部，他们称为"去中层化"。刘小保坦言自己就是"首席服务官"，服务范围包括学生成长、教师专业发展、学校课程建设、交流出访、硬件保障服务等，实施的是"有限权力"。所有级部主任直接向校长负责，可以独立决定自己级部的活动、教育教学和教师专业培训、教研，还享有教师的聘用权。在机构设置上，除了校长室和党支部，只设了行政服务中心、教学服务中心、学生活动创意研究院和教师书院四个机构。这样简单的管理机制，化小了管理单元，压缩了管理层级，带来的是组织的高效运转，实现了学校"大学校，小行政"的服务理念。

行政为学生和教学服务，这是学校立的规矩。建校时学校行政服务中心有4人，现在虽然学生增加了一倍多，编制却没增加。他们的工作包括全校的资料打印、安全消防、设备维护维修、校舍检查维护、校园改造、卫生绿化等诸多事情。在教师忙碌的时候，服务中心还代交房租、水电费、手机费、宽带费等。只要老师有合理需求，通过学校的"一键通"告知服务事项，立刻就有专人负责，直到问题解决。难能可贵的是，学校把服务也"课程化"了，实现了学校资源与教学的高效对接。

国民小学坚持制度以人为本，并落到实处。比如分房子，国民小学老师大部分来自外地，需要学校安排住宿。学校教职工宿舍建好后，如何分配？按行政服务中心的方案，校长和执行校长每人一套两居室，部门主任每人一间，不带家属的老教师两人一间，青年教师四人一间。这套分配方案在办公会上被否定了，被改成中年单职工教师（含校长）两人一间，带家属的特级教师每人一套两居室，青年教师一人一间。为什么这样安排呢？刘小保校长解释说："咱们学校地处偏僻，青年教师要谈个恋爱啥的，总不能到荒郊野地去吧？"

国民小学的制度删除了繁文缛节的规定，给老师们提供了尽可能大的发挥空间。学校认为，制度一定是服务于人的成长而不是约束人、限制人。级部作为学校的基层组织拥有很大的自主权，按照信任制个性化发展，同时给老师以最大的安全感和自由度，而老师又把这种安全和自由的体验传递给孩子们。学校在培养全人的同时，也在让教师个体自塑和群体认同，规章制度的强制力被极大地压缩，而共同愿景和专业追求的力量驱动教师追求卓越。但制度宽容有度，唯独不能原谅对孩子和教学的怠慢。这意味着孩子和教学位于一切制度的顶端，不可触碰底线。

"法无禁止则皆可为"，这是国民小学的行为原则。这里隐含的意思很清楚，所有的治理机构必须依"法"（法律和学校的规则）行事，不僭越、不放纵，还要目中有人，看到各种有思想和价值的人。只要无"法"限制，老师和学生就可以根据需要安排自己的活动，不需要得到校长或其他领导的批准。

第二节 有"温度"的"全人课程"

在近现代教育史上，美国和苏联无疑占有重要地位。前者为教育提供了大量的课程理论和课程论专家，后者为教育提供了大量的教学理论和教学论专家。在苏联的教育体系下，课程主要由国家规定，教育者要做的工作就是让学生学会规定的教学内容；在美国教育体系下，课程是可以协商的，教育者要做的是确定学生学习什么内容。

至于中国，过去受到苏联教育模式的影响，学校和教师以教学为主；2001年，国家发布课程标准，2011年进行了修订，两次课程标准都强调了学校和教师课程开发的权力和根据课程实施教学的自主性。国民小学校长刘小保上任校长之前，曾专门奔赴美国进行中小学考察，对于美国教师的课程开发和教学有了新的认识。他认为，中国的基础教育应该从教学变革转变到课程变革的路径上来。这也是国民小学开发"全人课程"的根本原因。国民小学的全人课程以美国进步主义课程理念和全人教育理念为指针，以教学变革为辅助，涵盖课程标准、课程文本、课程教学、课程评价、日常管理等五大板块。下面将以国民小学的一门"文化启蒙"课程为例来说明该校全人课程的特点。

一 文化启蒙中的全人课程[①]

"文化启蒙课程"是国民小学资助、语文特级教师钱老师开发的一门综合课程，融合了语文、数学、历史、自然、美术、音乐、戏剧等多学科知识，教学地点从室内到室外，再到校外，时间也跨越远古到现世。

这门课程的开设源于有一年夏天钱老师带学生们到树林游玩时的思考。那天，学生们看着爬行的若虫、遍地的蝉蜕，听着树上的蝉鸣，觉得难以理解。他们问："潜伏于地下的蝉默不作声，然后辛苦爬树，为什么一到树上就能羽化歌唱呢？"钱老师苦苦思索也不能回答。生活是一部百科全书，而人类的知识尚有无法企及的领域。人是文化的存在。人类不断

---

① 本章所引用的案例以研究者的访谈记录为主，同时参考了陈金铭的《一个做"全人课程"的语文教师》（原载于《小学语文教师》2014年第11期）和钱峰的《无才去补天》（原载于《福建教育》2015年第14期）。

地创造文化,同时也被文化塑造。从生活着手,让教育面对孕育万物的世界,见微知著,陪伴学生探索一滴水、一片云、一粒沙、一颗石子背后的文化根源,也是对一代人的文化启蒙。

这是他开发和实施"文化启蒙课程"的初衷,他希望通过课程让孩子们与万物生息同步,在敬畏中格物致知,正心诚意,朴素而谦卑地成长。以下是该课程的实录。

(一)语言与文学的启动

秋季学期开学典礼上,钱老师身着中国传统服装,仪式感十足地迎接四年级的学生们。之后他带领学生们来到校园里的树荫下,让学生捡石头。本已对钱老师不同寻常的衣着颇感好奇,再看语文课要求捡石头,学生真的懵圈了。

等学生们把捡来的石头冲洗后放入盆中,钱老师举着这盆石头跪在学生中间。学生们不解,他也不解释。接着,他放下石头,发给每个人一张纸,上面打印这一首英文诗 *How Happy Is the Little Stone*。他开始朗读这首诗。第一遍时,学生静听不读;第二遍时,个别人跟读;第三遍时,大部分人朗读;第四遍时,全体齐声朗读。

读完这首诗,钱老师告诉学生们,石头是有声音、有温度和有味道的,是可以感知幸福的。接着,让学生把盆里的石头拿走,去听,去闻,去摸,去舔,去看。刚才还不知就里的学生们抛下疑虑行动起来,边感受石头边彼此交流自己的看法。声音、温度和味道的感受激活了看上去了无生机的石头。这时候,钱老师向学生提了一个问题:大家手里的石头,是怎样来到我们这里的?学生们开始热烈讨论起来,提到了地壳运动、熔岩喷发、分解裂变、人类搬运等说法。在交流知识的同时,他们也对手里这块小小的石头有了由衷的惊叹。学生活动的最后一步,是垒石堆。每个小组分配 10 块石头,看哪组在最短的时间堆出最高的石层。6 人组成的小组在如何垒石层上存在决策、协商和行动的差异,因此速度不均。等所有组完成任务后,钱老师让每组同学谈了自己的感受,却没有加以评论。

接下来,是文本阅读。钱老师给学生发下了绘本《石头汤》。他告诉学生:"绘本中讲到的人也在品尝石头的味道,但他们和我们的感受不同。大家想不想知道他们的石头汤什么滋味?"看大家迫不及待的神情，他让大家打开绘本。学生们开始读绘本。然后是交流。钱老师对绘本故事提了个问题："绘本故事中的石头汤是什么味道？"有学生回答："咸味和辣味，因为有盐和胡椒。"另外一个学生说是萝卜味，其他学生说了洋葱、卷心菜、豌豆、冬瓜、蘑菇、面条、饺子、云耳、绿豆、山药、芋头等味道。因为绘本中有这样的内容。等学生列举完所有的味道后，有个学生站起来说："老师，我知道了，石头汤其实并没有味道，只是因为加入了这些食材，才有了独特的美味。"

钱老师接着又问："三个和尚有什么本事，让因饱受饥荒、洪水和战争的苦难而彼此隔绝的村民奉献出这些食物？"学生们开始沉思。然后，学生们得出了"不争""坦诚""从孩子开始""分享使人更加富足"等结论。最后，一个学生站起来说："老师，我知道了。什么叫幸福？幸福就像煮石头汤那么简单。"

本节课的最后一部分，是老师和学生们再读英语诗歌 How Happy Is the Little Stone。此时的学生，沉静淡定中若有所思，每人对诗歌中的词句有了自己的理解，但老师自始至终都没有对这首诗做一点点解读。

这是一堂原生态的课，老师没有使用精美的课件，也没有小组合作探究和激烈的抢答评比等环节；老师说得也很少，而是把大部分时间留给孩子们去触摸、阅读和分享。当问起为什么不对那首英语诗歌做一些解释和生词处理时，钱老师回应道，好诗都不是讲出来的，而是品出来的。另外，这首诗还有深意，留待后解。钱老师卖了关子，激发了研究者的好奇心，跟着这个课程走下去。

(二) 历史与地理课程的文化启蒙

两天后，钱老师的徒弟金老师上科学课。他告诉学生他的课也是"石头课"。学生觉得老师们好像串通好跟石头干上了。不过，这不影响他们的好奇。

金老师的"石头课"一上就是三节。他介绍了地球上岩石的来源、分类以及物理化学属性等，虽然很多知识对于学生来说还比较陌生，但这丝毫不影响他们对于石头的兴趣。尤其是金老师讲了澳大利亚皮尔巴拉岩石中发现的早期生命化石，学生们更是惊叹35亿年前地球上已经有生命活动。在金老师讲完三种岩石岩浆岩、沉积岩和变质岩后，学生们开始寻找身边的石头并进行识别。科学课上学生利用工具对岩石进行敲打、分割、磨砺，不仅锻炼了他们的动手能力，而且激发了他们的想象力和探究精神。

接下来，金老师又把他的科学课延伸到人文地理上。他先让学生网上搜索关于中国长城、埃及金字塔、希腊神庙和亚历山大灯塔的信息，了解这些建筑的用途以及关于这些建筑未被人类探明的秘密。寻找新奇和未解之谜是孩子们喜欢和擅长的，这成为导入课程最好的材料。正式上课时，金老师使用"Google 地球"作为演示手段，从地球外向地球拉近，最后定位在太平洋复活节岛的石像，带领大家去探索"石像之谜"。从直观视觉到研究问题过渡中，金老师让学生思考，为什么在远离大陆的小岛上会存在数量如此庞大的巨人像？学生们根据网上获得的关于长城、金字塔、神庙和灯塔的用途，进一步得出航标说、部落领袖纪念说、神灵崇拜说以及图腾说等结论。至于真正的原因是什么，可能没有定论，也并不重要，因为课堂的功能就是引出学生的兴趣和思考，把学生带入对广博世界的探索中来，在一个已经被证明的文明中获取探索未知文明的启迪。

之后的小课环节，钱老师将周口店送给学校的一块大石头搬进了教室。这块黑黑的巨石，立刻引起了学生的好奇。当钱老师告诉他们，这块石头是大约25000年前山顶洞人的器物时，学生们发出了惊叹。接着，学生们围着大黑石观察、触摸、走动，钱老师让学生联想山顶洞人用这块石头来做什么。学生们提出了磨制打猎工具、晾晒动物皮毛、放置野外采集的种子等说法。这时候，钱老师开始讲授原始社会人们的生产和生活，讲旧石器时代和新石器时代的区别，也讲到石头如何从生产工具演变为人类的饰品。从原石讲到个别孩子身上佩戴的玉，代表了人类哪些精神寄托。之后，学生开始进入小组探究阶段，他们要从网络上了解更多原始人类的生活，人类怎么繁衍生息，怎么生产迁徙等。

小学的历史和地理课程，不是单纯地从学科的科学性出发，而是侧重启发孩子们对我是谁、我从哪里来、我在哪里以及我要去哪里等这样的人生终极问题进行思考。这样的课程结构性不强，但侧重对学生的精神抚育。这是启蒙教育的价值和意义所在。

(三) 戏剧和电影对人文精神的唤醒

与钱老师同时进行的课程中还安排了戏剧课程和电影课程，进行相同主题的教学。这些课程是这样进行的。

> 易老师的戏剧课用了两个小课时。第一节课是模拟体验课，她肩扛着一块大石头手里拿着一块小石头进了教室。学生们对于老师们之间的"串通"已经见惯不怪了，他们好奇的是戏剧课怎么与石头搭上关系。
>
> 易老师先让四个同学一组，通过抬石头感受一下它的重量。然后创造了一个故事情境，让学生模拟搬运石头。她在地上画了两条线，告诉大家这是一根独木桥，下面是深渊湍流，需要两个同学把石头搬到对岸去，不能停顿、不能放下石头、不能踏到线外。之后学生两两一组，战战兢兢地搬运石头，那种紧张、负重感让很多学生流下汗来。当然，通过协作，大部分同学顺利到达对岸。
>
> 第二节课，易老师告诉大家要举行一个远古部落崇拜石头的仪式，需要每个人先制作一个面具。学生们发挥着自己的想象，开始在白纸上创作自己的脸谱，冷峻的、温润的、凶恶的、美丽的，并涂上各种颜色。大家准备好面具后，易老师声情并茂地讲述了一个新西兰部落的石头神崇拜故事，然后披挂上准备好的"行头"：皂色头巾、挂满小树枝的兽皮、挂着响铃的脚环。在激越的音乐声中，老师带着学生们模拟石头神崇拜，边跳边发出简短富有节奏的"嘿""哈"声。随后，他们的身体越来越舒展，表情越来越专注，完全进入了故事情境中。

钱老师参与了戏剧课程的引进和再设计工作，他坦言国民小学的儿童戏剧课程不同于欧美国家，也不同于国内的儿童戏剧教学。学校课程虽然也根据年级不同在语言、肢体语言、情绪等方面侧重点不同，但大部分课程都被设计成即兴游戏体验，流程并不固定，而是根据现场学生的表现而调整。引导学生进入故事情境，打开身体、感受世界、舒展情意、表达自我、体验文化才是戏剧课的魅力。

钱老师还主持开发了电影课程，根据电影主题、内容、表现形式等原则，建立了完整的分级体系。如一年级的"童话"主题、二年级的"动物"主题、三年级的"梦幻"主题、四年级的"友谊"主题、五年级的"科幻"主题和六年级的"环境"主题电影课程。这套课程还有三个维度：根据学生年龄，由易到难的纵向维度；根据学科特点，为方便融合教学的横向维度；根据特定活动，分类划分的主题维度。与本次文化启蒙课程同步的，是两部电影教学。

第一部电影《疯狂原始人》还原了原始社会的生活，与前面旧石器时代和新石器时代的历史知识连接起来。在电影之后的讨论中，学生们主要讨论了原始人的壁画，从艺术中他们还读到了人类的勇气、力量、闲暇和爱。

微电影《开花的黑石头》是一个关于理想和成长的故事，讲的是大学毕业生下煤炭基层奋斗的历程。老师带学生们讨论了恶劣环境下，坚定的信念如何使黑色的石头绽开美丽的花朵。

（四）数学课程的理性文化

与石头有关的数学课出场较晚，被金老师放在了去郊野公园游园的时候。在这之前，对于数学如何进入文化启蒙的课程，钱老师和金老师讨论了很久。他们认为，数学就是用数字对万物存在的逻辑进行提炼和破译，抽取简单事物背后的深刻规律。因此，文化启蒙课程中的数学，就是来自生活又回归生活的数字。

一天时间内，两位老师带着学生，在公园的不同地方，穿越丛林、原野游戏和寻找最美的石头。这中间，贯穿了科学普及和音乐课。数学课放在活动最后，是让学生估算公园的鹅卵石数量，具体要求就是让学生测算整个公园人工铺设的鹅卵石数量。

对小学生而言，这看起来是一个很大的难题，因为公园内的道路形状各异，长短不一。但是，学生还是找到了变化中的规律，把道路分成正方形、长方形、圆形、梯形等部分，然后进行相似合并估算。看着学生干得不亦乐乎，两位老师倍感欣慰，因为他们觉得启发了学生的逻辑思维。至于结果是否与实际吻合，这并不是他们关心的，因为能与生活关联，打通学习和生活之间的壁垒，比实际解决一道数学题更重要。

(五) 综合实践活动中的生活技能培养

之后，学校组织了一个综合实践活动——"重返石器时代"的游学活动。

活动的目的地是自然博物馆，整个过程由学生自己策划、组织和管理，老师只负责安全监督，并不参与活动的具体实施。学生们设计了往返方案，准备了一个紧急预案（后来的事情证明，这是必需的）；综合考察交通、博物馆陈列内容，他们像成人一样制定了游学须知，把游学中所需物品、注意事项、考察程序、集合时间和地点设计得清清楚楚。

尽管活动过程中遇到了诸如乘车、联系、饮水等方面的一些小挫折和磨难，但学生通过预案、集体协商、讨论，还是解决了问题，顺利完成游学任务。学生们在游学中的收获不仅在于自己完美组织了一次活动，更重要的是他们找到了博物馆珍藏的原始社会的石器和玉石，还近距离观看了音乐老师课上介绍过的"磬"——位列八音之一的中国古石制乐器。

活动结束了，学生们的背包里还带着他们找到的最美石头，要回家和家人分享。为加深对石头的感觉，学校还号召学生们和父母吃一次石锅鱼、石锅拌饭、石头干饼、石子馍或石板烧烤，细致品尝一下石头的味道，尝试找到幸福的感觉。然后和父母一起用在公园挑选的石头做一个装饰品，像"石头记"商店那样，赋予石头以名字和意义。

(六) 语言文化的回归

文化启蒙课程最后走回了语言文化板块，一以贯之的主题是充满灵性的小石头。最后的这个板块包括三部分：古代神话、诗歌和成语。

古代神话部分，钱老师布置阅读了主题一致（女娲）的两册绘本和一篇文言文。在阅读《中国传统故事绘本：女娲造人（中英文双语版）》绘本时，他补充了关于人类起源的十种说法（如基督教、希腊神话等），让学生对比、讨论并选择自己认为可信的传说。对学生来说，捏捏泥巴就完成造人这种事显得非常好玩，因此普遍认可女娲造人的传说。把《绘本森林·中国民间故事与神话传说——女娲补天》和《淮南子·览冥训》（女娲补天部分）结合起来读，前者容易理解，后者文句对仗工整，朗朗上口且铿锵华丽。读完补天的故事后，学生分组自编自导了舞蹈"补天"。因为他们完整理解了文本内容，所以舞蹈惟妙惟肖，具有丰富的表现力和美感。

接下来的拓展阅读，主要是关于女娲补天后剩下的石头。他选择了《西游记》第一回《猴王出世》和《红楼梦》第一回《甄士隐梦幻识通灵，贾雨村风尘怀闺秀》，让学生阅读。学生通过阅读，知道了女娲补天剩余的两块石头的下落，以及演绎出的一系列的故事。钱老师还给学生补充了曹雪芹的一首诗《题自画石》："爱此一拳石，玲珑出自然。溯源应太古，堕世又何年？有志归完璞，无才去补天。不求邀众赏，潇洒做顽仙。"

读书不是目的，有感才算精彩。该环节最精彩的内容在于对孙悟空人格的评价、对曹雪芹诗中"完璞"和"无才之石"的讨论。如何看待孙悟空的天性、情感和功劳？完璞和无才之石延伸到做人上，哪种才是人应有的追求？学生在讨论，老师笑而不言，不做评价，只是留待学生在漫长的人生里去体会。

第二部分"诗歌"中的石头环节，钱老师选择了《诗经·小雅》中的《鹤鸣》和王建的《望夫石》作为学习内容，前者揭示的是宇宙万物自由生长的齐物精神，后者以故事一样的场景描述了人间的情爱。"他山之石""望夫石"成为一种文化象征。

第三部分的成语游戏以"石"为题，让学生个人和小组收集关于"石"的成语，了解每个成语背后的神话、故事、寓言和传说等，然后模仿中央电视台十套节目《中国成语大会》的形式，举办了一个"成语接龙讲故事"活动，把学生最近所学到的知识在多维空间中串珠成链，厚积薄发。

最后，历经两个月的学习，文化启蒙课程即将结束了，师生围坐在一起讲述自己的感受。钱老师和其他几位老师不说话，只是把两个月来课堂内外师生活动的照片按照时光轴做成视频播放出来。学生边看边落泪，之后每个学生都讲述了课程过程中难忘的或感动的时刻，每个故事都刻画了他们成长的经历。几位老师也给学生分享了他们课程开设过程中的困惑、探索和感动。师生的生命在彼此感动的故事中得以交融。音乐声中，师生再次朗读了 How Happy Is the Little Stone；最后，他们齐声唱起为课程选择的主题歌《雨花石》，在最后的几句歌词"我是一颗小小的石头，深深地埋在泥土之中，千年以后，繁华落幕，我还在风雨之中为你等候"被唱起时候，师生激动地拥抱在一起。

钱老师团队开发的文化启蒙课程，是要培养学生们与这个世界对话，教师团队想告诉孩子们，在世间万物的密切相连中地球运行，人居物中参与万物运作。文化启蒙课的目的不是进行通识教育，而是培养孩子们通过身边事物感知天下、周知万物的自然智慧和文化通感。课程以主题教学为纲，以项目学习为目，并以中国文化传统为其原点和归宿，把解答人与世界如何兼容联结的问题作为其核心价值。

从文化启蒙课程可以看出，国民小学的全人课程在"人之为人"哲学思考中，吸收了人本主义者"意义学习"的理念，即重视学习者即时的欢愉，引导学生带着开放、非防御的态度学习，在变化不拘的环境中保持和完善自我。学校认为这个阶段课程中的"教师—学生"结构与家庭中的"家长—子女"结构是基本一致的，即可以没有权威，但一定要有亲密关系。教师应该更能够俯下身子，发自内心地倾听孩子的声音，尊重孩子对世界的认识，哪怕这种认识多么幼稚和可笑，哪怕孩子对于事物的探索多么低效和微小。学校认为，这就是重视儿童的游戏精神，使他们享受童年的乐趣和自由，也是"完整发展"的意义所在。

这种课程对教师素质的要求不是传统意义上的学科水平高低，而是对儿童成长的关注和对儿童个性的宽容与欣赏。教师的工作重心也从完成教学任务转向促进孩子的自然发展、提高学习兴趣、构建和谐关系和强化快乐体验；在教师的关怀下，儿童的情感体验更丰富、智力背景更广阔，也能带来更活跃的思维品质。"小小的石头"文化启蒙课程就是走了这样一种路径。学科融合只是这一课程的手段，而人的培养和文化的提升才是真正的目的。

二 温暖"成长"的全人课程

国民小学的全人课程,是儿童中心的课程,强调儿童是经验的创造者,以经验为基础的课程应当关注经验的连续性和经验的交互作用,但要求低知识目标和低结构化。这种课程不需要教师全能的教学法,也不强调学生包会百科的学习法,将课程融于生活,自然而然地发生就好。他们的课程以文化启蒙激发生命感应,目标远大但落点精微,可能会对孩子的一生都将产生不可逆的影响。因此,学校的课程是"有温度的课程"。

国民小学的全人课程,分成三个阶段,即始业阶段课程(1—3年级)、常业阶段课程(4—5年级)和毕业阶段课程(6年级)。这样的划分,考虑了不同阶段学生的身体特点和认知特点,也整体考虑了学校的课程设计和师资情况,并有利于实行包班教学。学校的全人课程具有较大的综合性,但并不是学科的简单叠加或合成。"质"的变化在于理念的转变,即把原来小学学科教学中关注的求深、求难、求繁,转化为求广、求简、求趣;把枯燥乏味的学校生活,尽可能转化为一种富有情趣和启发智力的精神生活。

学校的始业阶段课程更强调趣味性,用生活化和游戏化的方式进行师生互动,并以一定的主题联结起来。如在一年级上学期开设"小动物"主题课程,组织学生参加小动物讲座,观看小动物主题影片和表演、学唱相关的童谣和儿歌、阅读绘本、进行绘画和手工制作等,可以引发学生们的兴趣。非主题课程以学生的生活为基础,将水果、蔬菜、饮品、沙坑、观赏绿植、生日、郊游都纳入课程,更多地强调陪孩子过幸福愉快的校园生活。始业课程从儿童的生活出发,帮助儿童构建与同辈、教师、社区、自然和世界的关系,最后回到儿童对自己生命的理解,从而形成他们懵懂而完整的世界。

学校的常业阶段课程开发了一批"微课程"。学校的微课程(microcourse)不是一般人理解的几分钟的"微课"(microlecture),而是包含系统的、完整结构的课程,覆盖课程设计、开发、实施、评价等环节。以学校已经开发的"小蚂蚁语文"微课程为例,课程由包班教师协商开发、级部协同实施以及非考试性评价。课程内容涵盖了二十四节气与生活、论语小故事、道家思想趣味讲座、童话剧、歌谣、经典晨诵等内容。微课程以10—20分钟的短课形式呈现,资源多取自中国传统文化,体现教师的专业优势和个人特长,并与学生的现实生活密切相关。这种微课程注重的是趣味性和人文性的融合。

学校的毕业课程主要是为即将进入青春期的学生提供生理知识和心理辅导,进一步培养学生良好的学习和生活习惯,同时进行学科知识的系统梳理,为学生进入高一级学校做好准备。开设的主要课程有青春期卫生与保健、心态决定状态、文学与常识、数学文化等。

国民小学的全人课程体系中,社区和家长也成为课程开发的重要力量。借助家委会的支持,他们安排了家长课堂,定期由一位家长来给学生们上课。学校先后请做警察的家长来开书法课,请一位全职妈妈来教给学生们如何做扣子花等。这样的课程使学校和家庭、社区、社会紧密地联系起来,突破了传统教学割裂学校和社会联系的做法,拓展了学校的课程空间。

国民小学的全人课程改变了传统的课程结构,以主题引领下的项目课程取代了大一统的课程,使学习更加人性化、个性化,其系统更具可操作性,教师具有更大的课程开发权和教学自主性。此外,游戏化的学习、以日常生活为教学内容的课程改变了教学方式;与儿童生活相连、对儿童经验连续性的关注以及跨学科整合等手段,增加了教学的创意与情趣。当然,全人课程还改变了传统的作业方式,学生不用每天都做枯燥无味的学科练习,而是用一个月甚至更长的时间去完成一项探索任务,项目结束时呈现自己的研究发现,实现了从公共作业到个人作品的转变,激发了学生们的兴趣和热情。最后,全人课程还改变了校园生活的节奏,大小课、非传统课程日、主题周、项目月等灵活的课程方式,使课程学习不再单调,让校园生活经常充满惊喜和期待。

学科融合、主题课程和项目课程结合、游戏化和生活化学习、微课程调剂、长短课交叉等设计已经贯穿在国民小学的课程安排中。课程只不过是一种媒介或中介工具,是学校全人教育探索的一种有效手段。他们的课程理念是以国家课程标准为纲要,以项目学习为主要形式,以跨学科整合为基本策略,以课程作为改变学校生态的媒介,使师生拥有完整的成长感和快乐的学校生活,从而实现培养全人的目的。

正如校长坦言的,他们对课程的重构是以批判过度重视分科教学传统、只关注知识传递不关注儿童经验的学校问题提出的,目的是改变学校的课程结构和知识结构,回归教育中有人、把儿童作为儿童的生活教育。

学校认为，不能把教师和学生当作一种学科知识的符号，人应该是一切课程的核心，人好了，课程才好，孩子才好，世界才好。因此，开创好的课程，必定把激发具有专业精神的教师参与作为首要任务，然后创造环境让学生快乐学习，形成积极体验。只有师生在课程中投入真实的情感，才能真正改变教育的生态，才能培养出身心和谐发展的人。

第三节　包班教学

国民小学认为，儿童对世界的感官认识尚未完全分化，因此处于高度可塑时期。但对儿童习惯的培养，需要教师对学生进行长期和全面的观察，对学生在学习和生活中表现出的个体差异有充分的了解，才能因材施教。为适应这种情况，他们设计了包班教学和全科教学。包班教学是形式，全科教学是本质，整体思路是增加师生接触时间、了解学生特点、加强学科融合、走向生活教育，从而促进学生身心健康发展。

包班教学的首要原则是儿童立场和儿童体验为先，强调教学尊重儿童独特性的同时保持群体的多元性。其次，在教学方式上，实现从"完成教学任务"转向"激发学习主动性"。最后，教学单位由教师权威化指导的行政班级转向以师生对话为基础的学习共同体。

一　包班教学中的人文关怀

国民小学初业阶段和常业阶段的教学主要通过教师包班制实现的。在包班教学模式下，教师不再赶场式地上课，讲完课走人完事；而是相关教师形成一个合作团队，尝试跨界融合教育。始业阶段，两个老师承包一个班所有的课程教学任务；常业阶段，除英语和戏剧课程外，所有课程教学由两位包班老师包班承担。包班教师的办公地点就在班内，这样做的目的就是尽量扩大师生共同生活的时间和空间，使老师们有更多机会观察了解学生的学习品质，也更容易发现学生生活中细枝末节的问题，为全面地看待学生、因材施教提供了依据。学校认为，对于刚刚进入小学的小朋友，这种包班制尤其必要。

包班制下的教学也被称为全科教学。学校做这样一种改革前，分析了传统分科制教学的弊端，如小学生刚入学就要面对六七位老师和不同的课程，新知识、新环境、新教法都会让儿童产生恐惧。他们研讨后认为，包班教学可以解决上述问题，并且在教师朝夕的陪伴下，师生可以形成融洽、和谐的关系，让学生在稳定和有安全感的环境下自如地发展。

为实现包班教学，国民小学把教室的教学权交给了包班教师，由他们自己把握住教室生活的节奏。始业阶段的整个课程表、常业阶段课程表的大部分都是空白的，上什么内容、上多长时间、如何衔接等具体事项由包班老师协商完成。教师有较大的自主权，也会根据课程目标、学生表现和近期活动调整课程时长、地点等。所以刚讲完趣味数学故事"森林里的客人""零先生漫游记"和"9以内加减法"的数学老师，转眼就可能去讲美术的"三原色"，以及如何选色和搭配；第一节课还带着学生阅读绘本故事、唱歌、搞怪的语文老师，第二节就可能带着学生出现在操场的体育课上，先教五十个高抬腿算舒展筋骨，接着教100米跑的分腿、摆臂、呼吸，最后演示"一摆二蹲三跳"的原地跳远。这种教学真实反映了国民小学笑称的"不会教体育的语文老师绝不是好的包班教师"的说法。

国民小学相信教师的课程开发能力和儿童的超验学习，不迷信任何教材和现成教法，鼓励教师开发课程和探寻教学艺术，找到学生思维逻辑的轨迹，发现儿童学习的真谛。为实现包班教学，老师们也对课程进行了整合，淡化学科边界。如数学牛老师开设的课程，就包括了数学阅读课、数学故事课、学生讲解课等，都把学生带到了他们自己学习的道路上，充分调动自己的经验储备，参与对学习的整体和初步认知，发现问题、分析问题和解决问题。一年级数学张老师的一节"我的动物朋友"综合课，更是将地理、动物、数学等学科融为一体，使课程具有知识、人文关怀和理性思考的多重功能。他是这样描述上课经过的：

> 这是"我的动物朋友们"的一节主题课程。上节课，我们以鹦鹉、波斯猫等动物为例，学习了9以内的加减法。今天主要进行练习。
>
> 第一步，我展示了一张图片，让学生们认识一种新的动物——狸猫，并告诉他们这是国家三级保护动物。然后通过加、减图片的方式，让学生复习上节课所学的9以内的加、减方法。这是一种知识连接，可以顺利引导学生进入后面的内容。
>
> 第二步，我们做绘本阅读和加减法练习。绘本是一本韩国的读物《插岘岭》，讲的是狸猫的故事。首先，我让学生们仔细观察绘图，

说出他们所观察到的东西。学生们自由谈论他们所观察到的事物，如山脉、山坡小路、白头翁花、野玫瑰、狸猫、鹿、鸟和其他动物。这不仅可以提高学生的观察能力，而且可以为以后的内容发展铺平道路。之后，我把学生带到数字意义和逻辑运算阶段。我告诉学生有三只狸猫住在插岘岭的东边，四只狸猫住在山的西边。我问学生们，看到这里，你们能想出什么数学题？学生回答了"$3+4=7$""$4-3=1$""$2+1=3$"等加减法和含义。本步骤的目的是引导学生从生活常识向数学信息过渡，培养学生的问题意识。

根据绘本内容，东山头3只狸猫中的2只要到西山头上吃木栎果，这里我增加了一个内容，告诉学生说这两个狸猫带了9个橡果，准备与西山头上的狸猫分享。我提出的问题是：这两个狸猫如何带这9个橡果呢？

学生们开始热烈地讨论起来，之后提出了各种方案。我在黑板上写下了这个公式：（　）+（　）=9。学生们填入了相应的一些数字。我告诉学生说，这些数字太杂乱了，我们能不能排列一下顺序？我先在黑板上写下"0、1、2、3、4、5、6、7、8、9"，学生很快就发现了规律，报出对应的"9、8、7、6、5、4、3、2、1、0"。我问他们这样排列有什么好处时，学生很快就得出结论，那就是没有数字重复。这个过程中，他们开始形成数学思维，即不唯一、不重复和顺序对应。

第三步，阅读和数学发展阶段。根据绘本内容，人们在插岘岭上修筑了一条道路，将东西两山隔开。我一边读一边问学生：两只去西山的狸猫要回东山，当你看到照片上耀眼的灯光时，你认为发生了什么？是的，他们被车撞死了。东山上有三只海狸，还剩多少只？西山上的三只狸猫穿过插岘岭到东山摘橡果，看看司机惊讶的表情。又发生什么事了？是的，他们也被撞死了。现在西山上还剩多少只狸猫？那东山呢？两座山上还有多少只？

在阅读绘本和提问的时候，我一气呵成没有停顿，因为这些问题都比较简单，我的目标已经不是数字运算了。带同学们翻到绘本上这个故事的最后一页，教室里悲情的气氛很浓了。我又让学生对比了一下第一幅图和最后一幅图，说说发现了什么。学生很快就指出了各种动物数量的大幅减少。

最后，我提出了这节课的最后一个问题：为什么狸猫的数量会减少？这是一个开放性的问题，目的是引导学生了解人与自然的关系。正如我所料，学生们已经建立了狸猫数量减少与人类活动之间的因果关系，但在如何解决这个问题上，学生们还是提出了"孩子"的答案，如"为狸猫建红绿灯""为狸猫建过街天桥"等。

这节课的最终目的不是数字的变化，而是通过绘本故事来反思人与自然的关系，思考人类生活。在这节课的整个过程中，我们从生活到数学，从数学到自然，从自然到社会，把知识、生活、人文关怀和理性思考融为一体。

教师从契合学生的生活开始，在儿歌、故事、绘画和舞蹈中让事物说话，培养学生的专门知识和人文精神；同时，随着课程的深入，教师用沉浸式的教育方法，增进对学生的了解，把学校和班级规则有机地融入生活，使学生在安全与自由的环境内健康成长，这就是全人课程和包班教学想要达到的效果。

二 让"小马过河"的教学

教学是在教育目的的引导下，在特定的环境中，由教师的教导与学生的学习共同组成的双边教育活动。国民小学更是认为，所有课程和教学活动都不是学校教育的最终目的，而对社会存在的思考、对重要他人品德的理解和模仿以及对人类生态的关注，这才是真正的教育归宿。

如学校的绘本戏剧课程教学，就很好地体现了这种价值取向。这种课程的流程一般比较固定，即先由老师介绍背景，用语言把学生们导入绘本故事的场景中，学生体会人物角色在特定情境下的思想和行为。之后，老师会使用"共情"的技巧，帮助学生进入角色意识，表述绘本人物对事件的反应和内心想法，然后使用"定格"技巧表演人物的肢体动作。最后使用"评价"方式，让学生对绘本人物品德特点进行归纳。整个教学过程不将学生演技看作最大追求，而是看重学生的思考、品德评判和综合理解能力。

在国民小学，即便是号称"用数字解释世界"的数学课，也都被赋予关注环境、理解世界和关怀他人等人文精神。教师有面向世界的胸怀，更注重课堂上对学生精神的抚慰，给他们以安全感和信任。这种教育环境中的学生，对学习和生活充满了热情和动力；而教师要做的，就是把他们的求知欲望和对世界的好奇心激发出来。这样的课堂教学，也往往给予教师出乎意料的收获。如在五年级讲授"纯水和盐水的浮力"这一课题时，刘老师就有了这样的感觉。

根据刘老师的设计，她的课分为四步：第一步是观察鸡蛋在水中漂浮情况；第二步是观察放盐后鸡蛋在水中的漂浮情况；第三步是比较放盐量达到多少时，杯底有盐沉淀；第四步是探索鸡蛋在水中漂浮的决定因素。在课堂上，第一步和第二步进行得很顺利，学生们观察到纯水中的鸡蛋沉在杯底；盐放进水里搅和后，鸡蛋开始浮起。但是，在进行这一步的时候，刘老师的课却不能按计划进行。因为在这个时候，学生们开始问各种各样的问题。有些学生问为什么他们把鸡蛋压下去，它还会浮起来；有些学生问为什么鸡蛋浮起时侧面朝上，而另一些则是圆头朝上。刘老师认为这样的问题太有价值了，于是放弃了原来的教学计划，改成让学生们再观察、再讨论。

学生们又进行了细致的观察，然后进行讨论。他们提出了如下推断。

鸡蛋大小影响浮上的鸡蛋位置——大的侧面朝上，小的头朝上；杯子大小影响浮上鸡蛋的位置——大的侧面朝上，小的头朝上；水的多少影响鸡蛋位置——水多的侧面朝上，水少的头朝上。

刘老师没有对学生的推理进行判断和解释，而是让学生对以上三个推理进行讨论和研究。当学生们积极地提出新的假设时，一个学生站起来说："我记得灿灿爸爸（学生家长）给我们做的一个讲座了，他讲的是杂技中重心的奥秘。我想鸡蛋是侧面朝上还是头朝上的原因，肯定和重心有关！"他的话立刻引起了学生们的共鸣。学生们纷纷提出自己的解释，有的说鸡蛋的重心不同，浮上部分也不同；有的说，鸡蛋浮起来时会旋转，并寻找重心来达到平衡。

刘老师为学生们的探索精神感到高兴，因为他们可以把讲座中的知识转移到课堂学习中，并将所学知识应用到实际中去。还没等她多说，学生们又提出了很多新问题，比如为什么放进杯子里的盐有的能融化，有的不能完全融化？杯底沉积的盐过几天还会融化吗？鸡蛋一直在盐水里会不会发生变化？放在大盆里的鸡蛋会有不同吗？一些学生提供了问题的可能答案，但更多的问题一直在被学生自由讨论中。

下课铃响了，刘老师才有机会说出自己的心声。她告诉学生们，他们提出了很好的科学问题，可以称为小科学家了。因为今天的课堂时间有限，所以讨论暂告一段落，杯子、盐、水和鸡蛋就放在教室的实验角，希望学生们继续实验、继续观察、继续讨论，也可以查阅网上资料或者回家跟父母交流。下一节课再进一步探讨纯水和盐水的浮力问题。

在整个课堂上，学生基本上是在操作、观察、发现、提问、寻找答案，然后提出新的问题。在这样一个充满安全和信任的环境中，学生们迸发出学习的热情和动力，成为学习的积极推动者和构建者。教师所做的不是按照教学设计完成教学计划，而是把学生对知识的渴望和对世界的好奇转化为他们的探索行动。正如刘小保校长经常借用"小马过河"所做的比喻，学生的学习既不能像老牛说的那样毫无准备地下水，也不能像小松鼠说的那样胆怯不前；让学生们试着前进，只有亲自尝试，才能知道深浅。国民小学提倡，放心让学生说，放权让学生探究，放开让学生历练，让学生在课堂中有较大的自主学习活动空间。他们提出了两个"凡是"的教学原则，即"凡是学生能自己探索得出的，老师决不替代；凡是学生能独立思考的，老师决不暗示"。

学校认为，只有教师把思考的时间和空间真正还给学生，学生才能真正思维活跃、成为学习的主人。因此，好的教学不是把学生当成知识容器，灌满为止；而是教师引路点拨，激发学生在共同学习、讨论和探究中构建自己的知识库，形成自己的思维方式。只有学生学会学习、学会思考、学会交流、学会互助，才能真正达到叶圣陶先生说的"教是为了不教"的境界。

第四节 品牌教师共同体

国民小学提出"让所有教师都成为品牌教师"的口号，意以"全人教育"为目标，把每一位教师打造成学校的品牌，形成一支强大的卓越教师队伍，从而为学校的课程改革和学生的全面发展提供有力的支持。在这个过程中，学校希望老师们能形成自己的教学风格和专业品格，让教学成果成为自己亮丽的名片。

这种教师发展观的形成源于国民小学对自己教师队伍结构的认识。国民小学是一所新办学校,教师来源有两部分:从全国招聘来的特级教师和新毕业的名校硕士。特级教师的平均年龄为 42 岁,硕士教师的平均年龄为 25 岁,28 岁至 36 岁的教师断档,呈现出典型的"哑铃"年龄结构。这种结构的优势在于,特级教师具有丰富的教育教学经验,对教育有独特的理解和视角,能够成为学校发展的中坚力量和主导力量。新毕业的硕士教师理论起点高、求知热情强、知识面广、易于接受新事物和新思想,有很强的适应性和可塑性。然而,老教师面临的困境是如何将自己的经验转化为新学校发展的推动力,契合新理念、开发新课程、拓展新教学方法、带动新教师协同发展。新教师的问题在于从理论到实践的转变,即如何弥补在教学、管理、课程开发等方面实践智慧的不足。可以说,在学校全人教育的探索中,新老教师都有危机感。针对这一现实,学校制定了自己的教师专业发展规划。在管理上,学校提出了一切为教育教学服务的口号;在教师专业发展方面,它给了教师很大的自由和空间,也给了教师很大的专业自主权。教师可以根据自己的优势设置课程,进行独特的教学。学校提供最大的时间、财力和专家支持。教师的探索一旦成型,学校将组织自己的专家团队和外部专家顾问进行提炼和完善,并及时总结和推广。同时,学生成长中的成就感也给了教师继续发展的动力。可以说,在专业危机与成就的张力中,学校与教师找到了专业发展的着力点与平衡点。

一 "师徒制"和"品牌教师周"

学校的教师专业发展主要通过微观和宏观两种方式推进。被学校称为"微观发展方式"的是师徒制模式,分成低中年级的包班师徒制和高年级的学科教学师徒制。包班师徒制是以包班制为基础的教师协同发展机制,在这种模式下,一位特级教师和一位硕士教师共同包班,结为师徒。结对之前,学校提出了"学科互补、性格互补、经验互补"的结对原则,并事先把特级教师和硕士教师的资料提供给双方,进行个人预选、意向配对和学校调配。在此基础上,形成包班教师的师徒关系。通过师徒之间反复的观摩—讨论—培训—备课—说课—上课—讨论,徒弟在这种"浸泡式"的方法指导下迅速成为熟练教师。

高年级的学科教学师徒制以高年级学科教师为主,强调"师带徒"

和"师帮徒"，师徒共同备课，师父先上，徒弟观摩；然后徒弟上课，师父指导；师徒都上完课，集中分析、反思。除此以外，师父大多每学期要主持一次全校的专业活动，徒弟参与策划、备课、组织上课、辩课、讲座以及交流等，既有利于从深层理解教学，也可以从多方互动中，吸取更多的教育教学策略。

包班教师要承担全部或大部分课程教学任务，但是有些如音乐、美术这样的课程，并不是每个老师都擅长的。为解决这个问题，学校在包班初期还实行了"一带一路"的策略，即音乐和美术每周两节课，由专业老师上第一节课，包班师徒教师跟学生共同参与学习过程，从学生角度去接受专业课程；然后师父或徒弟上一节课，专业教师现场听课指导，课下三人再研讨，包班老师从专业老师身上吸取自己原有学科素养里所缺失的部分。

学校的"宏观发展方式"是学校层面的"品牌教师周"活动。包班的"师徒制"主要活动范围在一个教室，有时至多扩展到同一级部。级部教研针对性强，更能解决实际问题。尤其是包班教学中的师徒制，对于实现新老教师经验传递和新手教师快速成长非常有效。但是另一个问题又来了：级部之间如何共享教育智慧和经验？为解决这一问题，学校又开展了"品牌教师周"活动。这个活动在每周推出一位品牌教师，集中展示该老师的教育教学艺术、课程探索实践经验，通过个性化的展示方式，提高校本教研的活力和效率，为青年教师的专业发展提供路径和学习的榜样。如"牛大奔周"中，数学特级教师牛大奔共上了五节公开课，做了五次讲座，参与人员包括校长、各级部领导和老师、区域其他学校教师以及来自全国各地的教师。牛老师上了《用字母表示数》《认识梯形》《可能性的大小》《鸡兔同笼问题》和《神奇的"走马灯数"》五节课，分别涵盖了代数、几何、概率与统计、生活数学、数学特色五种内容。这五节课，不仅信息量大，培养了学生的整体数学思维，而且充分考虑了学生的认知特点。教学的总体思路是由浅入深，如歌谣导入、游戏教学、以学定教、善用迁移和回归生活，每一节课都有亮点和创新点。他在五个讲座中，解读了自己课程创生的源泉——《数学课程标准》，阐释了"以学定教"的教学思想，并对"如何让课堂中发生真正的学习""有效教学的三个意识"以及"如何形成学生的知识迁移"等问题做了详尽的说明。尤其是他的"数学阅读课"，更是开创了国民小学人文数学的先河。

牛老师通过"数学阅读课"，批判了"数学成绩是通过做题拼出来的"这一普遍传统认识。他通过提高学生的数学语言理解力,培养学生多感官协同参与的技能,形成在阅读中思考、计算和归纳的习惯。根据激发学生兴趣、难度适当拔高和体现人文精神等三个原则,他为学生选编了"陷阱数——数字黑洞探秘""角谷猜想(冰雹猜想)""杨辉三角的奥秘"等十几个数学读本,并按照儿童学习的特点,为阅读材料设置了一系列的问题,让学生在问题驱动中阅读、思考、猜想、验证。课程教学中,教师留出足够的时间让学生阅读、思考、结对或小组探究、学生带学生和学生教学生,教师适时介入或点拨。

牛老师在教学中坚持的原则是,宁肯放慢教学的节奏,也一定让学生在思考中"浪费"时间,鼓励和引导学生在课堂上产生问题、猜想、假设和观点,让课堂进入"胶着"的对话状态是难得的教学机会。教学的目的不仅是让学生得到正确的答案,更是为了开阔他们的思维;课堂不应该是老师的"一言堂",而应该给予学生不断"讨价还价"的机会。只有这样,学生才能"学"数学,才能在学习的过程中感受到数学的魅力和乐趣。在整个课程周期中,牛老师设置了有梯度的学习,学生们体会了"昨夜西风凋碧树。独上高楼,望尽天涯路""衣带渐宽终不悔,为伊消得人憔悴"和"众里寻他千百度,蓦然回首,那人却在,灯火阑珊处"的三重学习境界,增加了数学阅读与计算的魅力。上周日,在读完"角谷猜想"(即冰雹猜想)后,学生小万用两个小时111步验证了剑桥大学约翰·康威发现的"数字黑洞"。令家长都感到惊奇的是,这个一向不喜欢数学的学生居然痴迷上了数学。通过阅读和验算,学生们得到了学习中"巅峰体验",这也证明了第斯多惠关于"教育的艺术不在于传授本领,而在于唤醒和鼓舞"的观点。①

---

① 关于"唤醒和鼓舞"观点的注释:第斯多惠倡导"全人教育"的思想,并提出实施"全人教育"应遵循自动性、自然适应性和文化适应性三个原则。他认为,人的特质即人的自动,一切人的自由的、独创的东西,都是从这个自动性出发。教育的任务主要是发展自动。自然适应性原则是教育要遵循人的自然发展过程。文化适应性原则是教育必须注意全部现代文化,特别是学习祖国的文化。因此,儿童的教育必须适应人类社会发展的文化成就。在教学方法上,他重视发展学生的智力和才能,主张采用启发式教学法,诱导并激发学生的智力,使他们能够探求、考虑、判断与发现,反对死记呆读,压制智力发展的做法。第斯多惠十分重视教师素养的培育,要求教师应该完全精通自己所教的学科,并且热爱自己的职业和儿童。提出优秀教师对学生不是"奉献真理",而是"教人发现真理"。([德]第斯多惠:《德国教师教育指南》,袁一安译,人民教育出版社1990年版,序言。)

牛老师的徒弟也在"牛大奔周"里上了"汇报课",展示了跟随师父学习以来教育教学的收获。之后,国民小学的老师们就牛老师和徒弟的课例开展了辩论,来自全国的教师、本校教师、学生家长在讲座后和牛老师进行了问答互动。类似的"品牌教师周",学校一个学期举行了 14 次,分别由 13 位本校教师和一位外来专家担纲负责。国民小学的"品牌教师周"并不是只瞄准这些名特教师,学校面向的是全体教师,只不过分成了两个阶段。第一阶段,为减轻年轻老师的压力,由名特教师打开局面,形成"品牌教师周"的操作流程和规范;第二阶段,由年轻教师自主申报,学校统筹安排新教师的"青年才俊日";第三阶段为"品牌师徒周",1—3 年级师徒异课同构,4—5 年级师徒同课异构。一年下来,"品牌教师周"实现了由名师展示到全体教师个人潜力的挖掘,使教师们的专业风格和专业品格得到彰显和尊重。这些活动给了那些经验丰富但又常被认为到了职业发展后期的"40 后"教师新的专业生长点和平台,使他们有机会梳理自己教学经验中适合全人教育的绝招妙计,重塑课堂。同时,年轻教师也在有指导、有匡扶、有安全感的环境内努力发展自己,尽快走向熟手。在此意义上说,国民小学的"品牌教师周"已经超越了一般意义上的教师教研活动,它也在唤醒教师的专业意识,倡导和尊重教师的个性化专业发展,同时也在塑造教师的独特专业风格。

二 教师的学科教学知识

国民小学非常看重基于培养全人的教师课程开发能力,并以主题教学的形式组织学生学习。但这并不意味着教师学科知识地位的削弱,相反他们认为教师的学科教学知识(PCK,Pedagogical Content Knowledge)是教师专业素质和能力的重要组成部分,是通往教师实践智慧的必经之路。经过调查研究,学校区分了新手教师的 PCK 和名特教师的 PCK,认为新手教师的 PCK 不足主要体现在缺乏对课程内容的整体把握、缺乏对学生学习起点和盲点的了解、缺乏把学术语言转换成学生可以接受教学语言的技巧以及缺乏具体教学内容的操作策略等。因此学校针对新手教师,他们开展了专门培训,帮助新手教师处理这些问题。相比之下,名特教师面临的 PCK 困境是对课程本质的深入理解、对教学内容中文化和技术的把控、对学科历史的传承和创新以及降低预设与生成的间距等。对此,学校主要鼓励名特教师在实践的基础上加强反思、继续理论学习、撰写案例和分享教师叙事等。

　　学校为提高教师 PCK 而采取的师徒制、辩课、品牌教师周等活动，其实是遵照了科克伦关于 PCKg（Pedagogical Content Knowing）发展的思路，即用动态的学科教学识知（PCKg）取代静态的学科教学知识（PCK）。① PCKg 强调了 PCK 并不是随着教师学科知识和教学法知识的获得而自然形成，而是在个体性、情境性和建构性的教师实践中形成的教学智慧。

　　在包班背景下的师徒制，师傅不仅负责言传身教 PCK，而且对徒弟的发展负有一种连带责任，二者在单位中的声誉和所获得的评价都是紧密相关的。② 至于默会的实践性知识乃至实践智慧的传递和培养，就如波兰尼所论述的，在师傅的示范下通过观察和模仿，徒弟在不知不觉中学会了那种技艺的规则，包括那些连师傅本人也不外显地知道的规则。③ 徒弟参加或参与设计师傅"品牌教师周"中的备课、上课、辩课、讲座等活动，在观察师傅解决具体问题时接受了特级教师的"命定权威"（specific authority），也在共同体的多种互动中理解学校、学术群体或师傅的"普遍权威"（general authority）。④ 徒弟对这种权威的投признание和自愿服从为自己的专业发展和个人自由获得了空间。从旁听到参与、从师傅评判到师徒反思、从模仿到创新，国民小学的年轻教师实际上是走过了认知学徒期、实践学徒期和道德学徒期三个阶段，并在最后学会思考、以负责任和合乎道德的方式去行动。⑤

　　在归纳学校的教师发展特点时，身兼教师书院院长的牛大奔总结了五个关键词，那就是"敬畏"、"规划"、"反思"、"阅读"和"坚持"。他说，第一，敬畏生命。老师们应该永远敬畏身边这些天真烂漫的生命，因

---

① Kathryn, F. C., James, A. D., and Richard, A. K., "Pedagogical Content Knowing: An Integrative Model for Teacher Preparation", *Journal of Teacher Education*, Vol. 44, No. 4, 1993, pp. 263–272.

② 楼世洲：《我国近代工业化进程和职业教育制度嬗变的历史考察》，《教育学报》2007 年第 1 期。

③ ［英］迈克尔·波兰尼：《个人知识》，许泽民译，贵州人民出版社 2000 年版，第 79—80 页。

④ ［英］迈克尔·波兰尼：《个人知识》，许泽民译，贵州人民出版社 2000 年版，第 61 页。

⑤ ［美］李·舒尔曼：《标志性的专业教学法：给教师教育的建议》，黄小瑞、崔允漷译，载安桂清、周文叶主编《教育改革时代的学校本位教师专业发展》，华东师范大学出版社 2014 年版，第 13—23 页。

为他们连着未来和希望、关系着家庭和国家的前途。善待学生，需要努力从心底理解他们。第二，自我规划。老师们应该为自己设定长期目标和阶段目标，自我期望和自我承诺的力量会给教师更大的动力。第三，实践反思。教师是"实践的反映者"（他的原话是反思性实践者），其成长是在经验和反思的基础上实现的。借助案例和教学反思，他们对教育教学行为追问、分析、比较、质疑、批判、提炼与升华，最终形成独特的实践性知识。第四，知识更新。要了解本学科和教育教学领域的最新进展，不断学习新知识、新研究成果、新理论，阅读本行业及相关领域顶尖人物的经验和思考，结合自身实践，寻求更高的智慧生成。第五，持之以恒。教师的专业成就和荣誉属于过去。专业发展总是走在"此时此地"的道路上，因为学生每天都在成长，教育环境每天都不一样。如果教师不与时俱进，不与学生共同发展，再有名气的教师都将被时代浪潮拍于岸边，失去光环。

如果说"师徒制"是一种单边指导的话，"品牌教师周"活动就是一种多边修正的教师发展共同体行动。教师实践性知识是贯穿教师专业发展始终的核心和关键。

第五节 快乐教育

国民小学的全人教育也被定义为一项迷恋孩子成长的学问。学校信奉，好的教育一定是基于孩子的快乐，以快乐为触发展开教育教学，一定给孩子们带来现实的快乐校园生活，从而形成培养孩子一生的成长经历。这种快乐指向生命的本质，必然会激发学生的兴趣和向往，激发活力和创造力。

一 快乐的根源

教育回归生命本源，而不再被异化为对学生生命的折磨和摧残。在此基础上创生的"小学校，大教室"的理念，就是在为学生创造快乐的成长空间。国民小学的每间教室都命了小蚂蚁、萤火虫、小毛虫等学生们喜欢的名字，每个班还有自己的班训、班歌、班级精神，增强了学生们的归属感。宽敞明亮的教室被分成那么多人性化的功能区域；表扬墙、作品墙、走廊到处都贴满了学生们的照片和作品；教室里可以坐，可以躺，可以读书，可以上网，还可以玩玩具，这样的地方是学生们不舍得离开的地方，即使放学了也恋恋不舍，不肯离开。学校提供的这种大而自由的空间保证了每个生命的舒展；也提供了多样化和差异化的学习机会。学校创造的教育空间里，教育者关注的是生命与成长的气息，即让每一个学生看到自己和自己的成长轨迹。班级的文化建设既是一种文化氛围的创建，也是对被教育者心灵的塑造。

国民小学认为，快乐教育的实施，首先，要给学生以选择权，使他们有选择课程学习方式的自由。如上长时段课程时，先完成课程学习的学生就可以拿本书到阅读区去读书，或者拿个画本趴在休闲区画画，也可以拿个玩具去休息区玩耍，学生觉得自然，老师也习以为常。再如主题周，一年级的同学去观察和研究动物，二年级的同学去研究卡通，三年级的同学去研究竹子，四年级的研究石头。对于学校的活动，他们也有选择的余地，如不参加某次绘画比赛、不开新年联欢等，学校和教师认可学生的思考，也尊重他们所做的决定。

其次，快乐教育以尊重学生、形成平等的师生关系为基础。如一年级的级部主任常老师是全国名师，经常外出交流经验或做报告，因此课时调整成为常态。学生们对此提出了意见，他们认为学生不来上课需要请假，为什么老师不来上课就不需要请假？常老师接受批评，以后只要外出，就提前乖乖地写好请假条交到班长手里。在一次升旗仪式中，二年级"小松鼠"班的同学们半天解不开绳子，没有校长批评，也没有班主任斥责，大家静静地等着他们；甚至有个别学生坐到地上等待，也没有人加以阻止。尊重学生，给学生以家的感觉，就是从这些小事中体现出来的。

再次，对学生表扬和批评讲究策略。对于学生的进步，老师不会泛泛地说"谁很好很棒很聪明"之类的话，而是抓住哪怕很小很具体的一件事进行褒奖和肯定，被表扬者就会知道自己什么地方做得好，其他学生也会暗自对比，明确自己的努力方向。批评学生时，教师要依据明确的规则。比如，在阅读课上，老师会根据规则对随意讲话的学生组进行扣分，但并不批评讲话的学生，这样小组内的其他成员会自动制约讲话学生，这是借助集体或小群体舆论的力量对学生产生影响。在所有的表扬和批判过程中，老师都是坚定而柔和地说话，个别沟通时还蹲下身子和学生说话。这些方式降低了学生的抗拒或敌意，都有很好的教育效果。

最后，教师通过鼓励等方式，引导学生正确处理生生关系，也有助于他们的健康成长。如四年级韦老师班内有个学生爱向老师告状，今天说谁打他了，明天说谁拿他铅笔了。韦老师认识到，孩子喜欢告状或打小报告，是因为他们正在形成是非观，希望通过老师或家长来帮助自己做出判断。但是，一个四年级的学生还喜欢这样，有可能是该生希望通过告状获得赏识或者依赖老师权威解决问题。前者可能造成学生的道德认知扭曲，而后者可能会形成学生的依赖型人格。这种行为无论如何都需要纠正。在处理这个问题时，韦老师首先反问学生"为什么会这样"，学生结结巴巴回答的时候，老师适当引导，让学生找到问题的根源。之后，他又问学生"你有什么办法解决这个问题"，在学生头脑风暴的时候，他肯定了学生的几个想法。最后，他告诉学生按自己的想法去改善和同学的关系。一段时间后，看学生不来告状了，韦老师又专门找学生谈心，对他初步形成的积极人际关系和包容态度进行了表扬。

二 增值评价

国民小学如此重视学生完整发展和快乐教育，所以教学一般是低结构的和知识目标模糊的。那么如何进行评价呢？学校平常没有课后作业、不进行单元检测、月考和期中考试，主要是在课堂和活动中促进学生全面发展，并通过个性化课程服务于特殊个体。学校没有制定统一的量化考核指标，也不用具体数字评价教学。但是，教师还是凭借自己对学科和学生发展的理解，用自己的独特方法激发了学生学习的兴趣和热情。以一年级为例，短短的第一学期，学生就开展了阅读绘本、学习古诗、诵读儿歌和其他歌谣、排练绘本剧、写绘故事等学习活动，平均识字总数达到五百多个。当然，这些都是专家入校后测算的，国民小学自己并不在意这个结果。

当然，学校也会进行期末"测试"，不过他们做的是不同寻常的测试。以一年级为例，学校的期末考试就是"闯关游戏"，设置了穿越拼音国、图形国、生字国、儿歌国、音乐国、数字国，每过一关获得相应的奖励。学生打乱班级，没有顺序，自行过关。六国关卡考查的，是学生们一学期学的内容。把六国内容联系起来的，是跳绳、学动物动作、对暗号、背口诀等趣味游戏。学生每过一国，获得相应的 5 元级币奖励。一次过不去的，还有一次幸运大转盘机会，进行补考。所有过关结束，学生凭借手中的级币，兑换贴有国民小学标志的窗花、对联、文具等物品。闯关游戏由教师协助设计，学生代表组织实施，既考查了学生的知识，也让学生在安排闯关顺序、整理个人物品等方面锻炼了生活能力，甚至他们的规则意识和理财意识也在闯关中得到提升。学生赢取学校发给奖品的同时，也对奖品承载的学校归属感有所加强。

在全人课程背景下，学生的学习寄托于各种趣味活动、游戏、戏剧、生活和故事等内容中，所以他们感受不到太大的压力和负担，还经常有意料不到的喜悦，所以他们喜欢老师、喜欢学校、喜欢学习。那么在这样的课程理念下，又如何建立班级秩序和规则呢？学校把规则融入故事，而故事贯穿于课程，并在共同生活中逐步形成规则意识。因此，国民小学在努力把学习和生活变成学生们感到幸福的事情。

在教师评价上，学校范围内主要进行课后的"辩课"，每次提出几个学科或教育问题，教师互问互辩；级部范围内，主要是进行课例研究，观察点落在课堂上学生聆听和对话的能力，不评判教师上课；包班教师同时也是"师徒制"的成员，他们通过听课、观摩、讨论等方式，互看互评，重在在解决问题中提升教育教学水平。教师的快乐来自同伴互助，也来自专业提升带来的幸福感。教师快乐了，他们也会把这种快乐传递给学生。

学校为学生们快乐成长创造了自由的环境，在这样的理念下，学生积极参与班级岗位竞争、学习小组重组等活动，通过民主选举确定班级管理人员，进行班级议事。他们在课堂上畅所欲言，有时还会很自然地指出教师教学中的不足。国民小学的学生们就是在这样安全、公平、民主的环境中，快乐、自信、勇敢地成长。正是由于学校和教师给了他们这样的成长环境，他们才对学校和老师充满了信任和感情。很多低年级学生跟老师打招呼，是张开双臂拥抱住老师，而不是客气地问"老师好"。有一次，一位老师因病课间吃药，一位学生看到后脱口而出："老师，药苦不苦？我帮你吃吧。"学生连说了两遍，一脸的真诚，老师感动得泪光闪烁。

三 大学习共同体

国民小学认为，学校教育绝不是学校内部的事情，家长的认可和支持是办好学校的重要因素，家长的热心参与也是形成学校快乐教育的重要源泉。全人教育中强调的"连接"，就是在学校、家庭和社区之间建立一种有效的互动机制，形成教育的合力。

学校建立了"大学习共同体",来凝聚所有家长,尤其是那些工作繁忙、缺乏时间关注孩子教育的家长。大学习共同体的校内部分既包括班级内同桌、小组的学习,也包括包班教师针对性的帮扶;校外部分就是连接家长、托管和社区。课余,有些父母无暇照顾孩子,就把孩子交给学校进行托管照看。针对这种情况,班主任通过微信群及时向家长通报托管班情况,征求家长的意见和建议,不断完善托管效果。学校会和社区协商,在节假日组织一些公益讲座、集体活动等,邀请学生及家长参加,增强协同教育作用。

学校或班级会定期举办活动,创造机会让父母和孩子一起参与制作或设计。他们的"帽子周"活动,就是号召家长从"为孩子做"展品转变到"帮孩子做",最后到"让孩子自己做"。学校的运动会,家长和孩子一起参加,并且安排了大量的亲子运动、母子或父子项目。低年级的期末检测是让父母带着孩子做过关游戏,让父母和孩子一起体验成功的喜悦。期末家长会,每一个孩子都会因为在某方面的成绩获得奖励,家长被邀请到讲台和孩子合影,共同享受学习成果。

在国民小学,拥有硕士以上学历或海外留学背景的家长占到大约12%。学校认为这是一个优质的教育资源,因此吸纳这部分家长进入学校的课程和教学体系,使其成为学校教育的有益补充。在家长委员会的组织下,2018年第一学期学校安排七位家长开设课程。怀孕已经八个月的思迪妈妈现身说法,开设了"我们从哪里来"的课程,作为一年级"开学啦"主题的一部分;作为警察的欣毅爸爸,给二年级的学生开了"毛笔书法课"。其他还有,专职妈妈刘女士为学生开设"用扣子做花"、科学家灿灿爸开设"杂技中的重心奥秘"、倩倩妈开设薯条制作、静微妈开设"弟子规礼仪课"、村民李莉爸开设"建设房子"等,都是基于家长的专业或特长,带有浓厚的生活气息,深得学生喜爱。

中国传统教育中,几乎所有的成功学校都是崇尚"吃得苦中苦,方为人上人"的哲学,把求知和快乐作为成功肇始的对立两端。不管是苦中苦,还是苦中乐,吃苦都成为精英塑造的必由之路。国民小学认为,被吃苦异化后的教育,使生活的乐趣荡然无存,也与人生的本质追求相悖。因此他们的全人教育,志在免除学生们在功利泥潭中惨烈的挣扎,还给学生和教育一种应有的快乐。

国民小学把学生的学习分成认识世界和认识自我两部分,认为所有课程与教学的最终目的不是完成知识教学的目标,而是让学生发现独特的自我,激发他们的兴趣和潜力。所以,学校特别注意通过快乐教育激发学生的兴趣,即使有些兴趣目前看起来不切实际或用处不大,也是不可以忽视或泯灭的,因为它们很可能通往对孩子一生都具有伟大意义的自我教育。

第六节 理念为先的快乐教育特征

一 理念为先

国民小学的全人教育探索,是针对应试教育大行其道的现状而提出的一种修正教育,吸收了美国全人教育的合理成分,也是对马克思主义全面发展教育理论的一种践行。对于这一点学校的校长也毫无讳言,坦陈学校的教育目标就是培育"全人",即完整的人,人格健全、情感丰富的人。

学校的教育目标更多体现了后现代教育的理念,即反思现代工业文明对教育产生的负面影响,重构教育的旨归、范畴和路径。后现代教育不仅要对现实教育体现的非人化倾向予以批判,还要为教育寻找出路,以一种更加宽容、和解的姿态建构后现代的教育图景。它体现的是教育由知识观转向生命观,以激发学习者的生命能量,强调教育过程中关系的互动。这其中蕴含着教育价值观的迁移,从过度关注工具价值转向生命关怀,去中心化、个性化、全民化的学习方式可以带来学习型社会和终身学习的发展。正如哈钦斯所言,传统的以物质经济利益为目的的社会价值已经转换,学习不仅仅局限于谋生工具的角色,也不仅仅为社会化定制。[1]

为适应全人教育,学校开发了自己的校本课程。校本课程开发作为当代教育的一种理念,自20世纪50—60年代以来一直是教育变革的重要方面,它体现了教育决策权从中央向学校的下移,课程管理从集权转向分权的民主化进程。但校本的课程开发对于国民小学来说也是一种挑战,这主要受到四种因素的影响。[2] 第一,校本的课程开发需要教师在本就劳动强

---

[1] Hutchins, R. M., *The Learning Society*, New York: Frederick A. Praeger Inc., 1968, p.60.
[2] 刘丽群、周先利:《校本课程深层开发:何以可能》,《湖南师范大学教育科学学报》2020年第6期。

度大、工作时间长的正常工作时间外额外投入时间和精力。所以校本的课程开发可能意味着理想上给教师"赋权"实质上可能给教师"增负"的难题。① 第二，能否成功进行校本的课程开发还依赖于教师的课程开发能力，也即斯腾豪斯宣称的"将教师个体，起码是单个学校在课程方面具有研究和开发能力视为至关重要之点。"② 第三，教师开发课程的境域性知识相较于国家课程的普适而言，处于边缘和弱势地位，不易被教师重视。第四，教师的校本课程开发还缺乏必要的哲学基础、文化引导、技术支持和合作机制。在传统上以应试教育为主的学校，校本课程多沦为选修课、活动课、拼盘课或是兴趣小组。像国民小学这样，有政府的天量投资、豪华的教师队伍、为教师的课程赋权以及课程的社会共建，才能保障将小本课程开发落到实处。

就教学而言，叶澜教授关于"教学变革通常被认为是学校教育改革的攻坚战"③ 的论断无疑是学校教育的圭臬。以此为参照，国民小学以校本课程为依托的主题教学确实体现了对当代教学论发展方向的把握。根据OECD《教师作为学习环境的设计者：创新教学法的重要地位》的报告，"5C"框架是提升教师教学效果的有效路径，其中包含组合、鉴别、内容、背景和变革五大要素，每个要素是对教学法不同维度的反思，但变革是促使教学可持续发展的关键。④ 主题教学是教学变革的一种重要形式，它自1955年由美国的拉瓦尼·A. 汉纳（Lavone A. Hanna）提出以来，得到学界和学校的积极响应。有学者认为，它其实是一种课程知识整合，⑤ 目的是引发学生的深度学习体验。它需要进行知识的适度连接、意义连接和顺序迁移。国民小学进行了大量的主题教学（如文化启蒙课程等），这主要得益于他们设计的层级化教学主题、优化的文本与活动形式、注重学生的体验式参与和迁移知识学习的社会化空间。

---

① Theodore L., et al., "Curriculum Reform with a School-based Approach: Intellectual, Structural and Cultural Challenges", *School Leadership & Management*, No. 3, 2018, pp. 278 – 301.

② Kelly, A. V., *The Curriculum: Theory and Practice*, London: Paul Chapman Publishing Ltd., 1999, p. 116.

③ 叶澜：《让课堂焕发出生命活力》，《教育研究》1997年第5期。

④ 金琦钦、丁旭、盛群力：《教师如何变革教学——OECD创新教学法"5C"框架探析》，《开放教育研究》2018年第4期。

⑤ 高嵩、陈晓端：《论当代主题式教学中的课程知识整合》，《课程·教材·教法》2020年第5期。

在教学方式上，国民小学推行的全科教学是个老话题，但在新时期却又有了不同的意义。小学全科教师产生的最初原因在于解决师资困乏问题，主要形式为包班教学。当下的全科教师出现了四个变化，即全科教师从教所有学科转向体现教师专长的多学科教学、从单一学科集合转向多学科融合教育、从强调教育的普及性转向个性化、从学科教学论转向课程整合。有研究者提出全科教师的关键在其"能力的综合和回归儿童的'知识、兴趣及人性'的启蒙"。[1] 国民小学的全科教师实施形式仍以包班教学为基础，但做到了基于儿童生活事件进行课程整合，将儿童兴趣与儿童经验有机联结，使学校、家庭和社区资源协同，体现了儿童立场和儿童视角的教育诉求，有利于培养儿童的整体思维。最重要的一点，从建构新型师生关系出发，学校提供了具有丰满人性的教师，进行文化浸润，在儿童的生活世界里理解儿童，并能常常以话语和身体为媒介与儿童进行真实的情感及信息的交流。[2]

国民小学注重教师学习共同体的作用。共同体是组织学习、学习型社会等众多研究领域的一个核心概念。它指的是"一个参与者平等贡献，参与共享，关注持续的反馈和探索的协作的团体"。[3] 学校主要是一个学习共同体，其子系统包括师生学习共同体和教师学习共同体等。佐藤学强调了教师学习共同体的作用，认为"学习共同体的构筑是一种把学校重建为人们相互学习、一起成长、心心相印的公共空间的改革。作为相互创造和交流实践经验而一起成长的教师之间的合作，谓之'同事性'（collegiality），乃是决定学校改革成败的最大要因"。[4] 社会学强调教师专业学习共同体的"有机团结"，教育学强调通过学习实现价值、资源共享以促进专业发展，心理学强调通过关系建构知识系统，文化生态学强调重建教师专业学习共同体的共同环境，而哲学则强调建立一种学习视界。在国民小学，这种学习共同体其实是通过拓展性学习实现的。首先，学校搭建了教师学习的组织或网络，让教师基于教学问题形成探索目标。其次，给每个教师跨越自己的最近发展区创造条件，在跨越过程中，教师从认知成长

---

[1] 江净帆：《小学全科教师的价值诉求与能力特征》，《中国教育学刊》2016年第4期。

[2] 魏善春：《分科抑或全科：本科小学教师培养理念与课程建构省思——基于过程哲学的视角》，《教师教育研究》2020年第3期。

[3] 张立平：《十年教师专业学习共同体研究文献述评》，《教师教育论坛》2015年第1期。

[4] ［日］佐藤学：《课程与教师》，钟启泉译，教育科学出版社2003年版，第103页。

走向身份发展，实现"共同体中成员对经验进行意义协商"。① 再次，通过拓展性学习实现"跨界"，形成共享目标，实现协同创新变革。最后，拓展性学习需要权威引导和形成性干预，以便实践行动能够促进和引导组织变革和创新突破。当然，这里的意思不仅指行政或领导干预，最主要的是指学术资源所能提供的上升"支架"（或称脚手架）。通过拓展性学习，学校才能发展共同体"共同的愿景""合作的文化""共享的机制"和"对话的氛围"。②

快乐教育实际上是与中国教育传统上强调吃苦精神相悖的。中国乃至东亚地区的人们普遍认为，学习本质上是对人自然属性的一种束缚、对抗和改造，对抗的是人好逸恶劳的本性。西方要素主义教育也强调学习要刻苦，并且往往要强迫自己去专心致志。在这种人性本恶哲学观影响下的学校基本赞同学习是一个漫长而艰苦的过程，不是仅凭兴趣就可以轻松快乐地完成。这种吃苦精神期许受教育者内心与受教育群体内部都呈现出一种强大的张力，可以使整个社会变得积极进取、充满活力，但也极易导致厌学情绪的潜滋暗长。作为一种对抗，近些年西方"快乐教育""赏识教育"的理念也在中国学校占有一席之地，也在政策层面上与素质教育、减轻中小学生课业负担等要求呼应。但是，如果只关注学习过程的娱乐化，课下作业也越来越少，考试越来越容易，学生思维越来越简单，一味"讨好"年轻人也会成为这个社会的通病。有人说这种情境性的热情和兴趣很难支持深度学习的发生，甚至认为如果"快乐教育"成为学生怠惰的口实，从而消磨其学习意志力、削弱教育效果的话，那么"快乐教育"无论对学生个人还是国家社会来说，都是一种不负责任的误导。③ 奈勒曾说，较高与较持久的兴趣并不是一开始就能感觉到的，而是通过大量的刻苦用功才能产生的，虽然儿童一开始对这种刻苦学习并不感兴趣。④ 大部分快乐教育与吃苦教育的拥趸者关注的是教育过程的形式，但实质上这个

---

① Wenger, E., *Community of Practice: Learning, Meaning, and Identity*, Cambridge University Press, 1998, p.145.
② 张立平：《拓展性学习：教师专业发展的共同体视角与实践意涵》，《教育学术月刊》2014年第4期。
③ 张靖：《论教育改革过程中需要警惕的若干极端倾向》，《教育探索》2017年第5期。
④ ［美］乔治·F. 奈勒：《教育哲学导论》，陈友松译，教育科学出版社1982年版，第82页。

问题涉及的是教育评价的问题。2020年10月，中共中央、国务院印发的《深化新时代教育评价改革总体方案》指明了教育评价的重点，即改革政府教育工作评价、学校评价、教师评价、学生评价和用人评价。[①] 整个社会联动，才能彻底改变学校不恰当的评价方式。反观国民小学的教育评价，"迷恋成长"的理念无疑是对吃苦教育的一种纠偏，更重要的是获得了家长和社会的支持。

办学理念作为引领学校发展的灵魂，指导着一所学校的办学，因此也被称为"学校教育哲学"。理念作为一根红线，贯穿国民小学全人教育探索的各个空间。它的办学理念是"学生第一"，学校的共同愿景是"立人立己，达人达己"，管理理念是"居家过日子"，教师发展的理念是培养"品牌教师"和"青年才俊"，课程理念是"温度"，教学理念是"全科教学"，德育理念是"快乐教育"，评价理念是"迷恋成长"。可以说，理念是整个国民小学教育的"中介工具"，任何教育活动都是在它的指导下进行的。它最初是以语言明示的方式传递给行动者，行动者以此作为适应环境或解决问题的指针。随着行动的熟练程度增强，这种符号内化为行动者的默会知识。这既是一个个体内化的过程，同时也是社会化的过程。

国民小学的办学体现了学校组织作为群体行动者在教育上的探索，表达了现代教育追求的以人为本的理念，更强调关注人的精神性；以反对应试教育为旗帜，提倡人在身体、情感、智力、社会、审美等方面的整体和谐发展；给予学生选择的自由，让学生更有机会形成创新精神；教育教学中贯彻"学生中心"的思想，以学立教，开启学生的潜力和内在动力；课程设置时考虑学生之间的个体差异，多种措施促进学生的个性发展，用发展性、过程性和增值性的评价促进学生成长；学校在办学时保持开放态度，创造条件实行社会协同教育；鼓励教师在教学上体现自己特色，激发学生多样化的学习方式，在愿景一致的情况下关注价值的多元性；以教育生态共同体的理念，融汇教学、管理、发展、服务，创造教学环境，尊重学生成长；用系统的理念治理学校，外联政府、社会和家庭，内联学校所有内部成员，把经济、政治、社会资源等结构性因素与人的能动性因素结合起来。这里包含了美国进步主义的教育观，也把全人教育继承的卢梭以

---

① 中共中央国务院：《深化新时代教育评价改革总体方案》，http://www.gov.cn/zhengce/2020-10/13/content_5551032.htm，2020年10月13日。

来人文主义教育观容纳进去。在这个意义上说，国民小学的全人教育实验实际上是一种理念为先的快乐教育。

国民小学作为一所新办的公办学校，本来没有历史积淀的理念，但国民中学明确而凝练的办学理念为它提供了直接的资源，因此它对国民中学的学校理念进行了选择性吸收。如"学生第一""大学校，小行政""共同愿景"等理念均来自国民中学；但作为一所进行全人教育探索的学校，它的"全人课程""包班教学""品牌教师"等理念，都来自自己的实践。当然，像"有限权力""去中层化""去行政化"这样的理念都是一些常见的学校表达方式。而"办老百姓家门口的好学校"这个理念，象征意义大于实际意义。

不过，作为一种符号性工具，国民小学的办学理念已经起到外示与人和内联师生的目的，实现了从教育意义向教育观念的提升，最后在实践中进一步提炼、升华到理性高度，得以形成现在的理念，也成为学校一切工作的指针和标准。

二 反思与批判

在《与社会学同游》里，彼得·伯格使用了"王室游戏"（royal game）这个词来比喻其作品的读者资格。在研究国民小学的过程中，研究者曾结识来自全国各地到国民小学参观、学习、取经的校长、教师、研究者和政府官员，经常听到的一句话就是"这样的全人教育，我们真学不来啊！"言下之意，他们并不具备进行全人教育的资格。

为什么他们会有这样的感慨？第一个原因，教育投入。D区政府投入建设国民小学第一期资金为2亿元，与之相比，第四章中要谈到的蒙新小学所在地B省M市西进区2014年的公共财政预算收入才有80.06亿元，财政预算支出93.67亿元，教育投入33523万元。① 也就是说，国民小学一个学校的投资相当于一个贫困县（区）当年教育投入的60%。这样的教育投入当然令很多地方望尘莫及。

第二个原因，教师队伍。2013年9月国民小学开学时，学校35名教职员工中，有18名全国特级教师、14位名校硕士毕业生。撇开名校硕士

---

① 数据来源：《2014年B省M市西进区国民经济和社会发展统计公报》，http://www.tjcn.org/tjgb/05nmg/28095_3.html，2015年12月21日。

毕业生不谈，18 名特级教师是个什么概念？根据中部 J 省教育厅文件（教师字〔2014〕37 号），2014 年该省计划评出 244 名特级教师，实际评出 215 名。以人数最多的省会城市为例，该市共有 28 名教师获得"特级教师"称号，其中 12 名小学教师。该省会城市有 6 区 3 县，也就是说，每个县区一年只能评上 1—2 人，有的县区还不一定评上 1 名。国民小学一年拥有的特级教师数量相当于一个县区 18—23 年特级教师的总量。这样的教师队伍一般学校确实学习不了。

第三个原因，课程开发。在 2013 年秋季开学时，国民小学已经拿出了相对齐全的课程体系。按照国民小学的说法，这个课程体系是学校的特级教师用了一个暑假的时间学习、商讨、编纂、试验开发出来的。这样的研发速度和规模，也确实不是一般学校能比肩的。学校发展的过程中，学校又增补、开设了更多的课程。这些课程大部分是教师开发或参与开发的，有一部分是引进的。

很难想象，一个学校如果没有国民小学的资本和资源，即使学到了他们的核心内容，恐怕也难实施。但这并不代表国民小学的探索就是独到的，甚至是可以申请专利的。张滢的文章《教育创新共享才有价值》点出了此中的真谛："基础教育领域不同于其他领域，尤其不同于科技领域，基础教育理论的总结与提炼源自无数教育工作者长期的实践积累，这种积累既可以来自前人的经验，也可以来自自身的实践，因而我们很难说清谁才是真正的首创者。"[①]

这也是很多教师、校长和研究者在国民小学指责 A 市名校三一小学山寨了他们"全人课程"后深思的问题。国民小学指责三一小学的原因是，当《中国教育报》大幅报道三一小学的"全人课程"教育实验时，他们没有说明这是从国民小学学来的。刘小保校长在访谈中详细说明了三一小学学习他们课程的全过程，并说明在哪些方面抄袭了他们。而三一小学刘校长则认为，学习国民小学的情况是有的，但也不能说完全照抄照搬了国民小学的模式。国民小学之所以对此愤怒，可能还有深层的原因。这个问题在研究者深入调研的过程中，偶然翻阅到的一份文件给出了答案。这是一份《A 市政府采购项目招标公告》（招标编号：CEIE＊＊＊＊），上面赫然显示"国民小学全人课程儿童学习资源建设政府采购项目"，标的

[①] 张滢：《教育创新共享才有价值》，《中国教育报》2014 年 11 月 5 日第 2 版。

价为 4502798.00 元。这份招标公告说明，国民小学所谓的"自己研发的'全人课程'"，其实有些可能是花钱买来的，并且价格不菲。如果投入 400 多万元购买的教育实验项目不能成为自己的品牌或专利，可能学校自己也觉得不好向国民中学或 D 区政府交代。

如果再沿着课程招标的线索追踪下去，会看到一条奇怪的链条：国民小学向 D 区政府提出招标申请—D 区政府指定"××招标代理有限公司"招标—"××研究院"中标—招标代理公司获得课程资源—D 区政府审核—国民小学获得课程资源。这个链条令人奇怪的地方就在于"××研究院"的院长也是刘小保。

研究不妨以最大的善意来理解，刘小保校长以上作为，都是为了避开某些政策的桎梏以便更好地在国民小学进行教育实验。但国民小学的发展方式还是引起了人们的争议。有人批评 D 区政府滥用纳税人的善款建造豪华学校（2 亿元建造容纳 600 人的学校，相当于人均投入 33 万元）；也有人批评国民小学滥用资源优势破坏教育生态，如利用紧俏的户口和事业编制从周边省份挖特级教师（仅山东省就挖了 8 名），这种以邻为壑的做法会加剧教育的不均衡，产生新的教育不公现象。

在学校内部，有人觉得学校对高年级学生"纵容式"的教育可能会影响学生对系统知识的掌握，也有可能让学生由于过度自由而变得自私和自大。对于"创意研究院"的功能，很多人也颇有微词，认为该研究院的作用是对国民小学的教育教学活动进行策划包装。人们担忧的是，当先进的教育理念沦为一种包装和宣传的时候，它所包含的内容还有多少是本真的教育意义？

国民小学的"全人教育"实验，很大程度上是对美国进步主义教育理念的复制，体现了儿童中心的学生观、弱化权威意识的教师观、以生活为内容的课程观、以解决问题为方法的教学观和强调合作精神的学校观。[①] 学校推崇这种教育理念，也是看中了进步主义教育中人本主义精神的光芒，如与应试教育的尖锐对立、注意激发儿童的想象力和好奇心、保障儿童的权利、给儿童提供免予恐惧的教育等，贴合了人本主义的教育宣言：从应试教育突围，为生活重塑。但是，正如刘云杉教授所言，美国的进步主义教育活跃在 1910—1950 年，反映着其时放荡不羁的个人主义倾

---

① 辛志勇、王莉萍：《中小学校长评价研究述评》，《教育理论与实践》2006 年第 18 期。

向。进步主义一直受到连续不断的质疑与批判,尤其是苏联的人造卫星上天之后,进步主义教育所主张的"儿童中心论"更是饱受非议,认为姑息儿童的日子太久了,国家变得懦弱了。[①]

我们需要再追问一句:国民小学学生兴趣和自由的限度是什么?

---

① 刘云杉:《自由的限度:再认识教育的正当性》,《北京大学教育评论》2016 年第 2 期。

第四章

新教育实验：文化奠基的全纳教育

蒙新教育实验小学（以下简称蒙新小学）位于 B 省 M 市，是 M 市西进区政府投资兴建的公办小学。学校地处草原和沙漠交界处，气候恶劣、交通不便、水源缺乏，并不是一个特别适合人类定居的地方。学校的生源覆盖范围长达 50 平方公里的自然村，村子非常分散，而且很多村子也只有两三户人家或者一家单独居住。这样的环境很难养住学校，学生流失也非常严重。原来的一所学校因为政府教育投入少、教师工资收入低、家长不重视和学生流失严重等因素逐渐凋敝了。但是，来自新教育实验中心的一群理想主义者，怀揣教育梦想来到那里，接管了那所破落的学校，并在它原来的基础上进行了扩建。

学校的日常管理由民间教育机构"新教育实验研究中心"主持。为此，中心派出首席专家钟祥和 4 名"卓越教师"协助蒙新小学发展，走的是"专家办学"之路。区政府拨付教师工资和基本办学经费，不干预学校正常的教育教学活动。受政府委托，学校有课程开发权，可以自主建设学校文化。学校占地 50 亩，共有 6 个年级有 12 个教学班，每个班有 20 多名学生。除周末外，学生们在校食宿、学习。该校 45 名教职工基本与学生一样住校，25 名一线教师基本都与学生在教室里度过学习时间。除陆续建成的设施外，学校建筑面积已达 2 万平方米。

新学校的教师当中有些人已是名师或新教育实验研究中心的骨干，原本可以在城市过舒服的生活，但是他们选择了蒙新小学作为自己人生追求的归宿。他们努力适应气候、适应经常缺水断电的情况；他们想尽办法，给学生补充青菜、水果；他们把对物质条件的要求降到最低，来平衡当地微薄收入带来的失落。他们的目标定位是：在偏僻的高原荒漠，建造一个新教育的绿洲。

蒙新小学立基于新教育实验关于"理想教育"的基本思想，主张以人的生命为本位，根据个人发展的需要确定教育的目标并实施教育；希望从知识的人本化和学习的社会化出发，引导每一个学生发展个性、展现自我，在教育中发现"人"，帮助人"自我实现"。[①] 学校希望通过自己的组织探索，使师生"过一种幸福完整的教育生活"；他们根据学校环境和学生特点，借鉴"全人教育"理论，在新教育基础上提出了自己的全人教育探索之路。学校提出了"文化治校"和"以文化之"的理念，以"文化"作为教育探索过程的互动符号。学校开设"全人之美课程"、创建"共美教室"、打造师生共同精神生活和用文化浸润学生，不放弃任何一个学生，用自己的行动阐释了文化与教育的本土意义。因此，他们的教育探索整体上被归入"文化奠基的全纳教育"之列。

第一节 做积极的儒家教育

蒙新小学探索的"全人教育"，出发点是凝聚一批志同道合的教育者，发挥教育的积极作用，使学生在身体、智力、道德、情感、审美、劳动等各方面均衡发展，同时关注发展的整体性和个体发展的差异性。

一 选择文化启蒙全人

蒙新小学倡导的全人教育，是对应试教育的批判和纠正，以期疗治畸形的教育期望，把孩子从充满失败的童年和青春中挽救出来，让他们对未来生活充满梦想，从而形成淳朴的情怀和对世界的感恩之心。在具体实践上，学校通过课程与教学、日常管理等方面满足学生安全和被爱这样的基本内在需要，进一步培养他们爱他人、自我实现等高级需要；努力弥补学科知识与身心发展的不平衡、智力发展与德性发展的不平衡，实现学生全面和谐的成长。当地教育主管部门给予学校大力支持，主要源于对新教育实验理念的认可，对钟祥等专业水平的信任，并承诺"学校可以完全按照东部发达城市理想的素质教育模式与标准，建设西进区高质量农村实验学校，可以不参加平时检测、全区统考和质量评估"。

---

① 朱永新：《"新教育实验"的基本理论与实践探索》，《课程·教材·教法》2005 年第 9 期。

这种全人教育探索的前提是在关注恶劣的生存条件下，如何用文化启蒙学生的心智，用文明培养学生的气质以及用精神生活弥补物质生活的残缺。之所以这样定位，是因为学校面对的学生，很多因缺乏与外界交流的机会而智力发育迟缓，或被当成智障和残疾；大部分学生营养不良，没有养成良好的生活习惯；有些学生缺乏家庭教育、学前教育，到了入学年龄还数不出 10 以内的数字；家长对孩子读书的目的和期望模糊，有些人送孩子读书，是因为基层政府的催促，还有就是学校离家近、不收学费、可以寄宿而且伙食费不高等这些原因。对于孩子是否得到均衡发展，很多父母是不关心的；但是，也存在个别家长要求很高，就是死盯着学生的分数，希望所有的教学都是为了小升初时能拿出高分。面对这几种家长，都需要学校在文化与教育整合上形成自己独特的方法。

学校把文化传承看作现代学校的根本使命，强调学校教育必须融合文化、以文促教。从某种意义上说，教育和文化的基因都有育人的功能。学校文化应该覆盖校园的每一个角落，它照耀的地方会有光明和温暖，会有生命的气息和力量。

蒙新小学文化教育的出发点有三个，第一，唤醒儿童的文化自觉，使其处于自我觉解的文化状态。第二，舒展儿童的生活心态，使其处于蓬勃向上的生命状态。第三，滋润儿童的纯洁心灵，使其处于自然和谐的教育状态，从而摆脱暴力强迫或权威压制。这样的文化体现在学校的校训校风上，是以积极向上的儒家思想创造富有活力的教育环境；体现在学校的规章制度上，是落实文化使命和社会主义核心价值观；体现在日常生活中，就是通过学校的榜样人物、课程与教学、教师学习、教室叙事、节日庆典创造文化仪式感。

蒙新小学强调，通过文化积淀、艺术熏陶、道德修养和体育运动，使学生体验高尚生活和生命价值，点燃他们的好奇心和求知欲，提高他们的阅读能力和表达技巧，逐渐把学生培养成具有较高人文素养和健康自信的精神面貌的新一代学子。这样，每个学生都能活得有尊严，感受到学习的乐趣；让每一个学生活泼地爱运动、爱音乐、爱自然、爱人类，都能接受当下，并渴望参与未来创造。

康德说，"启蒙就是人类摆脱自我招致的不成熟，这种不成熟就是不经别人的引导就不能运用自己的理智。"① 从这个意义上看，人类的启蒙需要引导，可能的路径是知识与思维的教育。而对于蒙新小学来说，启蒙意味着心灵的教育——重视精神发育史，与人类的崇高精神对话。

二 过幸福完整的教育生活

蒙新小学秉承了新教育"过一种幸福完整的教育生活"的理念，学校设想通过课程和共同生活，打造学校新的文化；通过文化熏陶，帮助学生在道德、智力、情感、审美、劳动、身体等各方面全面发展和整体发展；实现教师的专业发展，从而真正地实现所有生命全面而本真的发展。

蒙新小学的全人教育借鉴了华德福教育人智学的理论。学校看重华德福教育中以人为本的理念，认为那种强调身体和心灵整体和谐发展的全人教育能让人身体、生命体、灵魂体和精神体都能达到充分和全面的发展。但是，学校又把全人教育探索纳入儒家的教育体系，认为通过教育应使人获得更大的心灵自由。但是这种教育不应该完全脱离国情，不能完全背离当前的教育评价体系。学校认为，华德福教育的理念近似中国的道家主张，反对应试和人为干扰教育，崇尚自然和教师的无为，期望为学生创造一个舒展的"教育世外桃源"。然而，这种教育理念在中国当前的社会情境中是不够的，蒙新小学应该走的是"进化论"的教育路径，强调在传统的基础上创新，以适应当前变化不定的社会环境，在多元的价值碰撞中构建自己的教育模式。

蒙新小学把"过幸福完整的教育生活"理念具体为以下可操作的内容：（1）校训："相信种子，相信岁月"；（2）育人理念：培养"文质彬彬，然后君子"和"己立立人，己达达人"；（3）教学理念：无限相信学生与教师的潜力；教给学生一生有用的东西；（4）教学原则：重视精神状态，倡导成功体验；强调个性发展，注重特色教育；让师生与人类崇高精神对话；（5）教学模式："理想课堂的四重境界"，即让课堂成为学生享受成长快乐的理想乐园、教师实现专业发展的理想舞台、学校提升教育品质的理想平台以及新理念共同体的精神家园和共同成长的理想村落；（6）"全人之美课程"体系：即身体课程、艺术课程、智慧课程和人格课

---

① ［美］施密特：《启蒙运动与现代性——18 世纪与 20 世纪的对话》，徐向东、卢华萍译，上海人民出版社 2005 年版，第 61 页。

程；(7)"共美教室"：班主任带领任课教师和学生，共同创造教室文化、构建教室小社会，并完成教室叙事；(8)精神生活：学生晨诵、午读、暮省；教师共读；(9)唤醒心灵：师生结对，一对一辅导学困生。① 如图4-1所示。

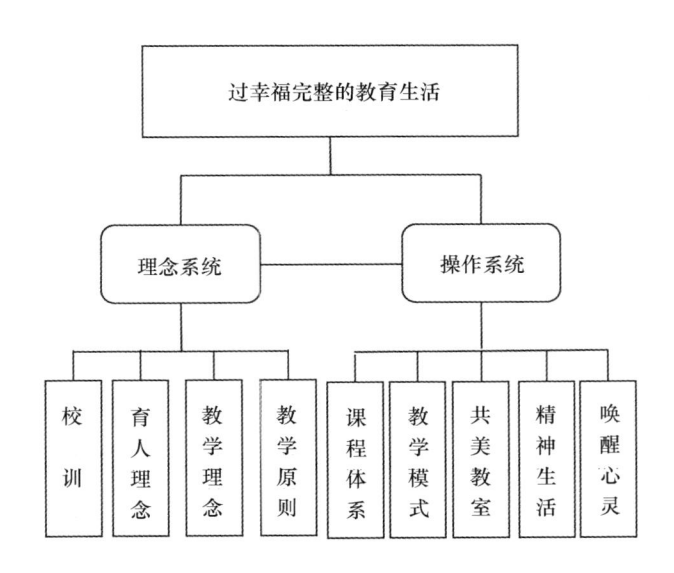

图4-1 "幸福完整的教育生活"结构

学校认为，幸福完整的教育生活意味着真正的教育与生活是不可分的，教育既是培养获得美好生活的手段，同时其本身也应该是目的；教育既要确保受教育者个体生命的完全和完整成长，又要满足社会对未来公民素养的要求。相对于吃苦教育，新教育的过程应该是幸福的，因为它在内容和形式上尽力保持趣味性。幸福完整并不是过分追求情感的体验或感官的愉悦，而是摆脱唯分数的桎梏实现做人的教育、过有德行的生活。

蒙新小学以"幸福完整的教育生活"为理念，追求"成人"目的，即通过学校教育让学生成为有知识的人，对人类发展过程中优秀的间接经验有基本的认知。在此基础上，加以仁、义、礼、乐的熏陶，形成个人道德和社会公德。同时，学校希望借助经典，使学生摆脱欲望束缚，做到知

---

① 本部分内容为笔者根据学校相关资料整理、归纳而成，非学校的原始资料。

耻、不欲、勇,将来能够做到在诱惑面前拥有个人智慧,见利不忘义、知危勇担当、困顿也不失青云之志。当然,能培养未来社会的"君子",也是学校的最高目标。博学多艺、热爱学习、忠于信仰,能够从修身、齐家到担纲治国、平天下的重任。从这个意义上说,所谓不异化的全人教育,无非是用积极的儒家思想实现教育的资格化、社会化和主体化,① 而不做自然主义的道家。

三 "尺码相同的人"

在钟祥及其团队看来,"过幸福完整的教育生活"中的"完整"是永无止境的追求,当下的各种标准都无法真正评价它的意涵。然而,只要师生们根植于本土文化,沿循经典不断创新成长,最终就能走上完整之路。与先天基因不同,人的思想观念是可以塑造的。蒙新小学要通过教育给每个学生更多自由选择的机会,让他们不受命运的摆布,达到自己力所能及的高度。

为了实现这一目的,需要凝聚一群人,去实现一个个永远在路上的目标,这就是蒙新小学要做的事业。这一群人,就是学校称为"尺码相同的人",也就是作为"盟友"的教师们。西方观点中常用"教师共同体"来描述这样一个群体,但蒙新小学认为,所谓"价值共享的群体"不足以描述他们的教师,而"尺码相同的人"涵盖了他们共同的使命、信念、认同、文化和智慧等。他们都是不愿意在平庸中沉沦的人,有理想追求和扎实学识,希望在教学上获得较大的专业自由,在健康、润泽、彼此扶持的人际环境中获得卓越的专业发展。

蒙新小学强调教师的重要作用,因为学校认为自己的教师是有使命的人。学校工作的重点是强化教育教学和研究功能,使学校工作重心转移到服务于学生全人发展和促进教师专业发展上来。学校不通过考试评比班级,而是借助同学科落实教师集体备课、资源共享来防止恶性竞争,建立友好合作关系;全校教师集中听课和教研,以研促教;同一班级教师研究学生个性特点和学习,建立整体教学观。通过以上三项活动,学校意在把全体教师塑造成终身学习者和不断发展的研究型教师;其中,"卓越教

---

① [荷]格特·比斯塔:《测量时代的好教育》,张立平、韩亚菲译,北京师范大学出版社2019年版,第46—50页。

师"在学校的教学和研究中起引领作用,带动青年教师快速成长,并形成有效的教育团队。他们不仅拥有共同价值、共同愿景,还能彼此负责。学校把所有教师看作蒙新小学独特叙事中的"局内人",是新教育伟大事业的战友、专业发展的诤友、艰苦生活的益友和理想教育的缔造者和捍卫者。

学校不希望教师之间、班级之间进行竞争竞赛,也没有制定共美教室的统一标准,直接的原因就是想让教师都发挥自己的特长、能动性和创造性,不希望因某个标准同化所有人的目标,从而抹杀特色。不同班级学生禀赋、特长不同,也不可以用一个模式去要求所有学生。教师为学生推荐的书籍,自己一定要先读好,只有内化为自己的感受,才能把内涵传递给学生,并激发学生的兴趣和热情。教师每周都要进行共读活动,届时老师们共读经典、发表看法、畅所欲言。既不盲目自大,也不盲从专家,而是认真倾听,保留自己独特的见解,可以和而不同。

蒙新小学认为,因为"尺码相同",所以教师们能生活上互帮互助、同舟共济;学术上如切如磋、如琢如磨;教育上精益求精、见贤思齐。即使在艰苦的条件下,教师们也能不负使命,有理想信念、有道德情操、有扎实学识、有仁爱之心。这表明他们也能平衡物质生活与精神追求的差距,享受日常生活、经验传递和知识创造的欢会神契,也能达到海德格尔所说的"人,充满劳绩,但仍诗意地栖居"。

四 校长作为"江南大侠"

蒙新小学校长钟祥,先后在公办中小学担任语文、自然、社会、美术等学科教师和做行政、科研管理等工作。从学校辞职后,他做过新教育实验研究院资深研究员、新教育实验副理事长、研究院院长,现被聘为蒙新小学校长(三年一聘,现在为第二届)。钟校长领导下的教师分为三种类型:第一种为来自新教育实验研究院的外聘校长和"卓越教师"(无编制),第二种为原学校保留人员(有编制),第三种为新招聘的大学毕业生(有编制)。钟祥和"卓越教师"团队的成员是学校教师的核心成员,曾一起在遵义、石门坎、北川等欠发达地区从事过教育扶贫,也在发达的江浙地区创造过令人瞩目的教育业绩。团队成员经过多年的共同读书、理论对话、研课磨课,对于如何实施教育新理念达成了共识。钟祥代表团队多次表态,曾经用热血和汗水谱写了过去的卓越教育叙事,今天更要满怀理想在这个环境恶劣、物质贫乏、基础薄弱的沙漠小镇歌唱、劳作，把新教育的教育理念、课程设计与教学、教师发展、学生成长与学校生活等方面的理论和经验全面推广到蒙新小学，使荒漠高原也可以绽开美丽的教育之花，结下新教育的累累果实。所有的努力，即便不能带来神州大地的教育"惊蛰"，也一定为天远地偏的牧民子女带来"春雨"，于沙漠再造教育绿洲。

钟校长放弃了旖旎江南水乡舒适的生活，带上妻子女儿把家安放在这个荒原小镇。在他的感召下，几位卓越教师也放弃了城市学校的生活或邀请，心甘情愿地随他来到这所新学校。校长常常打趣自己和其他几位卓越教师是"新江南七怪"（金庸武侠小说人物），来到这里实现自己的教育梦想和人生价值。若非有非凡的信念和毅力，他们很难留在这里，因为这里的气候、饮食、交通，是远比教学难得多的问题。然而，他们也用行动和时间证明，坚守可以成就一件好事，专心能够实现新教育理想。正是因为心怀教育梦想，愿意付出超常之爱，他们才能历尽千辛万苦，心甘情愿地留在那里，微笑着走上讲台，幸福地坐在学生中间。

钟祥校长毕业于师范学校（中师），因此也有人质疑或贬低他的学术水平和成就，他不辩驳，只是用实际行动证明了自己。毕业后的几年里，他先后钻研了哲学、教育学、心理学、宗教学、历史学、社会学、人类学等领域的经典，后来加入新教育实验研究团队，做过网络师范学院执行院长，多次组织大型讨论和学习活动。他认为，自己对经典的学习和对人生、对教育的反思，使自己充实丰厚，并站在了理论的高度。从 2011 年学校创办到现在，周三晚上、周六下午和寒暑假期间，他还会带着老师们一起共读，从尼采、海德格尔、赫尔巴特、杜威、布鲁纳到老庄、王阳明、陶行知等名家经典，涵盖人文社会科学各个领域。他坦言，是阅读改变了他的视野，丰富了他的知识，也激发了他的思维，他和老师们是在阅读中不断成长的。办学将近五年的时间，他的足迹踏遍了每一间教室，他几乎记得每一个学生的姓名和他们的家庭情况，他几乎能讲出每一个学生的成长经历和故事，他完全记得每一个老师的生日。他为每一个学生的成长而骄傲，也为每一个教师的贡献而感恩。他说，他的最大转变是从理论到实践的跨越，知行合一是最大的学问。

他坦言，他和团队的梦想最后能否全部实现并不重要。即便他们在追求教育的乌托邦，也应该从当下开启，是在现实中努力活出来的梦想。努力让身边的环境每一天都有变化，让所有人每一天都有意料不到的收获，这就是他们在荒漠的存在方式，也是教育梦想者生命的意义。

五 文化治校

蒙新小学是通过文化来治理学校的，这种文化模式被他们称为公认的价值系统。这套价值系统包含了学校全体成员共同创造和享有的价值观念、行为规范、生活方式、组织方式、思维方式、行为方式等，这是学校治理的"法律"。学校领导者，首先必须遵守和捍卫这套价值系统，然后把它作为一把尺子，衡量所有的成员。学校既要努力追求每个人成功，又必须创造共同的愿景和价值，保证成员的多元、交流、碰撞、编织、整合，最后形成内部话语和对外的理性声音，这是学校治理的必经之路。

这里就涉及价值排序问题。从办学实际出发，学校把"教师第一"作为核心理念，强调培养教师、发展教师，以教师作为学校发展的主要动力。学校认为，在西进这样一个艰苦的地方，没有稳定、特质的教师队伍，就没有学生的发展。一个庸师占据一间教室，可能会毁掉一群学生。学校不唯学历、资历、荣誉，而是把教育使命和信念放在师德之首，把解决教育问题、学科教学问题放在教师能力之首。学校将教师的发展作为自己的任务和核心使命，要让所有教师成为专业水平高、教学能力强、专业技能优的教师，从而拥有持久的、高质量的教育教学业绩。教师发展则学生发展、学校发展；教师成长则学生健康成长、学校成长。

蒙新小学也非常重视学生成长。学校强调，教育必须遵循儿童天性，学生有权利和自由过童话般的快乐生活，这种天性和自由是人健康成长的保障。课程、教学和活动，都要维护学生的尊严；坚决不评比、不排名、不唯分数论。不唯分数意味着不在主观上特意追求当下的考试分数，但学校绝不放松必要知识的传递，也希望有能力的学生毕业时考出好分数，以获得外界对他们的认可。学校日常活动中，让学生突出成为主角。集会、典礼可以没有领导或嘉宾讲话，但一定要让学生们露脸。为追求活动的趣味性，教室可以乱一点，纪律逐步规范。成绩评定使用等级制，教师评语也以鼓励为主。学生们的每一点成就都会得到肯定，但他们的自信和成就感不是通过与别人比较获得的，而是被发现优点后的自我肯定。

新教育实验学校追求课堂教学互动、教师教研品质、学校政治生活的民主以及师生归属感等。这些都需要学校以集体约束力来规定个人的权力范围，包括校长在内的所有成员都无法以个人威权取代规章制度。当然，这种理想状态的完全实现也是需要一定时间的，可以从民主型校长领导力逐步过渡到集体决策。

所以，"小行政，大教室"的理念成为学校的管理原则。学校规定，校长、教导处、德育处和后勤处都是为师生服务的；除非是有教育主管部门的特殊任务，其他一律不得干预教师正常的教学活动；除了正常的工作交流，包括校长在内的行政人员不允许对教师的工作说三道四。学校不检查教案、不督促作业检查，也不需要上交计划、总结等。除了共同读书和教研，学校一般不举行全体教师会议；学校层面举办的活动，班主任自己决定是否参加。学校的目的是使教室真正成为教育的枢纽和未来人才的策源地，教师和学生才是学校教育的核心要素。任课老师的工作时间基本是在教室和学生一起度过，教师有权力命名教室、缔造教室文化，使每一间教室带有师生鲜明的个性风格。学校没有考试评比和年级排名，但允许教师自己组织测验检查教学效果。学校人员的联系主要通过微信群实现，行政、后勤、教师、勤务、义工、学科、年级等有事即时发布，相关人员据情回复。团队内部所有老师以姓氏称呼，没有官衔，校长也只能称呼钟老师。教师第一，学生第二，行政和后勤第三，这是学校的明规则。

蒙新小学的全人教育实验团队，是物质时代对教育充满热情的理想主义者，他们既有对传统师道继承的一面，也有面对时代和世界潮流变革的一面。学校"相信种子，相信岁月"的口号中，表现出一种静默的力量，让师生不浮躁、不沉沦；学校希望教师根植贫瘠的土地，为中国基础教育做出力所能及的贡献。学校把践行"过一种幸福完整的教育生活"看作"打造具有本土特色的教育学派"的路径和模式，希望在共同的文化治理中实现培养全人的理想。

学校寄厚望于每一位老师，期待他们在每一间教室去演绎和证实这一理想。地处贫瘠之地，能否筑居成家、能否成为这片土地的主人、能否在物欲横流的年代培育身心完整的下一代，需要老师们开拓、操劳、烦忧、播种、耕耘、守护、命名，然后，家园升起，才可以歌声传唱。

第二节　全人之美课程[①]

蒙新小学开发了自己的课程,最初命名为"全人课程",后来更名为"全人之美课程"。说到更名的原因,钟祥校长指出,蒙新小学的课程为培养全人服务,既有教育功能,又具有美学价值。为突出自己的课程与传统课程的不同,也区别于国内外已有的全人课程,蒙新小学特意把自己的课程做了变更。"全人之美课程"是一个系统工程,寻求促进学生在德、智、体、美、劳和情感等方面全面而本真地发展、整体地发展,同时关注个体发展的差异性。由此,课程建设成为蒙新小学教育生活中最重要的一部分。

蒙新学校把课程理解为"为了实现新教育实验学校的教育目标而规定的教育内容的总和"。从"课程"的拉丁词源"currere"(跑道)分析,学校发展出"全人之美课程"的"路径"和"学习过程",即学校所有的课程应从此地此时(here and now)开始,指向未来的全人发展,那是终点也是目标。在起点和终点之间需要在课程内容和活动方面进行规划、设计、实施、修正、评价、调整和补益。所以,构建课程体系之初就必须关注实施者和接受者、设计实施过程,也必须考虑课程终点处个人的状态与社会和国家的要求。课程的起点是育人思考,而终点从小处说是解决了学校预设的问题,往大处说是实现了国家和社会预定的目标。所有课程都应该以学生生命为本位,学生理所应当地体现为课程的主体。教师、活动和资源都是服务于课程主体的。因为学生是课程的主体,所以学生是为"幸福完整"而学和在通往"幸福完整"的教育之路上学习,少了被强制和被异化的痛楚。由此,蒙新小学的课程一定是基于儿童经验的、生成的、整合的和实践的,课程的境域也一定是师生的日常生活世界。学生通过课程理解、探究、参与、互动、反思和表述来体验生活和生命意义、获得知识和能力。

[①] 关于全人之美课程的内容,本书参考了课程制定者、研究者的博客和发表的论文。主要期刊文献为干国祥的《沙漠里长出来的"全人之美"课程》(详见《当代教育家》2015年第9期)、陶继新的《立己达人,成人之美——干国祥"全人之美课程"构建的哲学思考(上)》(详见《新教师》2018年第7期)和《立己达人,成人之美——干国祥"全人之美课程"构建的哲学思考(下)》(详见《新教师》2018年第9期)。

同时，蒙新小学认为，以学生为课程的主体，并不意味着教师作用的降低。作为更多知识的拥有者、教育教学方法的实践者和丰富人生阅历的长者，教师在知识、技能、生活和品格等方面具有天然的高度。教师高度转化为学生高度的唯一途径就是创设适合学生的课程，这种"适合"针对学生的生理、心理、认知和情感特点，也是对知识的整体把握。如学校开设的"农历的天空下"课程，就是始于冬至，穿越整年的二十四节气，止于下一个冬至。该课程以诗歌为学习主线，结合文字、书法、国画、对联、山川介绍、故事传说、风俗习惯等内容，并借助王国维、王富仁、叶嘉莹、李汝伦和林从龙的著作，在中国语言、文化和艺术之间融会贯通。开这样的一门课程，首先要求教师有学科知识和中华文化的较深造诣，能带领学生欣赏古诗词（而不是单纯地背古诗词），让古诗词中的中国文化成为学生心灵成长的营养。类似地，开设一门历史方面的课程，需要教师拥有丰富的历史知识，对历史发展有自己的观点，能用历史学科独有的思维范式审视历史，以及对已有观点和理论的批判力。这些，对于教师都是挑战，不过教师除了依靠个人的积累外，还可以借助教师团队合作实现。蒙新小学的课程，多数为"卓越教师"牵头、学科教师共同参与开发的，实施过程中不断切磋打磨、删减修补，最后才成为精品，并向同行推荐。

当然，蒙新小学课程的开发，不单纯依靠教师职前知识、在职经验和教师间的合作，学校还带领教师系统学习了教育理论，进行了理论整合，借助高位理论来提高课程的内涵。借助杜威"教育即生活"和"教育即生长"的论述，学校就把部分校本课程定位在从牧区孩子的生活出发、从儿童自身的认知水平出发、从构建师生民主关系出发，提高学生的学业水平和生活能力，如学校开设的"养羊经济学""梅花课程"和"草原新运动"等。借助戴维·玻姆（David Bohm）的全息论，"全人之美课程"设计时就采用了整体和关联的思想，将学校生活的全息性和课程的丰富性融为一体，如"农历的天空下"课程中"少而透"原则的运用。借助皮亚杰认知发展理论中前运算阶段、具体运算阶段和形式运算阶段的区分，启发学校课程开设的顺序性和阶段性，如"生活数学"课程。借助维果茨基的最近发展区理论与皮亚杰的认知理论，学校在课程开发时充分考虑为学生的发展创造良好的社会文化情境，为学生们学习搭建适当的脚手架，使他们达到可能的发展水平。借助柯尔伯格的道德人格发展阶段理论和马斯洛需求层次理论，学校开设的德育课程中利用自己创造的道德发展图谱，帮助学生形成道德人格，促进精彩观念的诞生。

对于如何开发自己的课程体系，蒙新小学的共识是先达到国家规定的课程标准，再开发自己的课程。由于经济和历史原因，蒙新小学所在的区域教育基础较差，能完成国家课程标准已属不易。但是蒙新小学显然不满足于达到国家标准。他们希望学校教育从低于底线的基础出发，达到国家底线，接着超越底线，然后发展到在全国处于较高水准。因此学校为这个目标制定了三个阶段的课程发展目标：第一阶段为忠实取向，主要是利用已有教材，对现行小学课程适当改造，在理解、阐释和批判的基础上对教材内容做呈现方式的调整；第二阶段为微调取向，主要依据本校学生特点、利用地方文化和资源发挥教师特长，在国家课程之外增加一批为"创建共美教室"而设的微课程；第三阶段为创生取向，引进新教育实验研究院的研究人员，结合本校的"卓越教师"开发独立完整的课程体系。学校声称，到目前为止，学校已经完成了课程开发的第一和第二阶段，第三阶段的工作正在进行当中。学校课程基本做到了让教育生活充满乐趣、不切割学科整体性和资源重组，课程开发中基本纳入了道德、思维、情感、智力和社交多元指导思想。

蒙新小学是如何落实课程开发主体的呢？按照钟祥最初的计划，他准备在蒙新小学直接搬用新教育实验研究院设计的一套课程。但在分析了学校教师、学生和现有物质条件后，他还是决定带领老师开发自己的课程体系。具体开发的流程是：每个年级的两位"卓越教师"根据本年级学生特点、课程标准、课程资源等情况制订本年级的课程计划、写出课程框架和具体内容，与本年级其他老师讨论、修改，思路清晰后交由学校课程小组再讨论、细化，然后在"卓越教师"班里进行试验。课程试验过程中，小组成员参与听课、评估、讨论，最后形成完整课程方案，推广到全校。其他教师对课程方案深入理解后，适当增删，加入个人特长，变成自己的教室课程。卓越教师和其他老师就两类方案不断讨论，达成新一致，形成新方案。这样，课程由初级开发者，到次级开发者，再到修订者，每个教师在这个不断循环的过程中都是开发者，而不是单纯的执行者。当然，整个过程要求教师成为课程改革的坚定信仰者，在鲜活的教室生活中缔造自己的课程和教育，同时要求校长给予每个老师足够的信任和个性发挥空间。

因此，蒙新小学的课程规划是与学校愿景不可分割的，即课程是为了教师与教室在学生的成长中有为，启发和促进学生对生命的体认。因此，教师、学生、环境和教材四大因素有机融合，形成育人的生态系统，课程实施过程也变成师生经验、生活和知识习得交互观照的契机。教室无疑是实施课程的最小也是最有效单位，在班主任主导下，各科教师协作，道德课程、学科课程、人格课程、艺术（音体美）课程与升旗仪式、班会、结业典礼、童话剧等班级活动结合，课程系统被激活，教室叙事被启动，学生个体生命叙事拉开帷幕。按照课程设计者的构想，全人之美课程体系包括显性课程和隐性课程两部分；显性课程以国家课程为抓手，关注全方位育人；隐性课程则以校本课程为辅助，帮助学生摆脱恐惧和歧视、励志激趣。显性课程是按照德、智、体、美、劳、育人目标开设，则全人之美课程则是按成长焦点的前后顺序排列的，是对教育新的诠释，也就是换个角度看教育。①

蒙新小学的课程体系主要由两部分组成，第一部分为学校常设课程，分为身体课程、艺术课程、智慧课程、人格课程四类；第二部分为特色课程，根据教师个人特长和特定教育目的开设，如马兰老师开设的"养羊经济学"。这些课程的主要内容有以下方面。

一 常设课程

根据课程的功能，蒙新小学的常设课程分为身体课程、艺术课程、智慧课程、人格课程四类。

（一）身体课程

蒙新小学开设身体课程的目的是"舒展其身心、强健其体魄"，主要通过体育课和体育技能培养两个方面实现。他们的具体做法是每天安排一节正式的体育课；课程之外安排课间活动、课外活动、一小时运动等；每年让学生掌握一项体育技能。具体身体课程内容由"共美教室"的任课教师确定。如在马兰老师的班上，周一到周五安排了轮滑课、足球课、乒乓球课、田径课和健美操课，每天的大课间她的班上还增加了校外越野跑，周四校外远距离拉练，一般是轮滑十公里或者爬山。偶遇小雨、小寒、刮风这样的天气，他们也照跑不误。1公里、3公里、5公里，他们

---

① 陶继新：《立己达人，成人之美——干国祥"全人之美课程"构建的哲学思考（上）》，《新教师》2018年第7期。

的速度越来越快，身体越跑越好。他们还参加了市里组织的"风光跑"、"沙漠健步穿越一日行"、B市轮滑节、轮滑游植物园等活动。

身体课程不是身体锻炼活动，它有详细的计划、目标和评价手段。但是，有时课程的最大收获却往往是计划和目标之外的。如参加乒乓球课程的一个学生，参加课程后获得了区里的单打比赛冠军；参加轮滑比赛课程的学生，包揽了市里比赛的冠、亚军。这当然不是课程设计的目标，但也显示了课程带给学生们生命状态的改变。身体课程促成了学生身体的舒展、健壮和纪律性，从而由身体达乎礼仪与美。

此外，蒙新小学还特意在课程中加入了营养、健康和安全的内容，把学校的食堂饮食、宿舍生活、医务室保健都设置成课程的一部分。他们希望能在这个环境恶劣、食物单一、蔬菜奇缺的荒漠高原地区为学生安排营养餐食，养成学生良好的生活习惯。

(二) 艺术课程①

蒙新小学艺术课程的目的是"优雅其仪容、细腻其感官"，主要是通过艺术课和艺术活动实现。具体做法是每天下午安排一节艺术课，让学生每年学习器乐、声乐、舞蹈、美术等内容。他们希望学生每年学会2种乐器、10首英文歌曲，在了解舞蹈和美术的基础知识后能够进一步深造。学校的艺术课程不是简单地学一两种乐器，然后去参加乐器考级；也不是让学生学会素描、水彩以及书法等基础后去参加比赛。学校要实现的是把艺术变成学校的生活气息，让原本忙碌的学校生活具有闲暇的意味。

为便于学生展示自己的音乐特长，学校每周安排一次"小桥音乐会"，学生把自己擅长的乐器、新学会的歌曲与大家分享。这样的音乐会并不关注演奏和演唱的高超技巧，最重要的是鼓励原本胆怯的牧区学生上

---

① 蒙新小学的艺术课程有详细的内容和目标。具体来说，在器乐方面，一年级学习口风琴，要求能认识简谱，能吹奏出几十个曲谱；二年级学习电子琴或葫芦丝，吹或奏出几十个曲谱；三年级允许从巴乌、竖笛或长笛中选出一种自己喜欢的乐器，随身携吹奏，学年结束时要能做到看到乐谱稍加揣摩即可吹出乐曲；四年级及以上学生主学吉他，自己选择弹唱或者独奏。器乐课程每周教授一课时，每天自己练习二十分钟左右。声乐方面，学校开设童声合唱、吉他弹唱以及乐队演唱等内容。声乐课程每周一课时，并与晨诵、教室共同生活结合。舞蹈方面，开设民族舞和现代舞两种，主要教授舞蹈基本功和简易舞蹈剧，每周两课时，并与小桥音乐会、童话剧等结合。美术方面，一、二年级与读写绘结合创作简易童画；三年级进入写实阶段，教授素描和水彩；高年级则在自己的晨诵本和小报上进行日常的装饰、美化。学校的艺术陈列室会定期展出学生的美术作品。美术每周两课时。

场,勇敢地表现自己。从五年级起,各班都成立了自己的乐队。如马兰老师班里的"星期九"乐队,乐队有九人,学生们自己取名、自己选择曲目、自己排练,经常在小桥音乐会上独领风骚。

蒙新小学认为,艺术享受最能体现生命的整体性,而这种身心整体的律动,在紧张的脑力劳动生活——也就是学校生活中,有着不可替代的巨大意义。他们开设的艺术课程能让学生"兴于诗,立于礼,成于乐",在艺术中融汇和流动着社交行为、审美情趣和生命体验等。

(三) 智慧课程

蒙新小学智慧课程的目的是"丰富其感受、砥砺其思维、渊博其知识、尊重其异议、独立其精神、自由其思想",主要通过教学整合与海量阅读实现。首先,学校自己定位是课程标准的执行者、修真者和研发者。这意味着教师要根据自己的理解和教育理念对教材进行横向整合和纵向挖掘,适当开发补充课程(即苏霍姆林斯基称之为第二套大纲的课外知识)。如语文课程就安排了字源识字法、经典长文,增加了教学内容的丰富性;科学课程增加了物理、天体、生物和信息技术的内容;社会和思品课程与学校的道德课程、"创建共美教室"活动结合。

其次,蒙新学校在完成教材学习的基础上,带领学生进行海量阅读(一、二年级读二百本图画书;三、四年级两天读一本十万字左右童书,五、六年级每天一本十万字以上的名著)。他们的具体做法是,晨诵课程约为20分钟,主要按照年级诵读歌谣、诗歌、辞赋古曲等内容;午间为午读课程(一、二年级绘本,三、四年级童书,五、六年级名著);晚间为自由阅读时间,学生根据自己的兴趣选择图书阅读。当然,不同的"共美教室"的阅读内容可能因教师要求不同而有所差异。学校先后购买了2000多册图书供学生阅读,涵盖了自然、社会、思和诗四个领域(领域和内容如图4-2)。以马兰老师五年级的语文课程为例,她先开了三门微课——"我评《三国》""跟莎士比亚对话"和"广谱阅读"。"我评《三国》"部分,她带领学生阅读了陈寿的《三国志》、易中天的《品三国》、柏杨的《柏杨品三国》和周殿富的《三国大传》以及9篇学术论文作为参考,学生借助词典、阅读参考文献、讨论等方式,写出了对曹操、刘备、孙权、诸葛亮等主要人物将近10万字的述评。"与莎士比亚对话"课程中,马老师带领学生细读了《哈姆雷特》,接着讨论了哈姆雷特悲剧的原因,然后排练、公开上演了情景剧。学生广谱阅读是一种超越了语文范畴的阅读，侧重于自然科学、人文科学、学习科学和批判思维著作的阅读。马老师让学生读了《从一到无穷大》《万物简史》《爱因斯坦圣经》《上帝会掷骰子吗?》《科学的旅程》《批判性思维》《如何高效学习》等书籍。学期结束前的最后一个月，马老师集中时间处理教材内容，带领学生把课程标准上要求的知识点一一扫描。因为有了自学的基础，学生对教材内容已经熟悉，效率和效果超出了马老师的预计。

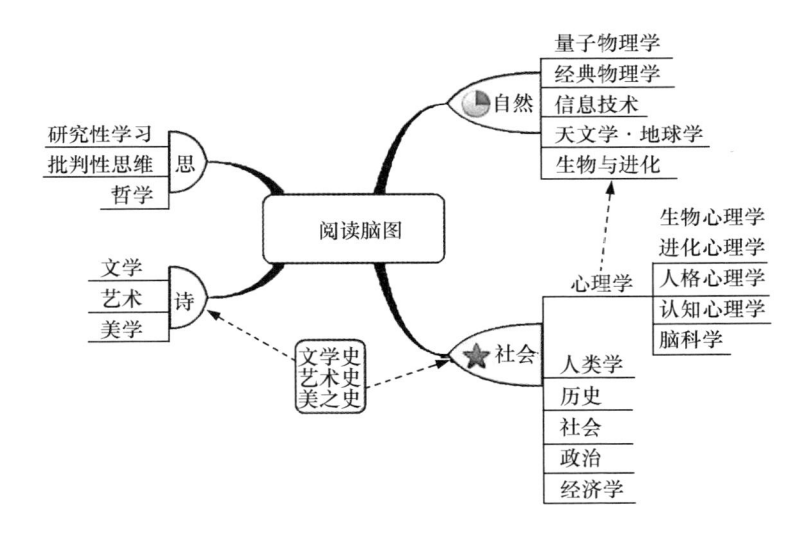

图 4-2 蒙新小学阅读领域和内容

智慧课程贯彻的是"全纳教育"的理念，要求教师针对个别学生个别情况进行差异化教学，教学内容和海量阅读的要求不同，但保证不放弃任何一个学生，让每一个学生都有进步。

（四）人格课程

人格课程的目的是"充沛其德性、文明其德行、维护其尊严、实现其自我"。他们的具体做法是根据年级学生情况自编人格课程大纲，并将教育融汇于日常的校园生活，通过"创建共美教室"活动、每日暮省和班会、特殊事件、仪式等途径来发展道德的六阶段。

蒙新小学认为人的存在是一个整体，德性和认知共同发展，但是，正如北宋思想家、教育家和理学家张载所论述的"见闻之知，乃物交而知，非德性所知，德性所知，不萌于见闻"（《正蒙·大心》），德性位于人格的中心，引导人的认知。基于这个前提，学校的人格课程先从改变牧区孩子的日常生活习惯开始，教他们学会刷牙、洗澡、如厕冲水、合理饮食等；然后是礼貌课程、共同生活规则等；学校还利用偶然事件如打架、偷窃、破坏公物等，引导学生进行讨论、总结、反思，在不伤害孩子自尊的情况下，积极渗透人格教育。这个课程系列渗透学校生活的各个方面，是一种构建性和纠偏性结合的课程。

学校自己研制的道德发展三境界的六阶段图谱（见图4-3），在整个人格课程系统中起到提要钩玄的作用。学校认为，学生的道德发展要经过三重境界，即自然功利境界、习俗规则境界和道德仁爱境界。自然功利境界中，学生本质是善的，但也具有趋利避害的动物性；习俗规则境界中，学生受到集体生活的规训，开始进入被动发展的道德阶段；道德仁爱境界中，学生能够达到将心比心的"恕"阶段，也有可能升至惠泽天下的最高境界，即"己立立人"和"己达达人"。人的发展是复杂的，因此，任何一个人的道德水平都有可能同时呈现六阶段的特征。

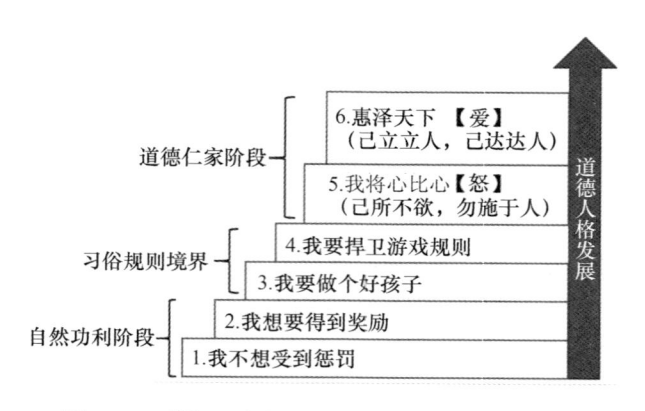

图4-3　蒙新小学道德发展三境界的六阶段图谱

在蒙新小学，这个道德三境界的六阶段图谱，不仅张贴在教室内，而且落实到"做一个好孩子"的学校行动纲领中。从学生入学到二年级结束，学校开始的"养成生活好习惯""举止行为文明""蒙新好儿童"等微课程，就是给学生树立"好孩子"的标准和要求，让他们为得到奖励和避免处罚而努力。同时，通过绘本、童话故事和人物分析，做到道德引导先行。三、四年级主要是通过课程强化"我要做好孩子"的理念，并与"创建共美教室"活动结合，使用道德第三境界相关的童书故事，引导学生适应"共同生活"，即营造民主环境，创建、遵守和修订集体规则。这样学生的道德就开始向"己所不欲，勿施于人"的阶段靠拢，为更高境界和阶段的发展奠定基础。正如蒙新小学信奉的，人格和道德的培养，不是从生命切割出来的独立部分，而是永远在学生身上，在共同生活中，渗透于完整的生命中，要慢慢等待和接近。

二　特色课程

在蒙新小学的课程体系中，还有一种特色课程。学校把特色课程定义为"人无我有和人有我精"的课程，尤其强调别的学校浅尝辄止的课程他们要做到极致。开设特色课程考虑两个因素，一个是国家课程没有辐射到的地方生活，另一个是本校和所在社区（区域）独有的课程资源。特色课程是对常规课程的补充和衬托，因此学校不过分强调特色课程的地位和作用，即"不能用一朵花来掩盖整棵树的虚弱"。有时，学校把特色课程看作对个别生命的照顾而不是对大众的恩泽，因为虽然有些课程可以为大部分人修习，但也只能为个别有天赋的学生终生享用，成为一生赖以生存的技艺。他们认为，过分倚重特色课程对学校教育的"点睛"作用而言，是对学校资源和教师身体技能的浪费。

学校把轮滑、书法、葫芦丝等作为学校的特色课程，是因为许多教师擅长这些技能，开设起来能比较容易，也便于教师指导，让每个学生获得参与的乐趣或美感。而在这些技能方面有天赋的学生，则被吸收于乐队、轮滑社等专业组织，由教师进行特别训练。每周一的"小桥音乐会"为有表演才能的学生提供了用武之地，区里、市里的轮滑比赛则把有轮滑天赋的同学显露出来。

立足社区，把社区资源转化为课程资源也是蒙新小学课程设置的思路之一。学校认为社区不仅能提供人力资源，还有着自然资源和文化资源的优势，社区的名人、园林、民俗、物产、生态都可以成为自己的特色课程，并易于学生接受。如马兰老师在五年级开设的"养羊经济学"课程，就是按照学校周围的情境设置的。课上老师讲了经济学的一些基础知识，主要让学生通过实践习得技能。课上，学生先酝酿成立"养羊公司",通过自愿报名、竞选演说、投票选举等程序,产生了总经理、部门经理,班里学生被分到经济组、饲料组、外联组、信息组。他们向学校贷款四万元,修了羊圈,买了三十只羊;外联组还聘请了三位学生家长作为养羊顾问。他们向顾问请教了羊的食料配置、羊圈的安排、清洁卫生、瘟疫预防等方面的知识,然后分组完成这些工作。在不断解决问题、探索答案的过程中,学生们磨砺了品行,学习敬畏自然、尊重生命,从而增进智慧!

综上所述,蒙新小学的"全人之美课程"吸收了前现代课程以完整人为教育对象的整体观,也吸收了科学、严谨、高效和反思的现代课程观,以及以思想的开放性、自组织性为特征的后现代课程观。当代的教育已经走出封闭状态,不再把成长教育看作既定的铸模。通过课程,他们强调有愿景的教育是一粒种子、一个成长过程、一朵花、一颗果实,如果非得给它设定一个终点,那也一定是看到面向未来美好生活的"人"。课程的形而上之道是哲学层面上的"过一种幸福完整的教育生活",而形而下之道是从身体教育(体育)出发,构建以德育和人格教育为灵魂、以艺术教育(美育)为肌肤、以智育和劳动教育为骨骼的完整教育过程。

蒙新小学将"全人课程"改为"全人之美课程",两字之差,却意味着课程范式的转变。学校开发的五大课程体系(全人之美课程+特色课程)虽然没有完全脱离现有教材,但是通过理想课堂三重境界对国家课程的诠释、为共美教室开发的微课程和教师特色课程,使课程摆脱"大一统"的控制,成为师生逐步完善的艺术创作;课程具有了感性经验的参与和情境特点,包含身体、艺术、智慧、人格、特色的课程都是富含美学意蕴的实践,以审美的视角再检视知识与智慧、教学与学习、认知与德性,目的是唤醒学生对世界的主动体验和整体洞察,从而获得独特的人生经历和全面的成长愉悦。

课程教学也是艺术,体现在教师个人信念生成的教学技巧。这同样也是美感经验的创造过程,体现为蒙新小学卓越教师、成熟教师、新手教师多样化的教学风格。一方面,蒙新小学强调教师教学的主动性、指导性和管理素质,像雕塑师一样把特定的文化理念烙刻在黏土般的学生身上,塑造学生吃苦、进步、文明、向上的精神,从而由牧民的"贫二代"成为

"对艺术有深刻理解"且"受过教育的成人"。① 另一方面，学校又努力把课程与美学交融，培养学生从基本的乐器、戏剧欣赏开始，自主自发地追求美的生命境界，把美的体验变成内在的生命需求。

第三节 创建共美教室

蒙新小学志在为生命舒展营造一个安全的领地，所依托的就是他们创建的"共美教室"。他们认为，教室应与养育生命的子宫、温暖的襁褓、优雅的摇篮和无限包容的家庭一样，成为孩子生命从安全到自由的最重要站点。校园太大，容纳了不同年龄、不同价值和不同愿景的个体，而教室则可提供小而美的安全和自由。因此，所谓校园生活更应该是教室生活，创建共美教室在学生的个性发展中具有重要的作用。

"创建"从词源上说包含原创的意义，就是想强调，即使对于一个从教20年的教师来说，每一届新生都是崭新的，学校的教室生活也必然是与以往不同的。蒙新小学认为，教师在体现教室的意义和价值过程中，起着比一般人想象中更重要的主体作用，平庸的教室可能恰恰源自教师主体性的缺失。教师的主体作用却需要教育的主角——学生来予以确认，他们与学生成为教室叙事的共同创作人和演员。教师，尤其是班主任不甘平庸的教师梦想会成就一间学生成长的卓越教室。共美，取自"各美其美，美美与共"的本意，强调重视个性的同时，发挥集体的力量，形成教育合力。共美教室也不是简单的教学空间，它更是一个师生存在的意义场，是使命和愿景的栖息地和涅槃地。共美教室不是衡量当下教育的标准，而是构建未来的蓝图。

创建共美教室是传统继承与民主创生的双向同步过程。蒙新小学认为，创建共美教室意味着要把中国传统文化、美德和社会规则通过课程传递给学生，使他们拥有历史厚度的同时掌握推动社会发展的力量。与此同时，共美教室不同于其他教育的地方是它对民主和自由的尊崇，因为教室生活是基于儿童成长的、对话的、对某些价值有选择的体认，这会让学生在当下的教育生活中获得完整感和存在感。

---

① 马菁汝：《不要失去美术课的学科价值——对罗恩菲德和艾斯纳两种美术教育模式的思考》，《中国美术教育》2004年第4期。

创建共美教室与"全人之美课程"密不可分，但它更突出了课程的主体性、完整性和发展性。蒙新小学共美教室的缔造者以班主任为主导，而不是以学科作为育人的碎片化教学；教室叙事也不再单纯以学习任务完成作为主要内容，而是覆盖了童话剧、班会、升旗仪式展示、结业典礼等成长的各个方面。

学校是这样缔造自己的共美教室的。

一　让教室空间成为显性文化

蒙新小学创建共美教室首先是从班级命名开始的。学校认为，一个班的名字代表了班主任的教育梦想，或者表达对学生成长的预期，或者蕴含着学生们对美好未来的畅想，因此而有丰富的象征意蕴。教室的名字不求"高大上"和别出心裁，只需源自生活、来自身边就好。其实，也没有任何一个名字是完美的，正如《草的名字》所说的，"给我喜欢的草取我喜欢的名字，我取的名字只有我在叫。"师生的共享意义是对创建共美教室最重要的要求，因此名字可以是当下的意义表征，也可以是发展的意象，如一年级叫"小毛虫"，五年级时可以升级为"蝴蝶"；二年级叫"小溪"，四年级时也可以升级为"长江"。总之，是让学生感觉到一种成长的状态和成就，能给原本刻板化和格式化的数字（班号）赋予具象化的意义（班名），可以把单纯的数学符号转化为一种人文意象，因此赋予教室潜力无穷的精神力量。

一个完整的班级命名还包括班徽（标）、班旗、吉祥物、班歌、班训、班级承诺（誓约）、形象代言人等，它们构成一个有机的整体。承诺可以如马兰老师给学生表达的"我是教师我承诺：让每一个与我相遇的学生，因我而优秀"；也可以如全班同学的回应的"我是学生我相信：我将在这里品尝到知识的快乐、生命的尊严"。当老师和学生在庄严隆重时刻和场合宣读承诺时，足以给师生带来神圣而强烈的仪式感和震撼力，那种精神力量可以支持他们以非凡的努力去维护作为集体成员的身份和荣耀。所以教室命名的重点不在于名字本身，而在于把命名过程理解为一个持续数年的意义赋予过程。

在共美教室的空间布局上，蒙新小学坚持的是与班级愿景相协调的显性文化。这种显性文化不是浅薄的宣扬，因此教室里不张贴标语，也不悬挂名人警句之类的东西；开学初主要是以绿化美化为主，随着课程推进和班级目标确定，教室的颜色也做相应调整。从根本上说，学校强调教室装饰要符合孩子生命美学的风格，如低年级段常用粉红色绘本场景来提高孩子的舒适度和安全感，中年级段常用绿色插画背景，高年级段则常用青蓝、黑白字画作为主色调来帮助渲染教室的气氛。这些都是经过学校考察和论证后决定的，但也不是对所有班级都统一要求，一切以教室目标和愿景的要求为准。

教室中用来起装饰作用的一般都是师生作品、生活照、喜报之类的物品，不强调艺术性和完美，而是基于一种生活的写照和反映，也经常与阶段性的学习内容相关。有时，吸引学生参与教室文化创生，也是对学生的一种培育。他们自己给门窗刷漆、养花种草、选择书画上墙等，每一件都与他们的生活相关。所以，教室里的每一份作品，都具有显性的教育意义，体现了一个教室的使命、愿景、价值观和道德观。低段年级，班规作用可以微弱，但愿景一定要明确而有力；中高段年级把规则和愿景并列，激励和惩罚共同发挥作用。这样的教室，不会成为没有核心的一盘散沙；教室里的人际关系，也不是教育产品的供应商和消费者之间的契约；教室里的人，不是没有共同价值和思想的乌合之众。相反，教室是一个生长的部落，是一个文化的纽带，还是一个社会规则潜移默化的场域。教师也和学生一起成长，不仅是专业，还有精神和意志。

蒙新小学认为，教室更应该精细规划，构建自己的文化灵魂。教室的灵魂人物是班主任，他/她没有专门的办公室等待学生来访；他/她总是在教室里讲台旁边的桌子上伏案工作，学生在他/她就在。可以提升文化灵魂的阶梯是书，分成等级摆放在教室的图书角，学生自由取放阅读；可以丰富灵魂的是乐器，根据学生需要购买，放在教室后面的乐器架上。而教室文化传播的方式是教室叙事，它的结构可以比学校叙事更清晰和细致。教室叙事要有独特的符号系统，如独特命名、显性标志、榜样人物、时尚风范等；也应该从更微观的视角显示、构建和强化班级的使命、愿景、特质和价值。如马兰老师班里的小毛虫教室叙事是这样的：

小毛虫教室的生活叙事

6：20 学校门口集合，和马兰老师一起晨跑。路程越来越长；累但是更快乐。

6：50—7：20 晨读，英语或诗歌。老师让我们自由选择。

7：45 早饭。饭后有人去喂羊，有人弹吉他，有人唱英语歌。原来经济学就是能养好羊。

8：00 晨诵课。金子美玲的诗真美。

12：30 午读。自由阅读40分钟。可惜时间太短，《三国演义》还没读完一回。

15：30 兴趣活动。大家分别去了美术、轮滑、乒乓球、科学、计算机、舞蹈场地。几个同学回宿舍洗衣服，几个同学去操场上踢足球，几个同学去管理菜地。下课了大家显得更忙。

18：00 自由活动。大部分人在练习弹吉他，有人唱歌，有人在讨论戏剧角色，有人在看书。没人打闹。

18：30 集体活动。今天（周一）晚是小桥音乐会，明天（周二）晚学习英语歌曲，周三是电影之夜，周四是写作之夜，周日晚看科普纪录片。与其他班级一起开心的时候。

19：00—20：30 晚自习。有人看课本，有人做练习，有人写作文，有人阅读。教室很静。

20：50 休息。梦乡甜美。

（选自刘娜的《"小毛虫教室"值日生日记》）

这就是小毛虫教室一天的生活，充实忙碌、略显紧张，但没有僭越生命节奏。学生说这样的生活周而复始、美好、快乐，还有趣。

二 构建教室小社会

让一个教室变成一个小社会，其实就是形成教室作为一个微型社会的秩序。班主任带领其工作团队和学生团队，在自己独特的制度化环境中，形成他们惯习化、典型化的行动方式，并以道德教育和重要他人影响成员的认同与内化，完成教室的社会化。蒙新小学言说的教室社会化，就是将社会既存的法律制度、行为规范、游戏规则、道德规范、榜样与底线等变成教室的显性规则和隐性心理惯例，这些规则又与学校的育人目标结合，成为教室乃至学校育人的意义系统。这个系统的价值不在于提供一个约束机制，而更多的是将人的终极生命、自由和人类的庄严与尊严作为教室社会化的大背景。

学校认为，一间共美教室，应该存在一种人类社会共有又带有传统和地方特点的信仰（但不限于宗教），这种信仰兼顾了普遍知识和地方知识、社会多数与地方特殊性；一间共美教室应该成为社会规训与学生天性之间的缓冲区，学生在这里接受规则训练的同时，也有权利庇护善良的本性；一间共美教室也应该成为传统与现代的接洽带，学生了解和审视传统，同时对民主和自由有理性的识别力。当然，这个共美教室还需要有规范群体生活的道德人格体系，提供理解人性的理论和实用方法，引导师生在共同的生活世界接受社会化，继而形成理想的主体意识。

教室里显性的游戏规则其实就是具有制度特质的班规班约。班规班约不是班主任的旨意或意愿替代品，而是教室民主生活的产物，并通过角色意识镶嵌在个体的经验中。它需要一定个体意义的沉积和整合。所以，蒙新小学的一、二年级基本不制定班规班约，而是通过教师示范、绘本故事意义引领、榜样人物介绍等帮助学生形成惯习化的教室行为；很多教室的规约形成于三年级第一学期开始或第二学期结束时，也有的教室选择三、四年级中间制定成文的规约。班主任通常不拟定草稿，而是让学生集体讨论哪些应该成为允许或禁止的行为，因为这时候的学生通常已经有了集体意识和民主意识。

班规班约制定后，执行和监督的主体应该是谁？毫无疑问，应该是学生。很多班级成立了轮流班委，由不同学生在不同时间管理班级。每个学生都有机会参与班级管理，也有机会诠释班规班约，这无疑增进了学生对管理与服从的认识。遇到违纪事件，很多共美教室的做法是按照"个体自省—教室生活会—集体反思"这样的方式进行的。如张秀丽老师的"创建共美教室"行动之一——教室危机应对，就是针对教室社会化问题的实践。

> 蒙新小学学生大部分是农牧民的孩子，经济上和精神上都相对贫乏，生活习惯也需要改善。我组建"蓝精灵"班后，对学生们的生活习惯进行了改造，指导他们刷牙、洗澡、换衣服和使用冲刷马桶。二年级时，我教学生们如何向别人表达自己的喜欢或不赞同，如何维护与朋友的友谊等。三年级时，我把《道德人格发展图谱》张贴在墙上，并告诉学生们每一境界和阶段的具体意义。我认为这种隐性课程可以向学生们传输日常道德生活的准则。这个阶段，我主要通过鼓励和表扬来帮助学生进行教室社会化。但是，四年级的时候，班里的

一个学生还是闯了大祸。有一天晚上，一个学生趁着晚自习时间溜进轮滑库房，偷偷卸下了二十多双轮滑鞋的轮子。

蒙新小学认为，社会化是不断地将个体导入客观世界的过程，小学这个时段的初级社会化不是简单地引导学生认知学习，更多的是通过重要他人在特定情境中使学生认同重要他人的角色和态度，从而引起学生对自身的认同。面对这种学生教育的"危机事件"，陈老师并没有立即叫来学生父母，因为她知道，这时候父母过来，轻则训斥学生一顿，重则责打学生。在学生没有意识到了自己错误的情况下，这样的惩罚是没有意义的。

我把犯错的学生叫到办公室，让他坐下，那天的师生谈话内容一定不让校长和家长知道，有什么事情老师会帮着处理。然后让他说说为什么那么干。他告诉老师，他把别人的轮子卸下来，自己就可以在轮滑场上独领风骚了，可以引起老师注意，也可以让同学崇拜。我对学生的表述表示理解，但还是让他想一想，这样做对自己可能有好处，又给别人带来哪些麻烦？我不急于让学生说出感受，而是给他足够的时间去反思。在之后的班会中，我把整个事件做成一个小讨论，在介绍了起因、经过之后，让学生展开讨论。学生在讨论中提到"除了拆卸轮子，完全可以找轮滑老师单独辅导""通过苦练可以成为最好的轮滑手"等建议，也表达了"拆卸轮子是破坏公物""不公平竞争得来的荣誉不值得看重""好孩子就应该遵守纪律"等言论。看着学生通过讨论集体意识的加强，在暮省环节，我再让全体学生反思"如果是我遇到这种情况，应该怎么办？"学生反思之后在反思本上写下了自己的感受。最后我让犯错的那个学生阅读了大家的反思，该生完全意识到自己的错误。后来，学生向家长承认了自己的无知，也获得了家长的原谅，家长主动赔付了那些轮滑鞋的损失。这件事真正触动了那个学生，他在以后的训练中更加刻苦，最后获得了市里的速滑比赛冠军。

（选自张秀丽老师的教育叙事）

班主任作为共美教室的缔造者，是学生社会化过程中的重要他人，也是共美教育理念的重要代理人，他/她的作用是激发学生反身性存在的意识，朝着重要他人努力引导的方向发展。教师能让学生做到"亲其师而信其道"，就是在引导学生从教师这个重要他人转向概化他人（generalized others），再上升到"即使为达成自己的目的，也不可破坏公物或他人财物"这样的意识，也就是从对具体老师的认同，转化到一般认同，从而实现普遍意义的社会认同。形成概化他人，标志着共美教室内次级社会化的顺利进展。

维持教室学生社会规则内化的是教室的道德系统，包含了基于社会和学校整体的行为规范、教室和校园生活所需要的处事原则以及作为独立存在的人的内部良知三部分。行为规范维持一定的社会秩序，但要以个体的反思性识知（reflectional knowing）为根本途径，这种二重性促使教师在行动中平衡，不让学生们毫无思考地服从一个规范，也不鼓励学生去对抗这个规范，而是让自己的生命和生活与规范不断对话，理性地发展。

三　共美教室叙事

共美教室的叙事，一定是关于教室共同生活的记录。蒙新小学认为，共美的生活首先追求让师生感动，但那不是场面热热闹闹眼泪流的肤浅感动，而是每一次感动都能润泽学生心灵、增强教室凝聚力、让学生真我自然表露。教室能把师生会聚在伟大事物周围，让人与知识、人与自然以及人与自我建立三重对话。而这些对话，很多是通过"全人之美课程"实现的。在课程中，学校建立教室档案，记录学生成长轨迹，用镜头留下学生生活中自然的形态，也保存学生的个人作品。整个过程中，教师的态度宁静、淡泊但又充满热情，给学生们带来稳定的学习环境和持之以恒的动力。

每一个共美教室又是独特的。这种独特性是以师生独特的生命形态和共同话语为背景的，反映师生尤其是学生发展的本质特征，体现的是从愿景到风格的发展过程。也就是说，教室的独特性是物竞天择的结果，是师生发展的副产品，而不是人为臆造的产物。成熟的教室独特性也就是自己的风格，这个风格应是在学生身心灵发展的基础上，自然形成的，是生命尽可能地达到高度的过程中所展现出来的，风格是最后出现的成熟状态。

一间共美教室如何言说应试或者学生分数？蒙新小学认为教育理念的价值是有排序的，眼前的分数应该永远放在人的成长之后，但是不能完全不考虑学生的分数。只看分数不是培养人的教育，绝对不看分数不是当前的教育。让考试分数成为培养人的自然附属品，让学校在教育体系和家长评价中获得现实的存在感。共美教室就是要通过专职的教育人士用专业引领家庭，用师德感召家长，让家长认可学校的分数观、教育理念，从而建立家校联盟，彼此配合和认可。但是，班级内部不公布分数、不排名，班与班之间不排序。学校认为，一个共美教室应该满足不同学生的需求，给每一个人的成长留下足够的空间，并且这个空间是支持性的、稳定的。

因此，共美教室的叙事离不开基于教室的课程与教学。学校课程的第一部分是"理想课堂三重境界"指导下的主流课程教学，即使用"有效教学框架"细化课程教学，提升课程魅力、激发学生求知热情和引起师生共鸣。第二部分是立足当地资源和文化特点，依据道德人格发展阶段理念和教师专长开发的教室课程与教学，如以道德发展为目的的绘本和整书阅读、基于教师特长的晨诵课程以及吸纳全部学生参加的童话剧等。这些有助于形成融道德、情感、智力、精神和社交于一体的教室文化。有时，学校的一个班会即可体现这些内容。如魏涌老师的一节班会课就是这样上的：

小叶子班的一节班会课

时间：2015 年 4 月 7 日 11：30—12：00

地点：小叶子班（三年级）

上课老师：魏涌

音乐响起，全体学生起立。魏老师用电脑播放校歌，全体跟唱。

多媒体屏幕显示"道德发展三境界六阶段"图，学生齐读。

魏：我们的目标是哪个阶段？

生（齐）：第三阶段，我要做个好孩子。

魏：对，我们的目标是第六阶段，对吗？

生（齐）：对。

师：我们本学期的目标是什么呢？

（屏幕显示，学生齐读）

生（齐）：

1. 努力学习，每日进步，享受高成就。

2. 遵守学校纪律，遵守班级规则。

3. 不怕吃苦，延迟享乐。

4. 互帮互助，亲如一家！
5. 成为最好，暑期游北大清华。

（屏幕显示"第八周班会"）

魏：光阴似箭啊，开学已经八周。此时的江南，正是春花烂漫、桃红柳绿的时候。而我们这里呢，草还没有露出地面、狂风呼呼、风沙漫天，还没有春天的气息。为这样恶劣的环境难过吗？

生（齐）：不难过！我们无法选择生活环境，但我们有权力选择想过的生活。

魏：对！虽然我们没有看到春天，但春天依然活泼地在我们心里。因为我们可以在金子美玲的诗歌里漫步，欣赏春天。

（屏幕显示金子美玲的《紫云英地》，学生读）

生 A（女）：星星点点，开着花的紫云英地，要耕种了。

生 B（男）：目光和善的老黑牛，套着犁头犁过来。

生 C（女）：花儿和叶子，一个接着一个，被埋到了又黑又沉的泥土下面。

生 D（男）：天上的云雀啼叫着，紫云英地要耕种了。

魏：我们改编过这首诗，在开学第一周为全校读过。让我们再回顾一下我们自己的《紫云英地》。

（屏幕显示，学生再读）

生（男齐）：紫云英地要耕种了，我们的新学期，要开始啦。

生（女齐）：天边彩霞告诉我们，每一天都是新的。

生（男齐）：每一天，我们努力在知识的田野上耕种。

生（女齐）：有耕种，就会有希望，就会有收获。

生（齐）：紫云英地要耕种了，新的一天，要开始啦。

魏：太好了，小叶子们。美丽的紫云英灿烂地开放在金子美玲的诗歌里。随着春天的离去，紫云英花最终会凋谢零落，掩入黑土之下。可是，因为美丽的诗，它给我们的欢乐却可以长留。现在请打开我们的绘本，翻到《紫云英》这部分。你们看到了什么？

生（女）：我看到了遍地的紫云英。

生（女）：我看到有些紫云英随风飘向远方。

魏：你们看得真细致。还有呢？

生（男）：我也是一朵小紫云英花。我的小伙伴儿被风轻轻摘下，带到遥远的地方。我好想知道，那个快乐的旅人——风，把它们带到了哪里。

生（女）：每一朵紫云英，是不是都会到达有蓝天和会唱歌的云雀那里？它们的命运由谁主宰？

魏：亲爱的小叶子们，风把紫云英带到了天涯海角，紫云英无法支配自己的去向。但是，我们比紫云英幸运，因为有自由支配的双脚，也有会思考的大脑，我们能决定自己的未来。在走向未来的广阔世界之前，我们要做什么准备？

生（齐）：努力学习，用知识充实我们的大脑。

魏：你们的回答太让老师欣慰了。上周我们还读了《木偶奇遇记》《笨狼的故事》《人鸦》这几本书，我们再回忆一下《人鸦》这本书好吗？

（屏幕显示《人鸦》封面）

魏：班夏德发生了什么变化呢？

生（女）：他一开始不喜欢学习，在乌鸦帮助下变成了一只乌鸦。经历过无数次冒险后，他有了爱心和责任心，又变成了人，他更懂得了如何做好人。

魏：总结得太精彩了。还有哪些句子或段落是大家喜欢的吗？读给大家听一下。

生（男）：做一只乌鸦很爽。书里有这样一段：飞上高空，箭一般俯冲，天地之间任从容。用你的翅膀担负起黑夜吧。

生（女）：还有一句：我能在蓝天自由飞翔！我不用回答7乘以16等于多少！做一只乌鸦真好！

生（男）：他在乌鸦群里学会了承担义务。这一句是这样说的：从现在起，你就是我们之中的一员，就得承担某一项义务。说说你的长项。这里容不下我行我素的乌鸦！你需要群体，群体需要你。

生（女）：他融入鸦群，成了一只优秀的乌鸦！书里说：他能辨别稻草人、他善于为乌鸦讲故事、他还救了首领罗高。

生（女）：通过做乌鸦，他还知道了作为人类不知道的一些事。书里是这样说的：人类为自己发明了许许多多多余的东西，而最重要的东西却忘记了。

迄今为止，人类只不过找到了大秘密中的小部分，可是他们把这称为

"发明"，然而对于大秘密来说，他们的知识少得可怜，而且在没有对掌握的知识融会贯通的情况下胡乱去发明，只会带来危险。

生（男）：作为乌鸦，他觉得变成人之后要做的事是：理解，去理解一切重要的事物。

生（男）：他站在乌鸦的角度理解人类：人类是什么呢？他们就是一个人，加一个人，再加一个人……谁改变了自己，谁就改变了世界。

魏：这些语段都太重要了，祝贺你们都找到了。你们觉得这本书还有哪些对我们"小叶子共美教室"、对我们自己的未来有什么启发呢？

生（男）：帮助别人，快乐自己。

生（女）：理解，理解一切重要的事物。

生（男）：群体需要你，你也需要群体。

生（女）：谁改变了自己，谁就改变了世界。

生（男）：顺着嘴巴的方向朝前飞就是了，不要恐惧。谁心怀恐惧，谁就会丧失力量和内在的智慧。

魏：亲爱的小叶子们，老师为你们阅读的发现和认真思考感动了。你们真的太棒了！我们上上周还集体读过一首诗《我是一只小蝴蝶》，我们一起朗诵一下好吗？

生（齐）：我是一只小蝴蝶
我不威武，甚至也不绚丽
但是，我有翅膀，有胆量
我敢于向天下所有的
以平等待我的眼睛说：我是一只小蝴蝶！

我是一只小蝴蝶
世界老时
我最后老
世界小时
我最后小

而当世界沉默的时候
世界睡觉的时候
我不睡觉

为了明天
明天的感动和美
我不睡觉

魏：真是令人感动的蝴蝶。面对缤纷复杂的世界，有人把它变成画布上的蓝天，有人把它谱成优美的音符，有人写出美妙的诗词，而那些什么都没看到、什么都没想的人，在这个世界上悄无声息地走过。你们愿意做哪一种人呢？

生（齐）：我们要做勇敢的蝴蝶。

魏：对。大自然赐予我们迟到的春天，我们却早已在诗中拜会千遍。我们脚下的土地尽管贫瘠，但是我们的梦想却很远大。我们的声音虽然稚嫩，但是没有什么能阻止我们像云雀一样的自由歌唱。最后，让我们一起朗读《小童话》结束今天的班会。

（屏幕显示，师生齐读）

小童话
邵燕祥

在云彩的南面，
那遥远的地方，
有一群树叶说：我们想像花一样开放。
有一群花朵说：我们想像鸟一样飞翔。
有一群孔雀说：我们想像树一样成长。

魏：下课。让我们期待下周的班会。

（选自魏老师的教室叙事）

对于这节班会课，钟祥校长的评价是：它用诗的语言激发出教室中每个人的生命能量。一个教师在创建共美教室的过程中首先要守住作为人师的良知。教室如何引发学生的全人成长，不取决于教室的大小、豪华程度，而取决于教室空间和课堂秩序之外的文化存在，最重要的是那个唤醒和引导学生的人——教师。教师的精神风貌影响着教室的气氛，教师的高度和深度决定着教学效果和学生的视野。"己立立人，己达达人"，这才是教育亘古不变的真谛。其次，守护未成年人的心灵。学生有个体差异，不能用一个标准衡量；对成绩好的学生锦上添花是人之常情，但对落后或处于困境的学生及时给予关注，才能显示教育的价值。最后，守望平凡的日子。人生虽然漫长，但紧要处却需要在日常做好充分的准备。一个教室，五六年的时间，可以塑造一个完整的世界：开学第一天，师生写下灿烂的憧憬；学期最后几天，举行一个结业庆典，师生用照片、改编过的诗歌共同回忆过去的一学期；每一个学生的生日，教室里张灯结彩，老师用"特制"的关于这个学生的诗歌、故事讲给全班听，然后大家留下赠言、祝福温暖他/她的心灵；谁生病了，老师同学轮流照顾。平凡的日子里，大家晨诵诗赋、午读典章、暮省人生。教育是什么？学校回答，教育就是岁月，是师生一起度过平凡但不能浪费更不可以颓废的日子。

教室叙事也是教师叙事，是教师成长的契机。每个教师省察自身的优势和不足，通过同侪互助、教中学、写教学反思等方式来不断提升自我。在叙事中，教师记下他们怎样怀着教育梦想，为拯救那些积贫积弱最需要关爱的学生，坚守恬静的教室，不断克服工作劳顿、对理想和人生的质疑、荒原生活的枯燥，甚至还有一些形式主义和考试压力引发的职业倦怠和信念动摇。最终，教师们守住了初心，义无反顾地投入缔造和维护共美教室的事业，师生一起展望和创造未来。

钟祥坦言，创建共美教室就是要挖掘出教室内的伟大故事。这些故事源自日常生活中的困境和挑战，展示师生创造奇迹的冲动和历史。它也代表了一种对自己和世界的宣言，任何恶劣的环境和平庸的生活都不能阻止对完美的追求；尽管总在路上，但任何一点超越，都可能孕育着生命的又一次绽放。

教室对于学生是重要的，他/她走进什么样的课堂、遇到了什么样的老师、接受了什么样课程、生成了什么样见识，他/她就遇到了什么样的教育，也决定了他/她将面对什么样的人生。创建共美教室的行动就是带领学生寻找世界是什么的"真"、如何做人的"善"和如何与世界相处的"美"。如果学生的生命是向上和向善的，理想教育就是落地的、教育效果就是有创造性的、学校就是具有社会担当的。

因此，很大程度上说，教室的风貌影响着学校的风貌，教室的品质决定了学校的品质。创建共美教室的叙事具有以下四个特点。一是叙述发生在教室里的故事。通过生活叙事，关注学生的生命状态；通过日常交流，传递关心、理解、尊重和培育。二是叙述"全人之美课程"的故事。通过课程故事，展示引导、改变或激发学生学习兴趣的过程；借助教学备忘录，揭示知识传递和教学相长的奥秘。三是叙述教室显性文化的故事。通过共美教室的故事，关注学生道德发展，促进师生关系改进。四是叙述教室与社会的故事。借助教室小社会的故事，关注教室与家长和社会互动，拓宽学生的眼界，提升学生的实践能力。[①] 蒙新小学里的每一个教室，都不是一间普通的房子，它已成为文化之家，能为学生提供温暖，带领学生们共同维护、建立师生深厚情感，从而能在和谐的环境中对学生进行文化熏陶和精神抚育。

第四节　共同的精神生活

蒙新人认为自己建设"全人之美课程"和创建共美班集体，都不是把教育工具化，而是追求生命的意义，这既是过程，也是终极目的。如果不让每个人在教育教学中获得意义、体验幸福，西进地区的恶劣环境和教育困境会压垮任何的教育理想者。只有教师把自己的理想、梦想与当前生活方式、工作结合起来，营造一种高尚的精神生活，才能把教育变成充满情意的游戏，把知识学习变成内涵丰富的精神盛宴。在这样的情境中，学生们才能获得学习之乐、生活之美和成长之趣。

在营造教师精神生活方面，团队共读成为最重要的形式。学校共读的总书目一般由校长、卓越教师选择并按类别列出，全体教师商议阶段阅读书目。他们共读的时间分成两类，一类是每周共读，另一类是假期共读。每周共读中，周三是为年轻教师举行的职业认同共读，周五是为解决具体教育教学问题举行的共读。每年寒假全体教师的"暖冬共读"分成两期，每期一周；每年暑假的"清凉共读"持续两周。共读融合了诗歌、音乐、朗诵、烹饪、园艺、电影等形式，有对教育问题的描述与讨论，也有对教育现象的调查与阐释，还有对教育方法的批判与思考。从校长到老师，都把共读当作共同体成员联系的重要纽带，非特殊情况没人缺席。2015年上半年，他们共读了人格心理学、道德心理学、认知心理学的经典著作，赫尔巴特和苏霍姆林斯基的教育学、海德格尔和杜威的哲学和王国维的美学。还一起诵读了泰戈尔的《吉檀迦利》，深度讨论了孟子、牟宗三的作品。蒙新小学认为，在教育即社会的观念下，做一个理想的新型教师，一

[①] 余国志、袁俊峰：《缔造完美教室朝向幸福完整——新教育实验"缔造完美教室"叙事研讨会会议综述》，《教育研究》2015年第4期。

定不能停留在原有学科知识和普通教育学知识上,而是要对宇宙、世界、自然、社会和人生有更深刻的理解与洞察。以周五共读苏霍姆林斯基的《给教师的建议》(91)"我怎样领导教师集体的创造性劳动"为例。

周五共读

时间:4月21日(周五)16:30—18:30

地点:三楼会议室

参与人:校长、全体教师

主持人:张杰副校长

过程:

1. 钟祥校长提出阅读问题:(1)谁是学校里真正的领导?(2)完美班级集体中,谁是真正的领导?(3)如果《西游记》讲的是教育的事情,谁是师徒四人中的领导者?

2. 刘老师朗读材料一、二段。

3. 张校长提问卓越教师张秀丽如何理解文本中的"科学、技巧和艺术",陈老师回答,钟校长补充。

4. 刘老师继续朗读三、四段。

5. 张校长提问年轻教师王涛如何处理"词语和有生命的自然界"之间的关系。王老师回答,马兰老师补充。王老师接着提出四个疑问,马老师逐个回答。最后钟祥校长点评。

6. 刘老师继续朗读五、六、七、八段。

7. 张校长问从教11年的张斌,他的学生在看到美丽的大自然时什么表现。张老师回答"词不达意""词汇贫乏"。钟校长追问产生这种现象的原因、今后如何补救。老师们开始踊跃发言,开始有讨论和争论。

8. 材料读完,全体老师思考钟校长提出的问题。三人一组讨论。7分钟后,每组一人1分钟的发言。

9. 钟祥校长陈述"真理如何变成全体教师的教育信念",并对开始提出的四个问题谈自己的看法。

18:30 共读结束。

(选自《蒙新小学教师共读记录》)

蒙新小学的共读强调的是让老师在自由阅读的基础上,进行深层次的思想碰撞，相互刺激彼此启发。共读的目的不是求同，而是"各美其美，美美与共"，既与人类发展的经典对话，又与具体的现实问题连接，有时就是以解决具体问题作为阅读的目的和核心。学校想借助教师"自读—共读—反思"这样的一个过程，促进教师专业发展的自我更新，从而达到自我发展设计、实施和调整的目的。蒙新小学虽然自然环境恶劣，但学校倡导教师之间真诚地激励和相互启发；学校也尽力创造条件，为教师"怀着善意的冒险"提供最大的技术支持和物质奖励。

"尺码相同"是蒙新小学对教师的要求。学校说的"尺码相同"是指作为教师的蒙新人都必须是志同道合者，如此才更容易形成共同愿景并彼此负责。这样的团队才能在学术上"如切如磋，如琢如磨"，在生活上亲如家人彼此关照，在利益上按照贡献分配而无怨言。而那些只追求物质享受没有梦想的人、甘愿平庸的人、动辄批判社会或指责他人的人则被阻止在校门之外。因此教师更强调使命与担当，为自己的教室负责、为自己的学科负责、为自己的生命负责，使"老者安之，朋友信之，少者怀之"，勇于在恶劣的环境中坚持梦想、努力创造完美教育。学校要培养的也不是普通的"教书匠"，而是始终处于向上发展的真正的专家型教师，或者说终身学习者。

在具体教师培养上，学校走的是专家引领型的教师专业发展路径。学校以研究院的专家、学校卓越教师为核心，强调在课堂中指导、为完美课堂而指导种子教师。这种实地培训是以教师需求为导向的，有利于激发种子教师的积极性和主动性。在这一过程中，专家群有理念引领，也有对教材的分析、对学生状况的解读和教学软件使用的培训。教研以问题为中心、以研究为中心，通过与专家对话，种子教师获得引领；通过与同伴对话，种子教师获得启发。

而在共美班集体中，师生共同参与晨诵、午读、暮省。清晨，教师和学生一起诵读优美的诗歌，开启教室精神的黎明；中午，学生在教室默读"毛虫与蝴蝶"读物，老师则根据学校读书安排阅读哲学、心理学、教育学、文学等名著；傍晚时分，师生在静默中反思一天的工作或学习，然后各自写下"暮省单"，其中包括班级目标或个人目标完成情况、每日感悟或本周寄语等。班级值日生则把当天教室内发生的重大事件记录在教室日历中。每个周末，老师还对学生一周的暮省单、班级日志进行批阅，考察班级目标落实情况、学生目标达成情况，并给出评语和寄语。真正实现了在文字中与自己交流、师生对话。如一个学生在暮省单中写下"打败我脑袋里的瞌睡虫和不专注",我一定要"做一、二年级的榜样"等内容,老师在旁边批注"两天的观察,发现你进步很大!遇到困难,老师一定会帮助你的!"如图 4-4 所示。

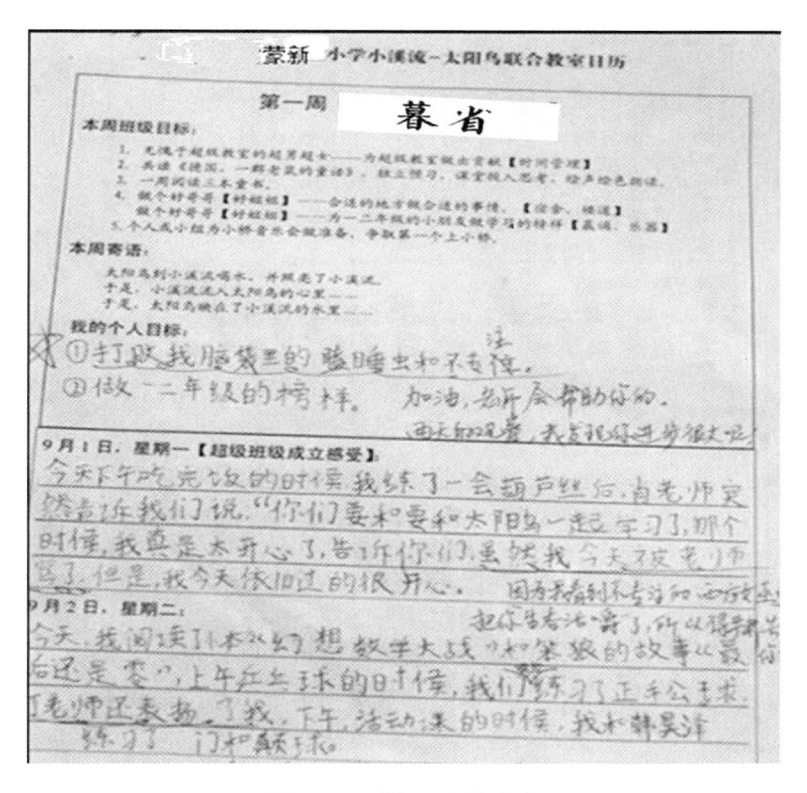

图 4-4 蒙新小学暮省单

蒙新小学还特别注重典礼在营造共同精神生活中的作用。新教师入职,钟祥校长会带领他们一起宣誓,立志成为蒙新的优秀教师;每次教师会,最后的节目一定是集体起立齐唱校歌。除了升旗、班会、晨诵、暮省等,一年级新生入学,学校一定举办迎新典礼,在祝贺学生开始义务教育的同时,讲清学校的核心理念。共美班集体中,每一门功课结束,都要召开隆重的结业典礼,师生用照片、改编过的诗歌回忆课程期间的共同生活。为学生生日举办的庆典,教师一定亲手写一首诗,或者精选一个专属词送给学生，以示祝贺和嘉奖。期末邀请家长到校参加"为生命颁奖"活动，与学生一起上台领取奖状、证书和奖品，或者和校长一起为学生颁奖。这些奖项不含传统的"三好学生""优秀干部""好少年"等类别，而是专门为每一个学生设定，名称也是针对学生特点的，如"清高的兰花""奔跑少年""蒙新小学者"等。之后是向家长汇报演出的童话剧，所有学生都要盛装上场，而家长们则满怀期待和骄傲地观赏。

蒙新小学仪式活动具有储存记忆和叙事功能，使接受过蒙新仪式的学生有了不同于其他学校学生的风格；学校的仪式对于学校凝聚力也起到促进作用，有利于化解师生冲突；这些仪式同时也创造了学校积极的情绪，有利于学校开展教育教学活动。

第五节　土地不拒绝种子

一个团队的共同生活，就是不断完善共同的愿景和使命的过程。钟祥把蒙新小学的共同教育生活形象地比喻为"土地不拒绝种子"，另一种诗化的表达法是"相信种子，相信岁月"。他说，共同愿景催生的教育使命就像"江南七侠"奔赴大漠去完成一个承诺，也像普罗旺斯的牧羊人立志绿化阿尔卑斯山，无论面临多大的困难，甚至连失去性命都不能摧垮人的意志。

蒙新小学对学生在学业方面的成就，有自己的考核方式。每个学期期末，他们都要对学生在语文、数学、科学等学科的基础知识掌握方面进行全面评价；同时对学生的均衡发展进行考查，这其中包括学生的朗诵、写字和写作；数学口算、自我挑战；英文歌曲、英语书法；信息检索、课件制作与演示；科学实验、科技小探索；乐器弹奏、歌曲演唱；体育的中短跑、立定跳远、轮滑；美术中基本的素描、水粉；舞蹈基本动作、组合等。所有评价中，只有数学综合成绩打出分数，其他项目都以教师评语为主，评语中充满了激励的词句，如"勤学好问是你的优势，如果能再踏实下来多思考，你能把数学学得更好！"以及"整整齐齐的字迹、干干净净的卷面，让老师一见到就喜欢。希望你再多读一点书，能更丰富自己的词句库。"以评语代替分数评价的方式转变，体现了蒙新小学通过肯定和鼓励来激发学生不断超越自己、不断树立新目标，实现自我成长的特点。学生的幸福不是建立在与他人比较而获得的骄傲或自信，而是在自己原有的基础上不断进步。

自古中国就有"得天下英才而教育之"这样的追求,然而面对教育中一颗发育迟缓的种子,如何对待?学校认定教育是负有社会担当的,要抓住学生智力发展的最佳期,用"唤醒"来复苏他们的心灵,避免让迟缓发育者变成社会的残障成人。如土地用一年多的滋养才能唤醒红豆杉的种子张开坚硬的外壳,蒙新小学就是在用宗教般的虔诚和热爱,在践行自己"相信种子,相信岁月"的信念。正如马兰老师说的,教育可以浸润人心养育人格,从而使学生获得智慧。但没有全人教师,何来全人教育?也如钟祥所言,在教育的土地上,我们绝不可以轻易判断一颗种子的未来,它或能许长成参天大树,也许只能长成一棵低矮的灌木,但我们应该怀着敬畏之心无条件地接受它——即便是一棵小灌木,也是生命的一种色彩——完全平等对待,爱生命,甚于爱生命的意义,这就是土地的情怀。

如果需要什么来证明蒙新小学"相信种子,相信岁月"教育的效果,这两个故事就是最好的证明。

第一个故事是二年级班主任张秀丽老师讲的:

> 她班上有个女孩小月,是二年级才转过来的。这个女孩学习基础较差。都二年级了,她查数不超过五,会写的汉字不超过十个。之所以会这样,是因为她生在一个被一般意义上认为是"智障"的家庭。母亲生活不能自理,孩子衣食都成问题,更谈不上家庭教育了。因此小月被蒙新小学认定为"智力休眠"。这样的孩子要不要接收?蒙新小学毫不犹豫地接纳了她。学校坚持不放弃任何一个请求入校的孩子,觉得任何一枚小小的种子都可能蕴含着未来的奇迹,激发它的生命力,它就有可能长成参天大树。而学校就是掌握启动学生成长奥秘的智者。学校决定加快小月的智力更新,对她进行介入式的干预。
>
> 寒假期间,班主任老师张秀丽把小月接到家里,和女儿同吃同住同学。在日常生活中,她对小月的习惯有了基本了解,然后为她制订了专门的学习计划。首先是进行数数、10 以内加减法的单独辅导,同时教一些简单的儿歌。一个假期下来,小月能数到 6,可以进行 10 以内加减,多认识了 30 多个新汉字,还会满脸笑容地唱儿歌了。
>
> 接下来的新学期,钟祥校长接过了辅导小月的任务。他做好了漫

长而又艰难的准备。那时,小月面临的新知识问题是如何在数字和实物之间建立联系、两位数如何比较大小和由加减法向乘除法的过渡。钟祥准备了黑白各一盒围棋子(361颗)和20个酸奶盒。他在黑板上写一个数字,然后让小月往酸奶盒放入相应的棋子,放满10个棋子后换盒。一周后,小月不但认识了10以内的数字,而且知道两位数是怎么得来的了。接下来的三周内,钟祥还是使用直观教学法,让小月比较两位数。比如比较23和32,钟祥就是让小月先数23个黑棋子,然后再数32个白棋子。通过口头数数,她知道了哪个数大哪个数小,也慢慢懂得了区分数字大小的关键是看十位数。在此基础上,让小月建立数字1—100和棋子的对应关系就比较顺畅,但在写数字时,又遇到障碍。他让她写数,一行写十个数字,共写十行。写到19的时候问后面是不是100?写到29的时候还是这样问。钟祥就让她摆棋子数数,知道了应该写20、30。就这样,反反复复一直到59,后面小月再也没问,钟祥一气在小黑板上写到100。

从加法到乘法,是从实物到逻辑的一个飞跃。考虑到小月平时缺乏思维训练,可能耗时过多,钟祥尝试使用了先教"乘法口诀",然后实物演练的方式。两天内小月背熟了"乘法口诀",钟祥就不停地用实物刺激她的思维,如"两堆白棋子,每堆三个共几个?""三堆黑棋子,每堆三个共几个"等等。从非常缓慢的摆放和运算开始,逐渐加速,一个星期后,小月基本能在没有实物的情况下、不需要背诵口诀的情况下,张口而出乘法结果。

而之后的除法教学,钟祥做了基本介绍和示范后,就是让小月自己折腾去了。自己摆棋子、自己写式子、最后用"乘法口诀"验算。到这个时候,小月已经有了自己学习的能力,并且学习的成就感让她痴迷于每天的数学学习。到第八周的时候,钟祥给她列出50道加减乘除四则运算都有的数学题,她自己在那里又是背、又是掰手指头、又是写的,半个小时做出来了。虽然还有错误,但正确率已经达到了43道。针对错的题目,钟祥让小月自己再试着用摆围棋子的方式进行查验,再次建立数字和实物的联系。在较大的数字上(如$24 \div 6$),她仍然出错;在被减数大于减数个位数(如$14-8$)时,她仍然发怵。除了鼓励之外,钟祥觉得,四则运算变成学生的内化和本能化,还需要更长的时间和训练。但就当时小月的表现看,学习的大门已经为她打开，她只需要沉浸其中就好了。

两个月过去了，钟祥结束了对小月的单独辅导，把她交给班主任。陈老师给小月出了 30 道四则运算题，加减主要是两位数的进位、退位的题目。结果她只错了 4 道进位后十位数相加的题。

直观教学法，这个在很多幼儿园里就常用的方法，居然在一个二年级的学生身上发挥了神奇的作用，让她在双手和大脑之间建立了联系，促进了智力发展。钟祥在教学过程中也经常苦恼，担心小月学不会、跟不上。但最终，他坚定了一种信念，那就是：教师决定教育的方向，而速度和节奏一定要取决于学生的潜质和发展可能性。在教学中他还发现，当他表现出哪怕是一点点不耐烦时，小月那双眼睛就会胆怯地盯住他，满脸恐惧，无论他问什么问题，她都回答一个答案。他知道，小月以前的学习经历已经给她造成了极大的内在恐惧感，如果不重新给学生心理安全感，是不能启动她的智力发展的。从此，他不再高声说话，总是用真诚和慈爱眼光看她，每当她有进步时，总是表扬她、鼓励她。

两年后，四年级的小月能背诵出 300 字的文章，写出几百字的作文，成为学校舞蹈队的成员和童话剧的主角，小桥音乐会上，她用竖笛完整地吹奏了《忘忧森巴》。她还接管了教室内水仙的养护任务，悉心照顾它；水仙花开放的那一天，她自己主动整理了自己的书包、用湿布擦拭了桌椅，从此变成了一个干净、漂亮、自信的女孩。

像小月这样的学生，蒙新还有不少。班主任马玲老师讲了她班里两个学生的故事：

> 班里一个叫小雪的女孩，妈妈离家出走，父亲外出打工，好几年才回来一次，她跟着爷爷奶奶生活。她不仅身体羸弱，而且不懂与人交流，上课不听、下课不做作业。二年级的考试中，语文数学都是零分。马玲老师也是把学生接到家里，从日常生活开始，一点一点地教育、纠正、辅助，一个学期过去，学生的数学考到了 70 分；语文方面会背诵 50 多首诗歌、坚持读绘本然后到读大部头的原著、日记也从二三十个字写到了后来的二三百个字；还会唱 20 多首英语歌。
>
> 班里另一位叫小凡的男孩，是一个早产儿，患有先天肾功能不足

和严重的视力障碍,这也导致了他患上了自闭症,不与人交往、天黑不敢出门、听不懂老师的课。马老师通过吸引小凡参与班级共同阅读、师生单独对话、戏剧角色扮演等活动,不仅使他对识字产生了兴趣,还喜欢上了写作。马老师对他的表扬越来越多,他的信心也越来越饱满;他主动承担了教室图书的整理工作,周末拉着妈妈和妹妹去书店买书,教妹妹识字、算数,还帮妈妈做饭、拖地等。自闭症已经在他身上看不到任何痕迹了。

蒙新小学就是这样,在知识滋养学生的同时,也在生活的各个方面改变着荒原深处新一代学子的生活和精神。学生小静的爸爸这样评价学校的教育:

> 我是一个打工的人,半辈子贫困,也不知道为啥活着。看到这么多有才华的老师来这里教我的孩子,我觉得有希望了。你知道吗,好多牧民家长的想法也都和我差不多。以前不爱学习的孩子,现在回家就给我们讲她自己编的故事,会写会画会唱会跳。你知道吗,我的感觉就像是经过漫长的地道,终于见着光了。
>
> (小静爸爸访谈录)

近几年,"寒门难出贵子"的说法甚为流行。其实,这是对教育的一种鞭策。教育依然是实现阶层流动的重要途径,可以提高受教育者的知识水平和认知能力,也会影响受教育者的偏好、价值观、动机、毅力和社交能力等。关键是教育者如何看待"有教无类"这一传统的教育观念,并在自己的教育行动中践行。也许,蒙新小学为我们提供了一个范例。

第六节 文化奠基的全纳教育特征

蒙新小学的教育实践相当于一扇窗口,借此可以窥见当代中国新教育发展的一斑。"新教育"其实是一个不算"新"的话题,欧洲19世纪末至20世纪初出现了冠名"新教育"的资产阶级教育改革运动,20世纪20年代中国也开展过一场叫作"新教育"的教育救国运动。这些"新教育"有一些共同的特点,如都旨在对现实的教育进行反思、批判和重构,都主张尊重儿童的个性与自由,都建立了一批实验学校,都试图对当时的教育和社会进行创新和改良,都是民间草根的自发行动,等等。① 但这些"新教育"并非简单的复制或承续,每一个时代的"新教育"都有其特定的内涵和外延。就蒙新小学的新教育实验而言,称之为文化奠基的全纳教育尤为恰当。

一 文化奠基的全纳教育特征

"过一种幸福完整的教育生活"是文化奠基的全纳教育的核心价值和伟大使命。这是一个省略了主语的句子,隐含着教育对象和教育内容的非排他性。这种教育下的学生不因出身不同而有所区别,每一个人都享有受教育的权利,并且教育过程是充满了趣味和愉悦的。完整的教育生活意味着进行"全人教育",完成德育、智育、体育、美育、劳动教育全方位的育人任务,培养学生身、心、灵全面发展。为实现这一价值和使命,需要教育者怀有执着坚守的理想主义、深入现场的田野意识、共同生活的合作态度以及悲天悯人的公益情怀。②

文化奠基的全纳教育贯彻了五种理念,"与人类崇高精神对话""教给学生一生有用的东西""无限相信师生的潜力""重视精神状态,倡导成功体验""强调个性发展,注重特色教育"等。这些被朱永新教授称为新教育实验的"崇高论""和谐论""潜力论""状态论"和"个性论"。③ 它们从心理学和伦理学的视角高度浓缩了新教育实验的学理和表征。

在蒙新小学的办学中,他们还实施了十大行动,即营造书香校园(教师读书会和师生共读)、师生共写随笔(教育叙事)、培养卓越口才(以课程推动说的能力)、聆听窗外声音(向他人学习、知晓世界)、构建理想课堂(集体研课磨课)、建设数码社区(整合网络资源,提高信息技术)、推进每月一事(每月强化一项对学生一生有用的重要习惯)、缔造共美教室(以生命叙事和道德人格理论为指导,以课堂教学三重境界为

---

① 朱永新:《过一种幸福完整的教育生活:新教育实验的缘起、发展与愿景》,《中国教育学刊》2016年第5期。
② 朱永新:《中国新教育》,中国人民大学出版社2012年版,第16—21页。
③ 朱永新:《中国新教育》,中国人民大学出版社2012年版,第45—47页。

目标，利用晨诵、午读、暮省等儿童课程，书写教室里的成长故事）、研发卓越课程（根据办学理念，对教材进行二次开发和创造）和家校合作共育（家校合作，共同培养）。其核心行动为"构筑理想课堂"和"教给学生一生有用的东西"。其他如"营造书香校园"体现了"一个人的精神发育史就是他的阅读史""一个民族的精神境界取决于这个民族的阅读水平""一个没有阅读的学校不可能有真正的教育"等价值判断；"推进每月一事"行动，促进了学生养成良好的学习习惯、生活习惯和交往习惯。①

蒙新小学的全人教育还定位了"四大改变"，即改变教师的行走方式、改变学生的生存状态、改变学校的发展模式和改变教育科研的范式。② 改变教师的行走方式，意味着对传统教师职业态度和职业行为的改变，转向教师内在素养与外在行为的统一，使教师的知识和能力结构、专业精神适应完整人的培养。改变学生的生存状态，着力解决学生的物质形态和精神状态，更重要的是以精神力量战胜恶劣环境带来的成长阻抗。改变学校的发展模式，就是改变以应试教育为主的教育理念，在共美教室和文化校园浸润童年。最后，也是非常重要的一点，鼓励教师成为研究者，通过研究，既能"上天"（回应国家教育决策的需要）又能"入地"（满足一线教育实践的需求）。

蒙新小学依然坚持"教师第一"的原则，强调的是教师的引领作用，因为他们认为学校所有理念和行动落地的关键因素是教师成长，或称教师的专业发展。为了教师的专业发展，他们主要实施了"三专"的做法，即通过"专业阅读"（共读经典）、"专业写作"（教师叙事）和"专业交往"（校本研修、网上研讨和参加培训）促进职业认同与专业发展。这被新教育人称为教师成长的"吉祥三宝"。③ 但这并不意味着削弱家庭教育的价值和学生的价值，学校将家庭视为学校的合作伙伴和学生的成长伙伴，在贯彻"无限相信学生的潜力"理念下尊重学生、平等对待学生、

---

① 张荣伟：《从哪里来 到哪里去？——"新教育实验"本体论》，《山西大学学报》（哲学社会科学版）2017 年第 6 期。

② 朱永新、汪敏：《"新教育实验"价值系统的特征与实现路径》，《教育科学》2020 年第 1 期。

③ 朱永新、汪敏：《"新教育实验"价值系统的特征与实现路径》，《教育科学》2020 年第 1 期。

把学生真正当作学习的主人。

"文化",从根源上说有名词和动词两个词性。在蒙新小学,这个词被用于指"以文化之"和"以文明教化之"的教育过程,针对的教育对象是来自"草根"阶层的学生。在蒙新小学"草根"的教育背景下谈论文化的意义是有根据的,"草根"的比喻并没有从经济、政治或社会地位上贬低该校和该校学生出身或当前处境的意思,仅用它来说明学校在资源、生源、环境和教学条件上与精英型学校或者正常学校的差距。当教育要面对一群在智力上半开化或未开化的学生时,如何进行全人教育的关键是寻找适合自己的路径。

"全人之美课程"无疑是文化教育的一种重要载体。学校的课程取自"currere"(跑道)中重"跑"不重"道"的意义,即由以泰勒为代表的现代"技术开发"范式向后现代课程的"文本理解"范式的转变。课程研究的基本概念从"功能""结构""开发"等建筑学的隐喻术语转向"权力""意识化""再生产""自我认同""共同体"等政治学与社会学的术语,进而转向"权威""场所""叙事""话语""语脉""文本""声音""身份""关系"等跨领域的术语。[①] 学校思考了课程的意涵,认为"跑"是对课程主体的确认,"怎样跑"则可以成为课程美学的范畴,即关注"跑的艺术"。课程的美学意蕴也意味着以美学的理论与方法来重构课程理论与探究课程问题。作为一种实践取向的课程美学,主要关注课程如何展现艺术性,教师如何像艺术家一样地教,学生如何像艺术家一样地学。[②]

课程的"美"在文化意义上应该有三重境界。首先是"各美其美",表达的是孟子"欲求兼善天下,必先独善其身",从自身优势和劣势出发,产生创造美的渴望;其次是"美人之美",是老子"天下皆知美之为美,斯恶已……为而弗恃,功成而弗居"的豁达,取长补短。最后是"美美与共",不仅美,而且要共,由"共愿"到"共识",再到"共美"。美的三重境界,是詹姆斯意义上的"物质自我"与"社会自我"和"精神自我"的契合,也是弗洛伊德意义上的"本我"与"自我"和

---

① [日]佐藤学:《课程与教师》,钟启泉译,教育科学出版社2003年版,第5页。
② 张俊列:《"七I"课程观:美学取向的探究》,《陕西师范大学学报》(哲学社会科学版)2016年第1期。

"超我"的融合,还是罗杰斯意义上的"现实自我"与"理想自我"的结合。

学校的文化还有其他一些表现形式,如庆典、叙事、共同语言、禁忌、回报方式、仪式、交流、行为、礼节、要事安排等。学校利用这些"人为现象"来彰显自己的特色。人类是创造意义、利用意义和规定意义的动物,在人类创造的众多意义中,仪式被认为是最重要的一种形式,它被定义为"一个充满意义的世界,一个用感性手段作为意义符号的象征体系"。① 学校中的仪式活动包括仪式化、礼仪、典礼和庆典四大类。② 蒙新小学共建的"小毛虫""小叶子""蝴蝶"教室,不仅有名称,还有班徽、班训、班歌、班诗;学校的"为生命颁奖"、暮省、日常礼仪、在"农历的天空下"课程中对中国传统社庆的重温,变成整个学校的"互动仪式链",为文化的影响力和作用提供了"更宏大的结构",同时也为每个参加者带来了情感能量,使他们感到有信心、热情和愿望去做他们认为道德上容许的事情。③

对课程之美和仪式意义的理解和解释,就是师生共同叙事。蒙新小学共美教室的理念是基于当下和校园日常生活的,更是一个持续五年或者更久的过程。教室里的每个学生在"全人之美课程"中经历岁月,获得完整发展,在知识、情感、个性、审美能力和德性等方面均衡提高,从而使生命不断丰盈与发展。这些生命成长的记录,是通过班主任、学科教学和学生的共同叙事呈现的,师生都是主角,都是积极参与者和创建者,而教室则是师生叙事穿越时空的交织点。再深一步,如果他们对共同叙事进行探究,他们还可以获得"唤醒参与者们彼此的情感共情与经验互递",④在时间性、社会性和地域空间性的三个维度中⑤呈现"别具匠心"的"故

---

① 薛艺兵:《对仪式现象的人类学解释》,《广西民族研究》2003年第2期。
② Ronald, G., *Beginnings in Ritual Studies*, University of South Carolina Press, Rev. ed., 1995, pp. 40 – 58.
③ [美]兰德尔·柯林斯:《互动仪式链》,林聚任等译,商务印书馆2009年版,第2—4页。
④ Clandinin, D. J., *Handbook of Narrative Inquiry: Mapping a Methodology*, Thousand Oaks, CA: Sage, 2006, pp. 36 – 42.
⑤ Clandinin, D. J., Pushor, D., and Anne, M. O., "Navigating Sites for Narrative Inquiry", *Journal of Teacher Education*, Vol. 58, 2007, pp. 21 – 35.

事"，发现"故事"内重要的意义指向。① 共同叙事激发师生自觉的文化意识，用自己的语言讲述成长的经历，所以校园文化是一种"应然"的追求，而不是"实然"的事实。自我觉醒的教师会更坚定自己在蒙新小学的选择，对他们来说，教育可以作为一种生活方式、人生志业，为自己和学生赢得生命意义。

蒙新小学的学校文化不应视为一种单纯外在物质的影响或校长的个体行为，它是为学校成员协商认可的、具有约束力的和值得坚守的核心价值观和意义体系。因此，蒙新小学的学校文化应该是学校全人教育实验阶段师生理解和认同的价值、信仰、标准、仪式、典礼和叙事综合意义系统。文化成为影响人们思维和行为的中介工具。

蒙新小学的文化体现了一种合作精神。主要体现在以下三方面。第一，学校文化中反映了共享权力的特点。"小行政，大教室"的理念、教师共读、共同叙事等，可以实现教师间的思想碰撞、为教学问题集思广益、分享读书学习收获或者为共美教室提供联合工作的沟通。学校可以变成支持性的组织，提供具有整合意识与包容精神的行政服务。第二，学校努力形成一种专业共同体。对学生成长怀有集体责任感。共美教室主要由班主任负责，但是教室与每个人的荣誉息息相关。教师重视与同事之间具有探究性的交流和协商，提倡学校成员之间的协同合作。第三，每个成员都明确学校的任务。对学生抱有很高的期望，增强学习的气氛，提供学习的机会，有规则调控学生和课堂，以及积极的家校关系。②

在学校成立的五年里，文化熏陶让那些原本处于生活边缘和失学边缘的学生获得了知识，更获得了做人的尊严和生活的乐趣，也获得了健康成长的动力。他们的知识水平、阅读能力、艺术修养、道德水平都得到翻天覆地的变化。其中90%以上的学生升入初中继续就读，而同期整个牧区孩子的保持率还不到50%（以前一半不到），这个结果令当地教育主管部门和学生家长大为赞叹。他们践行的全纳教育，确实从理念和实践方面做到了容纳所有学生，不歧视和排斥任何适龄儿童和强行分类，强调共同体的合作，创造条件满足不同学生群体的需求，从学校生活的各个方面促进

---

① 丁钢：《声音与经验：教育叙事探究》，教育科学出版社2008年版，第43页。
② 谢翌：《关于学校文化的几个基本问题》，《外国教育研究》2005年第4期。

了学生积极参与教育生活。

蒙新小学的案例说明，学校文化可以作为学校发展的动力，以此为中介工具可以有助于合理利用资源。适合学校的文化，把教师、学生、家庭连接起来，分享共同的教育意义，是学校成功的一个路径。

二 关于教师的乡土情怀①

蒙新小学的教师们在实施全人教育的过程中，无疑是有深厚的乡土情怀支撑的。对于这样的情怀，我们如何看待？在此，本书想做进一步探索。

教育是国家发展的基石，教师就是这块基石的奠基者，而乡村教师是新中国乡村教育的奠基者、开拓者和建设者。② 当前，中国85%的小学、77%的初中学校在农村地区（包括镇区和乡村），③ 在这样的教育背景下，农村教师不仅在农村学生成长的道路上起着至关重要的作用，也关系着新时代教育事业的成败。但是，由于我国城乡经济和社会发展的不平衡，农村教育和农村教师队伍建设面临着诸多问题，集中体现为教师"下不去、留不住和教不好"。近年来，在振兴乡村战略和推动教育公平的背景下，政府相继出台了一些政策，制订了专项计划，着力解决这些问题。一方面，为了扩大和优化农村教师的选择渠道，增补农村学校高质量的教师，国家制订了包括农村义务教育阶段学校教师特设岗位计划（即"特岗计划"）、援藏援疆万名教师支教计划等。另一方面，通过2010年的《国家中长期教育改革和发展规划纲要（2010—2020年）》、2015年的《乡村教师支持计划（2015—2020年）》和2018年的《关于全面深化新时代教师队伍建设改革的意见》等国家战略，着重改善农村教师的工资待遇、职称评聘和生活环境，提高农村教师的职业吸引力，让更多优秀青年和人才"下得去"也能"留得住"。当前，农村教师数量快速增长，教师队伍也趋于稳定。然而，中国教育科学研究院课题组调查发现，在乡村学校任教的教师稳定性不高，"经常有"或"总是

---

① 本部分内容选自张立平、程姣姣《农村教师乡土情怀的意涵与培育路径》，《教育学术月刊》2021年第1期。
② 钟秉林：《总序一》，载郑新蓉、胡艳主编《泥土上的脚印——新中国第二代乡村教师口述史》，广西教育出版社2018年版，第2页。
③ 邬志辉：《中国农村教育发展报告2017》，《中国教师报》2017年12月27日第11版。

有"调动或改行意愿的教师比例达 30.5%,"有时有"的教师比例为 50.4%,"从来没有"的教师仅占 19.1%。①

农村教师队伍建设的着力点不仅仅在于提升物质待遇和促进专业发展,更应该在补充数量和提升质量的同时激发农村教师的主体性,引导他们热爱农村和农村教育,因为"教师发生根本性的改变在于深层使命、认同和信念的改变"。② 相关研究表明,农村教师的情怀与物质待遇同等重要,某些情况下甚至可以转化为教师扎根农村、坚守农村的内在动力和追求生命价值的精神支撑。其中,教师的乡土情怀可以让农村教师身处乡村社会拥有强烈的幸福感和归属感。强调教师的乡土情怀是对教育与国家、社会互动发展规律的基本遵循,即在"民生"语境下培养和造就党和人民满意的教师队伍。③

(一) 农村教师乡土情怀的内涵

费孝通先生说:"从基层上看去,中国社会是乡土性的。"④ "乡土"一词蕴含着特定的地域文化和情感归属,具有地域性和文化性的双重意涵。"情怀"是一个深植于中华文化却难以用其他语言表达的概念,常用来表征人的情感和心境,如家国情怀、人文情怀、教育情怀、职业情怀等。而"乡土情怀"表达的是人对本乡本土的一种情感归属,有学者称之为"每个人基于与生俱来的地缘、血缘、乡愿、乡情,对家乡(无论城市或乡村)历史、乡贤、风土民情、物产名胜的自豪、骄傲与热爱之情"。⑤ 这种定义突出了乡土情怀中蕴含的情感因素,却没能完全表达出乡土情怀中包含的"人们内心情感态度、信念坚守和理想坚持等一体化融合的精神品性"。⑥ 关于教师乡土情怀的内涵,国内存在王鉴和苏杭等

---

① 中国教育科学研究院课题组:《乡村教师队伍建设的成效与困难——一项基于中西部五省区乡村教师队伍的调查》,《中国教育报》2018 年 7 月 10 日第 8 版。

② Korthagen, F. A. J., "In Search of the Essence of a Good Teacher: Towards a More Holistic Approach in Teacher Education", *Teaching and Teacher Education*, Vol. 20, No. 1, 2003, pp. 77-97.

③ 张国玲:《新中国 70 年教师队伍建设的"变"与"常"——基于历年国务院政府工作报告的语料分析》,《教师发展研究》2019 年第 3 期。

④ 费孝通:《乡土中国》,北京大学出版社 2012 年版,第 9 页。

⑤ 李景韬、刘华荣:《基于乡土情怀培育的大学生爱国主义教育模式》,《兰州交通大学学报》2018 年第 1 期。

⑥ 韩延伦、刘若谷:《教育情怀:教师德性自觉与职业坚守》,《教育研究》2018 年第 5 期。

论述的乡村认同说、朱胜晖和孙晋璇的乡村适应说、童龙超的乡村意识说、李景韬和刘华荣乡村热爱说、马多秀的乡村共情说及张环宙等的乡村发展说等。① 西方对乡村教师的研究并没有直接涉及乡土情怀，多集中在教师的身份认同和教师情感两个方面。在科瑟根教师发展的"洋葱圈说"基础上，Beauchamp & Thomas、Fadie 等强调了教师身份认同对乡村教师个人生活态度、教学质量、教师自信和职业忠诚度的显著影响。②③ Hargreaves 从情感地理视角、④ Zembylas 从社会文化视角、⑤ Schutz 从生态视角⑥分别论述了乡村教师情感对教师生活、职业发展和课堂行为的正面作用。大致说来，中外学者普遍认为教师对职业生活的积极情感深植于他们的职业认同、身份认同或文化认同。中国的农村教师也必然经过对教师职业和教师身份的理性选择，在认同的基础上，才能产生对乡村归根、守土、习得语言和风俗习惯的个体意识和集体意识，对乡村社会产生心理适应和文化适应，进而表现为基于乡村的有组织、内生式的发展和乡村重建意愿。教师在历史、文化、社会和伦理交织的乡村"内结构"中对自身角色、价值观和人际关系评估和反思，最终形成他们乡村生活图景中的乡土情怀。首先，教师的乡土情怀是对乡土文化的总体观念和认识，亦即

---

① 以上内容见于王鉴、苏杭《略论乡村教师队伍建设中的"标本兼治"政策》，《教师教育研究》2017 年第 1 期；朱胜晖、孙晋璇《乡土文化转型与乡村教师专业发展》，《当代教育科学》2018 年第 8 期；童龙超《乡土意识：乡土文学的"灵魂"》，《江淮论坛》2006 年第 3 期；李景韬、刘华荣《基于乡土情怀培育的大学生爱国主义教育模式》，《兰州交通大学学报》2018 年第 1 期；马多秀《乡村教师的乡土情怀及其生成》，《教育理论与实践》2017 年第 13 期；张环宙、黄超超、周永广《内生式发展模式研究综述》，《浙江大学学报》（人文社会科学版）2007 年第 2 期。

② Beauchamp, C. and Thomas, L., "Understanding Teacher Identity: An Overview of Issues in the Literature and Implications for Teacher education", *Cambridge Journal of Education*, Vol. 39, No. 2, 2009, pp. 175 – 189.

③ Fadie, H., Oostdam, R., Severiens, S. E., et al., "Domains of Teacher Identity: A Review of Quantitative Measurement Instruments", *Educational Research Review*, No. 27, 2019, pp. 15 – 27.

④ Hargreaves, A., "Mixed Emotions: Teachers' Perceptions of Their Interactions with Students", *Teaching and Teacher Education*, Vol. 16, No. 8, 2000, pp. 811 – 826.

⑤ Zembylas, M., "Discursive Practices, Genealogies and Emotional Rules: A Poststructuralist View on Emotion and Identity in Teaching", *Teaching and Teacher Education*, No. 21, 2005, pp. 935 – 948.

⑥ Schutz, P. A., "Inquiry on Teachers' Emotion", *Educational Psychologist*, Vol. 49, 2014, pp. 1 – 12.

"乡土意识"。"乡土意识"一词最初源于文学领域，基本含义包括"故乡情结、民族意识以及精神家园意识"。① 在社会学领域，"乡土意识"一般是指"某一地域内的个体对乡土文化全部的认识和情感接受，其内化形式是乡土情感"。②农村教师的乡土意识表现在对当地风土人情、自然景物、历史地理和社会人物等的了解，对乡村建设和教育发展的关注，从而对乡土社会产生亲切感和无限"邻近"意识。农村教师个体乡土意识的获得与增强同时有利于农村教师队伍形成集体意识，促使该区域的农村教师共同为农村教育事业的振兴而不懈奋斗。其次，教师的乡土情怀意味着对整个乡村物理和社会环境的认同，亦即"乡土认同"。这种认同主要聚焦于文化、身份和职业三个方面。就文化而言，乡土认同意指教师对乡土文化的认可和选择，并承认其价值。乡土文化是在乡村社会独特的地理和人文环境中孕育而生的，一般包括地方建筑、乡村景观、历史遗迹、民间艺术形式、风俗习惯等物质和非物质文化。就身份而言，教师对于"我是谁"的理解必然经历先赋性认同、制度性认同和建构性认同，不断确认自己教书育人的角色、乡村社会的成员资格和延续乡村文脉的道义。他们对于这些身份的认知、体验、判断和反思，最终形成自己对"天命""人伦"和"格局"的认可。就职业而言，"教师对其职业认同的积极自我感知能够克服他们对恶劣工作条件的不满"，③ 让教师即使身处偏僻落后的农村之中，也能够把教书育人当成乐趣和追求，潜心向教。有了对乡土社会的认识、理解和共情，教师才能发自内心地形成乡土认同，对农村教育的未来使命、内在价值与情感联系形成稳固的判断和坚持。乡土认同不仅是农村教师成长和发展的动力来源，也是衡量乡土情怀高低的重要因素。再次，教师的乡土情怀还有着积极适应的意涵，这种适应包括心理适应和社会文化适应两个方面。④ 乡土适应意指教师个体在与特定的乡土环境进行互动时，对于自

---

① 童龙超：《乡土意识：乡土文学的"灵魂"》，《江淮论坛》2006 年第 3 期。
② 胡逢清：《"乡土意识"与新桂系》，《南昌大学学报》（人文社会科学版）1990 年第 3 期。
③ Michael, M. and Hofman, J. E., "Professional Identity in Institutions of Higher Learning in Israel", *Higher Education*, Vol. 17, No. 1, 1988, pp. 55 – 62.
④ Ward, C., Bochners, S., and Furnham, A., *The Psychology of Culture Shock*, East Sussex: Routledge, 2004, pp. 43 – 44.

身所拥有的不同角色、工作和生活中的能力、自身的人生观和价值观以及不同人际关系进行判断和反思，并且不断地对此做出调整，最终达到整体和谐发展的过程。农村教师并不完全代表工业社会标准来改变乡村文化，而是基于现代生活提升乡村教育的内涵，由"边界冲突"转向"边缘互动"，主动"浸润"乡土习性，[①] 与乡村一起成长。一方面，农村教师要面临居住环境和教育环境的适应，在相对落后的交通、通信、基础设施、教育教学理念等方面积极调整。另一方面，农村教师还要适应乡村的人际关系，在"差序格局"的乡村社区、家族制度、道德观念、权力结构和社会规范中寻求平衡，建构良好的社会生态。乡土适应是一个不断变化的动态过程，农村教师只有持续不断地与乡土社会进行互动和对话，经过"不适应—适应—反思—再适应"的循环过程，才能成为一个乡村的"自己人"或"局内人"。最后，教师的乡土情怀中还蕴含着乡村重建的积极行动意愿。农村教师作为乡村治理的共同实践者，可以通过其知识精英的身份参与乡村重建和文化再塑。这种重建既不是对西方模式和城市生活的简单仿制，也不是对文化传统的一味迷恋与回归，而是将当代主流文化、历史传统与乡土生活巧妙地"嫁接"起来。20世纪80年代以来的乡村发展理论说明，有效的乡村内生式发展更强调由乡村参与和推动、充分利用和开发内部资源、本地动员建立有效的组织结构和建构地方认同。[②] 农村教师作为新时代"播火者"，要做的工作是精选人类优秀文化的要素进行资源传递，同时共同参与在地治理。

（二）当前农村教师乡土情怀的现状与原因

1. 问卷调查的结果

为了了解农村教师乡土情怀的现状，研究者按照乡土意识、乡土认同、乡土适应和乡土重建四个维度编制了一份问卷，随机抽取B省Z县的10所农村学校进行了调查。调查中共发放问卷共计380份，回收有效问卷369份，问卷回收率为97.1%（结果如表4-1所示）。

---

① 李锋：《乡村教师怎样真正回归乡土》，《中国教育报》2019年5月23日第6版。
② 张环宙、黄超超、周永广：《内生式发展模式研究综述》，《浙江大学学报》（人文社会科学版）2007年第2期。

表 4-1　　　　　　　　　农村教师乡土情怀的总体认识

		频率	百分比	有效百分比	累计百分比
有效	非常高	10	2.7	2.7	2.7
	比较高	75	20.3	20.3	23.0
	不确定	149	40.4	40.4	63.4
	比较低	103	27.9	27.9	91.3
	非常低	32	8.7	8.7	100.0
	总计	369	100.0	100.0	

从数据统计来看，仅有23%的样本教师认为身边的农村教师乡土情怀比较高（20.3%）或者非常高（2.7%），剩下的77%的样本教师持有的态度是不确定（40.4%），或者认为乡土情怀呈现出比较低（27.9%），甚至非常低（8.7%）的状态。

表4-2数据表明，被调查的农村教师在乡土适应和乡土重建方面稍高，而在乡土意识和乡土认同方面稍弱一些。这说明农村教师居于乡村"在行动"，但有时却"无意识"。进一步的数据分析表明，教师的教龄、学校类型、工资水平差异对其乡土情怀有显著影响。教龄在5年及以下的农村教师的乡土意识高于教龄在6—10年的教师；教龄在16—20年的教师乡土意识大幅度下降，并达到最低水平；教龄21年及以上的农村教师的乡土意识又有所上升。在不同学校执教的农村教师在乡土意识和乡土认同维度上存在显著差异。在小学教学点执教的教师在乡土意识和乡土认同上处于中等水平，但是村小教师在这两个维度上处于最低水平；初中教师的乡土意识最高，但是乡土认同低于中心小学的农村教师。九年一贯制的教师在乡土意识和乡土认同方面均处于较低的水平。月工资水平不同的农村教师在乡土意识和乡土适应维度上存在显著差异。月工资水平在3001—4500元的农村教师的乡土意识最高。但在乡土适应维度，工资越高乡土适应趋势越明显，在7500元及以上达到最高水平。

表 4-2　　　　　　　　农村教师乡土情怀的测量值

	N	最小值	最大值	均值	标准误差
乡土意识	369	1.00	5.00	3.8991	0.74259
乡土认同	369	1.00	5.00	3.5836	0.89104
乡土适应	369	2.00	5.00	4.0711	0.62243
乡土重建	369	1.33	5.00	4.0754	
乡土情怀	369	2.60	5.00	3.8917	
有效个案数	369				

2. 深度访谈的结果

为了了解问卷调查结果的深层原因和机制，本研究还进行了访谈调查。调查采用目的性抽样的方式，访谈了教学点、村小、中心小学、初中、九年一贯制学校的一名教师。访谈资料按照三级编码方式，提炼出与乡土情怀相关的概念、属性、类属和核心类属，并按照逻辑关系构建出农村教师乡土情怀的结构模型（见图 4-5）。

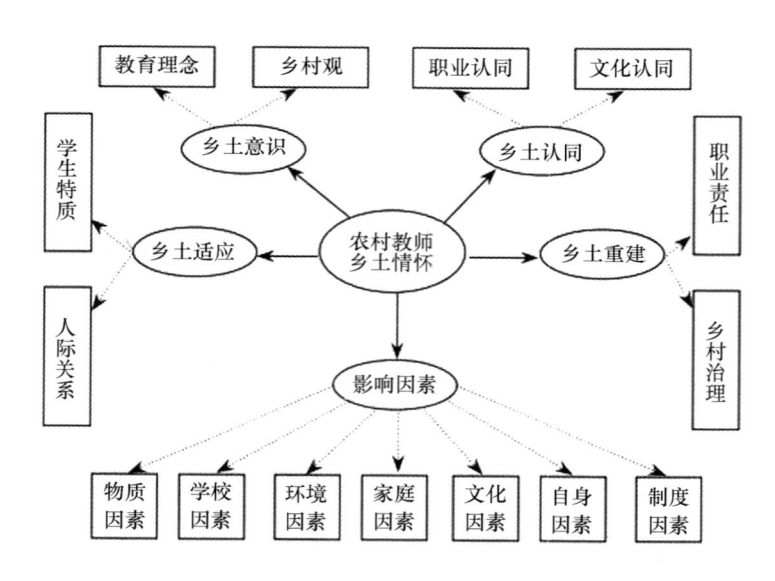

图 4-5　农村教师乡土情怀的结构模型

访谈资料及其模型回应了问卷调查中涉及的问题，展现出了 Z 县农村教师在乡土情怀方面的现实困境。

（1）农村教师的乡土意识薄弱。一方面，年轻的农村教师刚刚步入学校，开启自己的职业生涯，内心充满希望，极大地关注着农村教育事业，希望为其贡献力量，并且积极融入当地的生活。另一方面，由于繁重的多课头教学工作以及额外的扶贫、检查、家访等，使得他们没有时间和精力反思教育，也很少与村民互动熟悉乡村，导致他们对乡土社会的认识淡薄，无法产生理解和共情，因此乡土意识比较薄弱。

（2）农村教师的乡土认同偏低。参与访谈的特岗教师和代课教师表达了对微薄收入的不满，认为乡村教师保障计划没有落实好，影响了他们对教师职业和身份的认同。所有教师对于农村宴席、乔迁、立碑、婚丧嫁娶、满月等习俗表示无法完全接受。

（3）农村教师的乡土适应程度不高。Z县一半以上的农村教师不是学校所在地的本地人，有的来自城市，对于一些留守儿童的生活习惯和学习方式颇有微词，觉得自己付出多、收获少。与本地同事不同，很多教师交际圈子非常狭小，与家长之间存在沟通不畅、理念不合等问题，关系不融洽。

（4）农村教师的乡土重建动力不足。一些教师迫于就业压力或其他原因来乡村任教，他们内心深处对于农村学校的认同感和归属感很低，一旦有机会，就会毫不犹豫选择离开。另外，国家政策落实不到位、工资待遇低等因素等，都让农村教师无法产生重建乡土社会和文化的内在动力。

3. 农村教师乡土情怀现状的归因

当前，我国农村地区一些教师缺乏乡土情怀，一方面，与社会结构转型期的经济和文化影响有关；另一方面，当前教育中"离农离土"倾向也带来教师职业生活与农村生活的区隔。

（1）社会转型期关系重构，农村教师出现认同危机。有学者认为，中国的结构转型要经历乡土中国、城乡中国和城市中国三个阶段，而当前所处的"城乡中国"阶段变化最为剧烈，表现为结构转变最快、要素流动最活跃、城乡关系变化最大。[①] 有目共睹的是，当前"熟人社会"的

---

① 刘守英：《当前中国已经步入"城乡中国"阶段》，《北京日报》2019年1月28日第14版。

村庄制度趋于瓦解，本村人变陌生人，人际关系断裂与非人际关系的进入，礼治秩序瓦解，公私关系模糊。随着外部强势文化不断涌入，传统的乡土文化表现出日益衰落的趋势。此外，随着农村生产力发展和市场经济繁荣，传统的"伦理本位"价值导向逐渐被"追求经济利益最大化"所取代。更糟糕的是，当熟知乡土文化的一代人日渐故去，越来越多的年轻人选择留在城市或者尽量减少回乡，乡土知识和乡土风俗传递出现断层，乡土文化面临消失的危机，乡土情怀正在丧失自己的生长土壤和文化滋养。

在这样的社会背景下，农村教师虽然处在乡村社会，但已经自觉或不自觉地背离了乡村世界，产生了陌生感甚至对立感。这种困境的产生，首先，源于城乡资源分配不均，农村教师的工资待遇和社会地位较之于城市教师尚有一定差距，以至于他们在日常生活和教学中会有一些失落感，加之工作和生活上的压力，使得农村教师对自身所处的环境和角色无法完全认同。其次，城镇化进程中越来越多的人走出乡村，留在乡村社会的多是老人，由于语言、观念、生活习惯等方面的差异，农村教师仅在学校的一方天地里生活和工作，与村民交流甚少，也很少参与邻里乡亲的红白喜事，因此始终游离于乡土文化和乡土人情之外，不自觉地变成了无法融入乡村的"边缘人"。最后也是最重要的一点，乡村他者、社会舆论对于农村教师的价值低估。在传统社会中，教师是乡村社会为数不多的"知识精英"，他们在乡村日常生活和生产中扮演着不可替代的角色，但如今乡民们的视野日渐开阔，信息来源更加丰富多样，对农村教师的依赖性逐渐降低；同时，后现代社会的价值多元化也削弱了教师作为乡村道德教统和礼治秩序代言人的作用。农村教师的境遇不仅会削弱其职业认同感和优越感，还会削减他们乡土社会的归属感和存在感，由此衍生出对当前工作和工作状态的不满心态。[1]

（2）教育倾向"离农离土"，农村教师远离乡土社会。我国长期以来形成的城乡二元结构，造成了农村教师入乡和随俗的问题。城市，不仅意味着交通、交流、生活的便利，还有婚恋对象的选择机会和子女教育资源上的潜在优势，因此农村教师向往城市，也就不难理解了。就教育本身而言，新一代农村教师所接受的教育多是以城市文化和价值为导向的，乡土

---

[1] 席梅红：《新中国成立70年乡村教师历史价值探析》，《中国教育学刊》2019年第6期。

文化对他们的影响不大，他们甚至在认知和行动上表现出对乡土文化的漠视和对城市文化的极度向往，导致他们人在乡村却与乡土社会渐行渐远。此外，农村教师的培养被纳入国家统一的教育体系，在一般的规范、标准和知识外，较少考虑农村教育的乡土性和独特性，也很少针对农村教师开设相应的课程或专题教育。而对在职教师的培训或专业提升项目中，多数专家学者基本是从专业引领的角度进行技能传授，技术理性有余而价值理性不足。在教育现代化的语境下，农村学校的教学目标、内容和模式多为模仿城市，较少考虑乡村生活；教师没有从乡土文化中汲取足够的滋养，又缺乏发掘优秀乡土文化的动力。在这种情形下，大学教育和在职教育所培养出来的农村教师与乡土社会日渐疏离，农村教师缺乏在乡村长期任教所需的情感能量。

另外，一些农村学校的爱国主义教育、职业教育、传统文化教育和乡土教育不能和乡村生活有机融合，成为口号式、附庸式和表面式的宣传。在强口号和弱实践的情境下，农村教师既没有立己，也难以实现达人的使命。其中的原因在于部分农村教师无法将国家的宏大叙事与微观的乡村教育行动有机结合。他们对社会转型过程中所引发的问题感到困惑，对国家发展缺乏全面认识，没有形成乡村学校的实践共同体和集体意识，对乡村学生的厌学和缺乏学习动机既难过又无力，个人得失考量覆盖了奉献精神。再者，随着农村学校布局结构的调整，部分乡村撤点并校，学校从地理位置和文化属性上均独立于村庄之外，农村教师很难再有那么多的机会去深入接触、理解和体验乡村习俗和精神。地域的偏远、归属的悬空、文化的边际和教学的低效能感造成了农村教师对乡村的"精神出轨"。

（三）农村教师乡土情怀的培育路径

农村教师乡土情怀的培育是一个系统工程，一方面，我们不能抛开物质和环境的制约空谈情怀和理想，凭空拔高农村教师的道德要求；另一方面，我们也应该认识到，教师的乡土情怀的确能激励农村教师热爱自己的职业，适应乡土环境和扎根农村教育。党和政府应该在制度设计、教育培养和社会支持等方面培养农村教师的乡土情怀。

1. 农村教师乡土情怀培育的制度路径

农村教师乡土情怀的培育必须从国家层面出发，在政策和制度上给予农村教师保障和支持；亦即加强顶层设计，提供系统的外源性支持。① 重点做好政府保障机制、乡村社会关爱机制、乡村教师选聘机制、乡村教师荣誉评定机制和乡村教师职前—职中培养的一体化机制。首先，各级政府必须保证农村学校拥有良好的办学条件，加大现有的政策扶持力度，向农村教育和农村教师倾斜，真正有益于促进农村教师和农村教育的高质量发展。其次，各级政府在实施乡村振兴战略时，应优先考虑为教师创设安居的生态环境，重点解决教师住房问题和交通问题，保证学校网络通畅，方便教师获取教学资源、线上交流和网络购物等。再次，教育行政部门应健全公费师范生的招生政策，适量选取农村生源，专门培养、定向就业，充实乡村教师队伍，并依托大学建立 U-G-S 的职前—职中一体化培养。最后，国家应完善农村教师荣誉制度，定期评选、表彰扎根农村或者为农村教育事业做出贡献的老师，向他们授予荣誉称号、颁发荣誉证书和给予物质奖励，这样就能在整个社会树立服务乡村教育光荣的风气，从而增强农村教师的在场感。

2. 农村教师乡土情怀培育的教育路径

怀特海曾说，教育的本质在于它虔诚的宗教性，即谆谆教导受教育者要有责任感和崇敬感。② 在教师教育环节，应严选立志乡村教育的优秀学生，实行专业指导教师和一线有经验的中小学教师的双导师制，全程培养学生的高尚品德和专业能力；合理设置课程、严格考试评价，为未来教师建立起完整的师德和知识体系；培养过程中关注学生实践性知识的建构，扩大实习机会，甚至抽出较多的时间让学生进入乡村学校顶岗实习。对在岗农村教师的培训，在开拓其教育视野和理论素养的同时，应结合地方特色，开设有关优秀乡土文化和乡村教育的课程和活动，让教师获得乡村任教的持续动力和文化熏陶。乡村学校也应在实施国家课程和地方课程之余，提供培训、资源和技术，鼓励和培养教师开发乡土文化课程，挖掘地域性的乡土文化，比如开发以民歌为主的音乐课程、关注红色文化的政治课程、有关水渠文化的地理课程、以茶文化为主的综合实践课程等。通过教育，让乡村教师有能力从事乡村教育，有视野拓展乡村教育，有动力坚

---

① 白亮、王爽、武芳：《乡村教师发展支持体系研究》，《中国教育学刊》2019 年第 1 期。
② [英] 怀特海：《教育的目的》，徐汝舟译，生活·读书·新知三联书店 2002 年版，第 26 页。

守乡村教育。

3. 农村教师乡土情怀培育的社会路径

在传统的中国乡村社会里,教师是作为"乡绅"或"地方精英"参与基层治理的。① 因与乡村社会的良性互动,他们获得民众认可并拥有一定名望威信,拥有一定乡土社会文化的掌控权,得到公众对他们的爱戴与信赖。培育当代农村教师的乡土情怀,应该让教师从基于身份上无法选择的"血亲"和"自然"的"想象的共同体",走入参与、想象和协同的乡村治理实践共同体,才能实现乡村教师结构性认同、先赋性认同和建构性认同的高度统一。② 比如,教师所在的乡镇和村委会可以架构教师与所在乡村、乡民和家长的交流平台,让农村教师深度参与到公共事务中,成为乡村治理的"局内人",而不是让其游离于乡土场域之外。乡村文化角、名人坊、特色风情街、传统手工艺作坊的创办,以及微型展览和各类型比赛的举办,也可以吸纳教师作为发起人、指导者或顾问;也可以借助教师的文化优势,使其成为乡村广播、公共平台、自媒体、社交媒体的撰稿人、推广者或主持。沉浸其中,才能融为一体。

(四) 结语

陶行知先生说:"要想完成乡村教育的使命,属于什么计划方法都是次要的,那超过一切的条件是同志们肯不肯把整个心献给乡村人民和儿童。真教育是心心相印的活动。唯独从心里发出来的,才能打到心的深处。"③ 随着国家乡村振兴战略的实施,乡村教育取得了显著成效,乡村教师队伍建设向好发展。但长期形成的城乡二元结构和农村教师发展困境,提示我们在关注改善农村教师物质环境的同时,也要培育他们的乡土情怀。只有更多教师产生对乡村的认同,努力适应乡村社会,重建乡村生活,才能形成一批热爱农村、扎根农村教育的"薪火相传者"。在这里,教师"从心里发出来"乡土情怀,才能真正成为农村教师坚守奉献的内在力量。

---

① 狄金华、钟涨宝:《从主体到规则的转向——中国传统农村的基层治理研究》,《社会学研究》2014 年第 5 期。
② 赵明仁:《先赋认同、结构性认同与建构性认同——"师范生"身份认同探析》,《教育研究》2013 年第 6 期。
③ 《陶行知全集》(第 2 卷),四川教育出版社 2005 年版,第 363 页。

三 反思与批判

蒙新小学的探索实验与其母体新教育理论和实践一样，取得了较为可观的成绩，产生了较大的社会影响，尤其是一线教师、学生和家长对其平民性、实践性和公益性的实践赞誉有加。但同时，质疑之声也从未停息。在其轰轰烈烈的理论创新和推行实验的同时，社会也在思考新教育实验的局限性。

华南师范大学的黄甫全教授2006年在学术批评网上以《必须警惕当代教育研究中的"浮夸"风气——致苏州市副市长朱永新博士的公开信》的形式，公开批判朱永新教授及其新教育，认为这助长了教育的浮夸风，改变中国教育现状的不可能是朱和他的教育学派，只能靠几千万中国教育工作者脚踏实地的辛勤劳动。[1] 紧接其后，华中师范大学的郭元祥教授发表了一系列文章，质疑和批判新教育实验。他在《大规模教育实验：意义与局限》《再论大规模教育实验研究的局限性》《郭元祥致朱永新——关于"新教育实验"的几个问题》等几篇文章中，批判了"新教育实验"宏大哲学语境式的理论框架，认为该实验目标、理论基础和实验因子模糊，对理论假设没有做清晰明确的表述。实验过程和建构的理论缺乏缜密的逻辑性，所呈现出的观点、路径和策略倾向于情感宣泄。当然，批评和质疑让新教育实验团队进行反思，从理想和激情的状态向更加理性和务实的实践转变。[2]

回望蒙新小学，除新教育初期共有的一些弊端外，其独特环境下的办学也值得深思。首先，对于学校实际持有的"知识改变命运"的理念，应该怎样认识？蒙新小学在所处的艰苦环境下，鼓励学生努力学习摆脱物质和精神的贫瘠，这无可厚非，但在这样的时代用这样的格言去鼓励孩子，有待商榷。"知识改变命运"的励志名言在"文革"结束、高考恢复的特殊时期，确实鼓舞很多年轻人通过知识改变了命运。但如今，社会步入正常轨道，社会的价值观正呈现多元趋势，知识不再是垄断通往幸福之路的唯一要素，如果仍然用"知识改变命运"这句话来教育学生，就会

---

[1] 陈桂生：《关于"新教育实验"的〈公开信〉小议》，《教育发展研究》2006年第10期。

[2] 郭元祥：《大规模教育实验：意义与局限》，《教育研究与实验》2006年第4期。

促使学生更多地关注知识以外的副产品,从而加剧社会的浮躁,也会让不能通过知识谋取幸福的人产生巨大的挫败感。教育应该使人获得最起码、最朴素的智慧,不被命运所摆布;教育应该让人超越职业、地位与等级,使自知者明,自强者胜。①

在一个应试教育被妖魔化的年代,如何考察学生的学业成就?蒙新小学对教育的矛盾心理也集中在这个地方。学校不提倡考试、评比和唯分数论,但又提出"不在主观上特意追求现时的考试分数,但也希望有能力的学生毕业时考出好分数,以获得外界对他们的认可"。尽管想摆脱考试的桎梏,但在骨子里蒙新小学还是认为考试或考试分数是不得不服从的力量。这种"折中主义"和"撕裂感"使人对学校改革实验的勇气产生怀疑。学校的"全人之美课程"做了很多理论解释,但还是没有摆脱传统课程与教学的架构。虽然可以把这作为基于当地实情的权宜之计,比如学生知识基础薄弱、没有养成良好的学习习惯、师资水平相差悬殊、课程资源有限等原因,但学校对于现代教育中经验学习、学生中心、探究式教学、合作学习等理念缺乏实践的现状,不免让人遗憾。

此外,对于"专家办学"我们也有很大的误区。很多地方政府认为,请一个专家(甚至专家团队)过来,对他们的理论实行"拿来主义",就能复制一所成功的学校。殊不知,很多教育理论都具有情境性、时间性和针对性,办学行为与办学理念之间有很深的"鸿沟",模仿并不一定产生同样的效果。更何况,社会上还存在大量的"假理论"和"假专家"。这里就需要对"专家"做深入的了解,对其理论背景、办学经验、人生经历和人品个性做全面的分析。当然,这里并没有贬低蒙新小学专家团队的意味。

相反,蒙新小学能够办起来,专家团队的人文关怀和奉献精神确实起到了很大的作用。但是,经济支持也是不得不考虑的问题。从成立之初,蒙新小学就一直接受外来经济支援,研究院为蒙新小学筹集到第一笔捐款,国内外几个教育基金会也多次给他们捐款,这些钱被用于改善学校环境、师生生活补贴、订购儿童读物等方面。另外,学校中非教学人员数量过多,学生人数较少,存在教师赋闲情况,这也造成办公经费紧张。如果

---

① 刘云杉:《"知识改变命运"还是"教育使人不被命运所摆布"》,《探索与争鸣》2015年第6期。

没有捐款,财政拨付的办学经费对于学校运转是难以为继的。崇高的办学理念也需要雄厚资金的支持,人们不禁担心,一旦外来资助枯竭,这所学校将何去何从?

还有一个担心是关于学校文化的。学校提出"做积极的儒家,用教育营造民主,用行动改良社会"并号召进行儒家"知、不欲、勇、艺、礼乐"的教育。学校的共读经典、暮省、典礼仪式等,也使蒙新小学的教育带有宗教的气质。学校看到了儒家征服自然、勇于进取的精神,却对"中庸"的思想重视不够。探索勇气够了,却少了一点对自然的敬畏、对自我局限的认识、对适度知止的把握。近代以来,儒家都没能救国,在当代中国如果不对儒家文化深度反思,盲目的精神复古是否能改变当前的教育困境?

儒家思想要求人们通过修炼,达到"内圣外王"的境界,因此期盼明君或英雄横空出世的心理在教育上也有体现。当某个思想或某个具有深邃思想的人出现,人们往往对他/她寄予过高的信仰,这种信仰往往不自觉地起到了"造神"作用。新教育实验号称截至2019年底共有5216所实验学校,570万师生加入了该项目,① 一些分支机构也曾出现参与地方政治事件,因此有人已经把这个教育系统称为"准政治派别"或"宗教性质的团体"。一些地方政府开始疏远与新教育的关系,新教育加盟学校渐渐失去当地政府的扶持。项目组已经解散了"新教育实验研究中心",而蒙新小学作为它的核心实验学校,究竟还能存在多久?钟祥还能不能继续主持蒙新小学的教育实验探索?这一切,都变成未知的谜底。

但无论如何,钟祥等一帮有梦想的教育者和探索者,在草原荒漠的这个角落进行过辛勤的耕耘;他们带着堂·吉诃德一样的英雄主义,试图通过文化改变当地学生的命运,把努力向上、过完整生活的种子播撒在贫瘠的土地上。理想无罪,但实现理想的路径可以选择。就像堂·吉诃德说的:②

"各种奇事险遇,丰功伟绩,都是特地留给我的。我再跟你说一遍,我是有使命的。"

---

① 朱永新、汪敏:《"新教育实验"价值系统的特征与实现路径》,《教育科学》2020年第1期。

② [西]塞万提斯:《堂·吉诃德》,杨绛译,人民文学出版社1987年版,第145页。

但是，只有使命感是不够的，还需要把它上升为一种崇高信仰，学校和教师要在培养全人中实现自己的价值；此外，教育观念既要传承，广泛吸收文化精髓，同时也要进行创新，没有任何一种教育理念或教育方法适合任何人；最后，教育是一项需要脚踏实地的事业，浮躁、虚妄、沽名钓誉都可能损伤它的根基。

第五章

复兴的书院：智慧传道的经典教育

新苗书院坐落于S市珍珠湖畔，是一所公司投资、以书院管理为模式的教育机构。书院成立于2014年9月，目前有从幼儿园到小学六年级的12个班，52位国内和外籍教师在这里工作。书院以中国传统智慧作为发展底蕴，引领学生探索自我和认识世界，在实践中获得知识和技能。

新苗书院的目标定位在办现代人文耕读村落。在这里，人们努力过一种自然、天然的生活，读书耕田；以"三代塾"的形式，构建以"书香门第"为目标的学习社区。借助传统"六艺"，在礼乐的框架内让学生学习修身养性；根据学生年龄和认知特点，处理套装知识和经验知识课程。书院以当地和当下情境为基础，通过"一座山、一亩田、一片水"为代表的山水美育课程在空间上对礼乐教育进行了扩展，并向"仁"和"智"进一步融合；而二十四节气生活连接了生命、历史和人的德性；手工作坊则对于学生的动手能力有所贡献，有利于想象力和创造力的培养，也有利于培养匠人精神。书院的探索和实践是对中国传统文化中"天人合一"和"知行合一"整体观的践履，其对中国传统儒、释、道智慧的运用，也使它的全人教育探索有了经典教育的基本特征。

一般认为，迨至隋唐以后，儒、释、道三教之学便已都是国学。[①] 虽然没有提出"恢复国学"的主张，但书院尝试在中华优秀传统文化和现代教育之间建立一种联结。他们与很多从事中华优秀文化传播的人士相同，认为中华传统文化不是一堆没有生命的素材堆积，而是中华民族精神价值的重要载体，代表了民族文化的精神追求，是民族的生命和血脉，也

---

① 詹石窗：《关于"应用国学"的几点思考》，《厦门大学学报》（哲学社会科学版）2020年第2期。

是民族的根和魂。① 当代教育在这个领域还大有可为。

第一节 办有中国智慧的教育

新苗书院被定义为年轻但又充满理想主义的教育机构，它以"全人教育""中国文化奠基的中西方融合"和"知行合一"作为自己的发展方向，来培养孩子的人文素养和真心、善识、美行；希望在日常世界里，把教育变成真实的生活，把书院变成学生、家长和教师的心灵居所与求知和生活的纯净空间。书院认为教育的理想境界是：学生听课兴处手舞足蹈天晚也乐而忘归，讲者分享智慧娓娓道来放学却意犹未尽，师生坐、卧、吟、唱适意，把生活和知识中的发现与惊喜在珍珠湖畔分享。

一 选择以智慧滋养全人

关于为什么选择中国传统智慧进行全人教育，书院院长孟祥正曾经描述说，假如有一天外国政要询问中国有什么民族特质的教育，或者什么是最具中国特色的教育，他百般思考也无法给出答案。因为虽然中国本土有各种各样的教育模式，但找不出一个能像华德福学校、蒙台梭利体系或瑞吉欧教育一样的特色鲜明、影响深远的中国教育。

他用上述"尴尬"表达了一个基本认识：中国教育虽然有悠久的历史，但在现代以后却偶尔会迷失方向，也失去了自己的特色。他要办的教育，就属于当代中国的教育，代表中国的教育。至于中国传统智慧教育与全人教育的关系，他认为中国的"知行合一"和"天人合一"的教育理念，与全人教育理论实质相同表达相异罢了。书院之所以使用"全人教育"的名称和理念，用他的话说，就是"用别人能理解的语言说自己的故事"，以便中外教育形成对话的框架。

他坦言，时下的各种教育，犯了一种"流行病"。社会上流行什么、什么最时髦，教育就一窝蜂地追逐。奥数热、钢琴热、航模热、外语热成为教育热点时，学校和家长就非常急躁地带领学生朝那个方向努力，但忘了作为教育的本质和教育人的审慎。教育还迷恋上了自己的谎言。一所万人的高中，几十人考入北大、清华等名校，就沾沾自喜、夸夸其谈，为什

---

① 张践：《从价值源头看国学的当代意义》，《孔子研究》2020年第3期。

么不想想剩下的九千多人,就没有价值了吗?"海淀妈妈""顺义妈妈"反复翻炒的,是一种教育的焦虑,更是一种社会的浮躁。社会被笼罩上假象,民众盲从,从而形成盲目竞争和盲目消费的怪圈。虽然社会上也不乏清醒之人,但他们也很快被淹没在随流之中。在中国当代,确实需要从"洞穴"中勇敢走出来抛掉影子和咒骂的人。敢于坚持、明明德,肯去还原历史,还原本质,忠于自我,最终也会达到孔子说的"为政以德,譬如北辰,居其所,而众星共之。"在这个意义上说,教育应该为了发现孩子的天赋和潜能,理解和支持孩子的天赋追求,这才能把孩子领上成长的道路。沿着这条道路,孩子才能幸福。

所以,培养全人不是把孩子送往各种名校,而是应该思考孩子真正的天赋是什么。如果孩子热爱做一件事情,并被师长所理解,这就是他该走的道路。书院不追逐社会热点,因为没人知道三五年后的热点是什么。学校、家庭现在能给予孩子什么呢?那就是爱、自然和美,这是永不浪费、永不过时的人生经历。这就意味着,我们的教育要定位在忠于自然、忠于自己的民族文化。只有真正地回到自己的土地上,还原中华民族的文化,才能知道"我是谁",就会看到"如保赤子"。

书院的治学态度与发展迅猛的社会速度相异,提出"求慢、求难、求少、求拙"的原则,认为这就是自己要坚持的智慧教育路径。"求慢"体现在书院提供的农耕和木工课上,课程的目的不是要孩子学会农耕或木工的技能,而是要让他们以眼观心、体悟自然;花很长的时间来做这些事情,他们可以更好地体悟二十四节气,理解匠人精神,在漫长的过程中他们学到的是一种情结、一种领悟。"求难"是一种相对于过度鼓励教育的纠正态度,教育中不给孩子每个人都发奖牌、奖状,也不鼓励与其他同学去攀比成绩,只是不断地去提示他/她还有可以增进的细节;时间上并不着急,但每天争取都做一个新的更好的自己。"求少"是教会家长和孩子不拿一种吃自助餐的心态去对待知识和课程,以耳濡目染代替填塞灌输,吃饱但不吃撑;学校给孩子许多留白的时间,孩子学会更自主地决定他们想要学什么,并且让他们把吃到的东西都能有效地消化。"求拙"的第一层意思是让孩子少一些小聪明、小伎俩,因为小聪明会耽误大智慧;另外学校让孩子回归本真,认识事物最真实的面貌,不把学校打扮得五彩斑斓,让他们以赤子的灵魂感悟生活的本道,然后更好地回归自己。

孟祥正认为,真正的教育就是路易斯康所说的"大树下的教育",即老师不觉得自己是老师，那些听讲的人也不认为自己是学生，师生之间流动的是人生的感悟。教育还应是孔子的"杏坛"授徒、释迦牟尼的鹿野苑参悟、玄奘的那烂陀寺修行、朱熹的岳麓书院会讲、泰戈尔的席地读诗或者印度牧羊人赶着羊群穿越的校园。自自然然的生活，就是踏踏实实的教育。

这样的学校和教育，不会成为大多数家长追捧的主流教育；但是，总有一些在物质生活和精神抚育上追求平衡的家长，会把孩子送到这样的学校。诚如一位家长说的：

> 让孩子精神富足是我的愿望。我厌倦了国内那些无休止的竞争、补习、培优教育，所以我把孩子送到书院，就是想让他选择喜欢的事情做吧。他将来可以在国内参加高考，也可以出国留学。甚至不上大学都没有关系，只要他能做真实的自己。

这也代表了一部分家长对新苗书院办学认可的普遍态度。

二 "如保赤子"的教育理念

新苗书院"根植中国，花开国际"的校训读起来让人感受到它的内涵与眼界。它的目标是要办一所人文素养与知识均衡发展、中西理念均衡发展和身心灵均衡发展的书院。均衡的理念是全人教育的核心理念，而身心灵发展则是全人教育精神性的集中体现，这也是中国传统智慧的出发点。书院的教育就是要让学生们看到知识背后的态度、价值、意志和审美，看到中国文化的博大精深和世界文明的融合，更要把对人的心智和灵性的重视与身体并重。

书院提倡中国传统文化的教育应该给受教育者真正的生命体验，而不是简单地借用一堆西方概念，毫无思考地"拿来"。中国文化就扎根在中国大地、沉浸在中国人的生活里，融合在天人合一的自然中。也就是说，这种教育是自然发生与审慎选择的双重结果。中国文化的教育也不是故步自封的教育，它处在全球化中，强调与世界文化的相容与交流。书院认为真正的国际化，首先在于肯定、欣赏自己的文化，然后带着开放的胸怀去了解、欣赏别人的文化；也就是说，自己的文化需要内化于心，而态度上又是不排斥多元文化的。换句话说，当先我们说的国际化，就是用别人能理解的语言说自己的故事。那些用于沟通的外国语言（如英语）和文学，也就是国际理解与合作的桥梁。

书院的办学理念经过了四阶段的变迁，表达越来越凝练，焦点越来越集中。它第一阶段的十六字理念是"人本关怀、亲近自然、探索创造、互动参与"，明确了以学习者为中心、教师为引导的互动教学模式，亲近自然的生活方式，创新求变的发展范式。第二阶段的十二字理念是"东方哲思、教育美学、教学创新"，在延续创新范式的基础上，加入了儒、释、道的东方哲思和山水美学课程。第三阶段的八字理念是"正德、利用、厚生、惟和"，出自《尚书·大禹谟》，表达了书院的教育目的，"正人德，亦正物德"；也说明教育的方式和途径，即充分利用自然资源，过自然生活；还阐明了自己教育的理想结果，即物质生活和精神生活的富足以及社会和谐。这个理念加大了中国传统文化的权重。书院第四阶段的理念浓缩到只有四个字——"如保赤子"。这个理念深刻说明了教育的本质，一方面是教师和家长保持赤子之心，不被异化、物化，可以真正面对、照顾好孩子；另一方面是带有敬畏心面对学习者，如同面对自己的心，精心培育孩子。

新苗书院的学生从学前教育往上延伸到小学，每个班只招收二十名学生。书院所招收的每个学生都要经过招生说明会、家长个别面谈、孩子会谈等环节，让家长和孩子了解书院的教学理念、课程设置、生活安排等情况。只有父母认同书院的理念，孩子才可以被录取；之后，家长还被要求加入书院志工行列，可以参加书院课程，和书院一同关心、注重孩子身心灵教育。因此书院收纳孩子的同时，也是和一群理念、教育观相近的家长一起继续学习、探讨教育、共同担负起孩子教育的责任。但是，不管孩子来自何种家庭，他们来到书院就是要过一种新的生活。他们要跪下擦地，学会弯腰屈膝；茶礼、剑道仪礼严谨，尊师重道；平时生活中，行进得宜且知止；下田耕种，登山步道，从生活与课程中体验人生的甘苦酸甜。在书院，不管孩子来自什么家庭，他们不再是被娇宠的孩子，而是一个个"师法自然"的成长者。

从上述理念来说，新苗书院并不是主流意义上的学校，提供的也不是体制内的课堂，而是对教育的一种探索和尝试。举办这种非主流教育需要勇气，也需要家长经济、时间和精力上的大量投入，所以这种教育没有，也不可能成为当下家长的普遍选择。然而这种小而美的教育增加了教育的多样性，也给社会多了一份选择的机会，让一些对应试教育不满的家长有了参与教育实验的可能。书院是对中国文化的某种弥补，所以也有人称之为复兴传统文化的现代私塾教育。它其实更应该是以中国文化传统为基础的全人教育实验场，意在让孩子们在儒、释、道的教育哲思中学会知止、专注、守住当下，在对自然、生命的敬畏中探究教育的本原和事物的本质。新苗人坦言自己的教育不迎合时尚、不跟随潮流，而是要开启一个教育新篇章，用智慧引领下一个时代，带领孩子们去迎接未来。

因此，这就容易理解，为什么新苗书院被设计成一个村落。在这里，每一个孩子和每一个老师都相互认识，孩子父母和祖父母都可以成为学校一员。书院小校小班，不求规模，只求深刻。中外籍教师协同教学，为每一个人的适性成长负责。书院认为自己的职责就是教人，不是以知识传递为基础的关系构建，而是以人教人，以心传心。书院不为复古，而是对传统文化进行传承、更新，以便吸纳更多的人类智慧。有学者认为这是"转识成智"的一种途径，要求人们通过修养使自己获得的各种具体知识和聪明才智（可视为日常生活中的小智慧）转化为对宇宙、社会和人生真谛的领悟（大智慧），并以这种大智慧不断完善自己的人格并提升自己的人生境界。[①] 书院想办成一所令孩子们痴迷的学校，使他们天不亮就赶紧去上学，天黑了还舍不得回家；经过几年的书院生活，幼儿园的孩子喜欢上学、小学的孩子喜欢阅读、所有的孩子都迷恋大自然，书院认为自己的教育探索就成功了。书院明言自己所做的教育不是大众教育，因为他们相信，引领社会进步和改革一直都不是多数人的事；那些为数不多但深谙中国智慧的人，将引领未来的社会方向。

三 学习社区的愿景

新苗书院的目标是把书院打造成兼具乡村田园和城市"三代塾"特色的现代教育机构，因此对教师和家长有特殊的要求。在教师方面，除了在大学期间所学的专业知识和教学知识外，所有的新进教师还要学习书院开设的"心行"课程——六艺课、山水学课、节气生活课等，与学生一起修身养性。不过书院希望老师每年只选做一件事情，登山、剑道、茶道，专注学习一个即可。一年入门，几年后就能精于几门。一学期 40 个小时的师训，教师可以在校内学习，也可以到外面学习。每个月中，有一个周六是要接受书院全天的培训，主讲人可能是院长，也可能是外请的专

---

① 江畅、王佳璇：《中国传统智慧和转识成智观念考论》，《江苏行政学院学报》2020 年第 1 期。

家。目前书院内有海外归来的博士、国内大学来的教授，也有新毕业的大学生，无论哪个人，都是俯下身子，从头开始。

家长方面，新苗书院认为，每一个家庭都可以成为一个书香门第。书香门第就是一个微型学习社区、以书为媒介的情感驿站。所以书院支持家长在家自学，茶道、古琴、茶花、书法任何一个都可以。学习这些文化生活不为养家糊口和功名利禄，而是连接学校和家庭，与孩子成长同步。因为中国文化是很容易触类旁通的，家长只需选择一样，几年内就可以精通，其他的也会无师自通。至于国学，四书五经中挑一部喜欢的读就行；佛学方面读一本《金刚经》或《心经》，大意明白就好；在学茶道时，放古琴在一边听，熟悉那个音律就好。孩子在家，无意中会听到琴声、闻到花香、看到墨宝，他就会受到感染。有共同的爱好、有共同的话语、看到雅文化，这就是新苗书院定义的书香门第。如果家长自学有困难，也不要紧，书院的特色课程面向家长开放；书院的"三代塾"可以推广到祖父母一代。所谓的"三代塾"就是让（外）祖父母、父母和儿女三代人通过书院这个共学共享的学习场域见证文化脉络，因此祖孙三代同上一门课，也是书院的创意和特色。

新苗书院倡导的书香门第，实际上是对学习社区的文化再造。当家长加入书院有机厨房、参与每月六个小时的义工时，书院已经把家长变成了书院教育的主体。而通过母子或父子共读英语绘本这样的活动，书院也把家长变成课程的一部分了。书院是和社区、世界连接的。有学者坦陈，形成这样的学习社区需要四大核心支柱，即本质意志、共同学习、守望相助和生命成长。[①]

书院还把今日的书院与孩子的未来做了连接。书院发起了"女儿红"和"状元茶"的收藏活动。书院把参与书香门第活动的学生家长邀请到学校后花园，为女孩子的父母准备一坛酒，让父母和孩子在一张红纸上写下他们的心愿，然后与红绸封口的酒坛一起埋入地下。书院希望有一天孩子要嫁人的时候，他们再把酒坛启封。而对于男孩子的父母，学校则准备了一包好茶，与"女儿红"同样的方式埋入地下。女儿红和状元茶，让孩子与未来建立了连接，也把书香门第的观念带入未来。这是他们共同的

[①] 黄一鸥、王利华：《终身教育理念下构建社区学习共同体研究》，《教育与职业》2020年第24期。

生活，也是共同的梦想。

新苗书院有个愿望，就是把这种中国文化的学校推向世界，与华德福学校、蒙台梭利体系、瑞吉欧教育一样，成为世界教育中闪烁中国智慧的教育。也许这需要30年、50年甚至100年的时间，不过，这不要紧。正如乐山大佛修建的故事，第一代人建造了头像，第二代人完成身体，第三代人雕成双脚。每一代人的工作都是伟大的：第一代人明知看不到结果，还是勇敢去做；第二代人知道创意不在自己，圆满不在自己，照样努力不辍；第三代人知道最重要的工作都不是自己做的，但他们依然义无反顾。教育的伟业，是一种信念，是数代人共同守护的一个愿景。

四　结善缘善念的院长

孟祥正院长原来从事的职业本与教育无关，投身教育只是缘于为女儿找合适的学校。那一年，他的女儿出生，作为典型的中国父亲，他开始为女儿寻找学校。但等他考察完区域内所有的学校，却没有找到一所令他满意的教育方式。于是他产生了自己办一所学校的念头。

在他看来，当代的很多学校对西方教育理论和理念有一些吸收，却并没有在本国的文化土壤中生长出有独特智慧的教育。学校不仅要有教学的教室，更要有融合呼应的建筑、环境和课程。于是他决定先去西方考察，然后与中国文化对话。他带七位教师考察了德国的华德福教育，也去意大利学习了蒙台梭利教育，二者的哲学思想、灵性意识、美学观念、课程纲要、培养阶段理论等，给了他们很大的震动与启发。回国后，他们思考、讨论和考证，最后确定，自己的教育一定要从儒、释、道的智慧中汲取营养，形成自己的教育哲学；古代的四大雅好琴、棋、书、画，在现当代仍有人格意义，因此应该发展成学校的教育美学。中国的太极、武术、射箭不仅与现代足球、篮球等运动有同样的锻炼效果，还有深刻的哲学意涵，可以变成自己的体智能；中国的养生学不仅关涉"吃"，而且与养生和智慧关联，可以变成学校孩子的营养学。

经过理论论证、资源整合和精心筹划，书院的幼儿部开始运作。孟祥正一路吸纳、摸索、总结，也伴随着女儿的长大，他的幼儿园扩展到小学，形成了自己完整的教育体系。孟祥正坦言，通过办教育，他看见了孩子们无限的潜力和可能性，对孩子的艺术之美、生活之美教育，温暖了孩子，也使他自己的生命更加丰富。正如他自己所说的，他办教育就像

"为了喝一杯牛奶，结果养了一头牛，最后开了个牧场"。他坚定相信传统文化传承和光大的六艺课程、山水课程、节气生活课程、工坊课程，一定能给中国人带来文化的荣耀和智慧。

新苗书院的组织结构是孟祥正领导整个书院，下设校务长和课室主任。后来应公司要求，设立国际学校校长一名。孟祥正有一个计划，就是将来的书院教育系统走向核心小组管理的模式，这将更像丛林制度的村落，有长者、知事、同知共同主持书院的工作。办中国自己的教育、传承中国人的智慧，是孟祥正创建所有学校的立足点。

五 耕读村落生活

村落作为人类发展中的一种现象，代表着原始的文明，也促成了文明的互动与集团化，从而助推了现代文明的诞生。村落更有一种精神意义，类似于巫师们对未来的占卜，从而试图用永恒的精神维持一种集体意识或文化心理。现代社会村落的意义在于呼唤迷失的都市人摆脱物质的奴役，重新认识自己并回归自然。

书院秉承华人儒、释、道文化，把书院办成一个现代耕读的村落，而不是工厂式的学校。村子里有村长（院长），也有爸爸妈妈（做义工），还有爷爷奶奶（三代塾）。每个班级就是村里面一个家庭的概念，每个家庭里都有两个像爸爸妈妈一样的老师。老师们一般都有可爱动物或植物名称的外号，比如老山羊、火狐狸、蒲公英等。书院没有班级的概念，取而代之的是家的概念。书院的班级用"××家"来取名。比如一年级叫一心家，二年级叫二圣家，三年级叫三多家等。这里的村落生活也别具特色。

村落生活的第一个特点是家具与用品的天然化。书院的家具基本都是中式的全实木手做家具，取材自然、较少加工、手工建构；室内的艺术陈设品也是越简单越好，如一根木雕、一件陶器、一片黄叶便可禅意十足。村落提供的其他用品也尽量天然和自然，让那些大自然的物品以本来的形状、气味、味道打开孩子感觉器官的记忆，从而内化为他们的认知。削铅笔留下的木屑、太阳下曝晒后的棉被、光脚踩过的田垄、沙雕下的流沙，让他们知道木香、太阳、泥土、流动的真实感觉。这些感觉用文字无法传神，只能借助实物来唤醒，最终内化为孩子的自然体验。书院就是要在真实的环境里把教育转化成孩子们的生命经验，这样他们才能达到宁和、自然、天人合一的状态。

村落生活的第二个特点是全有机食物。书院认为，所谓有机食物，不仅仅指代健康，更是把人与自然连接起来，表现的是对自然的敬畏，对生命发展规律的尊重，对人的可持续发展的信仰。书院的全有机厨房由本校厨师和家长志工组成，协商制定书院有机食品从采购、加工到烹饪的一系列规范流程。书院蒸制的馒头取自自己用石磨磨制的有机面粉，不添加任何增白剂、增筋剂，白中泛黄但有浓浓的麦香；米饭取自有机糙米，蒸煮费时，但营养丰富并且易为人体吸收；有机蔬菜遵循自然时节不追反季，虽略有菜虫噬咬但确保不含农药、化肥；有机水果货源稀缺，但多花费成本依然可以如愿；有机山茶油炒菜，提高人体活性酶，增进钙质吸收。书院坚持素食原则，向学生提供植物性蛋白和植物性纤维，因为无法保证提供有机肉食。但是，书院并不反对家长周末为孩子烹制鸡鸭鱼肉。此外，学校还有一亩菜地，老师带领学生们自己种菜，体会插秧过程中后退是向前的哲理。

村落生活的第三个特点是部分生活用品的自给自足。如一味"家常豆腐"，不是来自现代化工厂，而是孩子们自己制作出来的。书院选黄豆、推石磨、纱布滤、大锅烧，在亲眼看到黄豆变成豆腐的过程中，体验了先民的慢生活智慧，也理解了居家的意味。书院的粗陶饭碗，就是自己制作的，书院自己选泥、加水、和泥、摔泥、制模、烧火，一气呵成自己的陶碗。还有孩子们喜欢的柿子袋，是自己印染和缝制的；孩子们说快板用的竹板，是自己削制打磨的。孩子们选择芝麻、花生、茶叶、香菜、盐末或白糖，放入石臼中捣啊捣，成泥后冲上热水，一碗香喷喷热腾腾的擂茶就出来了。在那个摆放着师生自己采摘的野花、三叶草、小野果的茶室，听着琴音、闻着焚香，最后再来一碗自己做的擂茶，那将是简单村落生活中最丰富的感官记忆。

村落生活的第四个特点是寻找原生态的文化意义。如为迎接农历"猴"年到来，书院组织民间艺术家、村民、学生家长、学生和老师，举办了"猴年温度"活动。活动中，孩子们跟着艺术家学习画稿、在木板上刻画、胶辊涂色、压印，制成一张自己的吉祥猴版画；家长还和孩子一起绘制了第一个猴年的大红灯笼，把过年的喜悦与传统文化连接；在说书人高低有致、声情并茂的演艺中，听一段美猴王的故事，认识这个源于宋代的古老曲艺；铺开红纸，饱蘸墨汁，在吟诵"只把新桃换旧符"的诗句中，他们写下自己的春联；买一张新制作的金猴剪纸，看身形通过影的轮廓，在剪刀、刻刀与纸间幻化生命；跟着美工师画一张京剧脸谱，让美猴王在色彩与图案中复活；吃一串冰糖葫芦，体会红红火火和甜甜蜜蜜的年味；逛市集，买柿子袋、过年红包，摆个小摊出售自己的闲置物品；戴上猴王面具，跟小伙伴戏耍戏耍……这样的猴年活动激发了成人的童心，给孩子童年留下了美好的回忆，也使生活有了生长的温度。村落中的原生态文化不是他赋的，而是在它自然状态下出现的文化；而这种地方性知识也许只有在这样的地域才能拥有真正的意义，这种村落情境能够为村落文化辩护。

文化，就是这样一种积累起来的生活知识和经验，它又赋予一个民族的独特生活方式以价值观。日常生活可以反映出常民的美学和智慧，体现时间与空间、记忆与情感、工艺与美学。

一座山、一亩田、一杯茶，在新苗书院都被赋予哲学意涵。书院每年都会组织"跋山涉水"的综合活动实践课程。爬山过程中，调匀呼吸，走稳步伐，守住自己；插秧的后退中，懂得人生退一步原来是向前；插秧中秧苗之间的"留白"，[①] 是为了让生命流畅；茶对于孩子意味着知止、知礼、知敬，在动静的转换中识人体己。守中、进退、留白、知止，书院对中国传统文化"儒、释、道"思想的理解贯穿于课程、教学与生活各个方面的实践中，这种"浸泡式"的影响，会让孩子的知识学习与智慧生成同步进行。

正如孟祥正总结的，耕读村落存在三块基石。第一块基石是爱孩子。一个孩子得到的爱和赏识越多，他/她爱的能力就越强，才能在未来与人的合作

---

① "无画之处皆成妙境"是中国画所特有的美学观点。与其他画种相比，中国画喜欢在画面中留出大大小小、各式各样的空白来。这些空白并非无意，有的寓意着天，有的寓意着水，有的寓意着云雾，有的可能则什么也不表示，是一种感觉，一种印象，或是一种意境，这种空白在中国画中谓之"留白"。"留白"是中国画的重要表现方法之一，是营造中国画空间感的重要手段。这种空间感是通过画面的留白，以空白为背景，用笔墨和形体的虚实变化来创造意境、表现空间的。中国画的"留白"艺术与中国古代道家思想有着极大的关系。《老子》第十一章中有关空间的阐述："三十辐共一毂，当其无，有车之用。埏埴以为器，当其无，有器之用。凿户牖以为室，当其无，有室之用。故有之以为利，无之以为用。"这段话的意思就是，车轮是由三十根连接轴心和轮圈的木条与车轮中心有圆孔的圆木共同结合而成的，就因它营造的空间，才有了车子的作用；用泥土做成的器皿，中间也是空的，因有了这空间，它才能使用；建造窗户和门，分割出房间来，这中间的空间才是人们建筑房屋的目的。可见有形的实物是空间赖以形成的条件，空间才是真正有用处的部分。中国传统哲学中对空间的存在形式的辩证描述即"无"与"有"的辩证关系，突出了"无"即空间的价值。而"无"与"有"之间，《老子》第四十章中又讲道："天下万物生于有，有生于无。"老子所谓的"无"并非一般意义上的无，"无中生有"，有中亦无，二者处于相互消长而又时时转化的对立统一之中，其辩证关系一直左右着中国美学中留白的美感所在。（详见徐邠《想象的空间——中国画留白之诠释》，《苏州大学学报》（工科版）2006年第10期，第62—63页。）

中以爱赢得信任和支持。第二块基石是大自然。大自然提供了丰富的色彩、对称、比例、形状和光影，是文学、艺术、数学和科学的源泉。第三块基石是美。书院提供了优美的环境、醇香的食物与和谐的关系，让孩子们的心中充满了生活之美。这三块基石就在师生身边，没有标识，但恒定存在；它们看不到厚度，却与日俱增；它们没有张扬的噪声，却常在身边，永不过时。

《易经·贲·彖传》说："文明以止，人文也"，因此，中国文化中的"人文"主要指人类美化自己，约束自己的道德文明、精神文明和价值文明。而西方的人文主义既肯定以人为本又反对人类中心论，既承认物欲又反对被物欲所主宰，既高扬理性又反对神化理性，既尊重科学又反对科学万能。① 中西文化中对"人文"有非常相似的理解。在这个意义上来说，新苗书院的"人文耕读村落"是在现代社会中对"人"价值的尊崇，也是为培养"全人"所做的一种生活、学习、课程和家庭整合教育的尝试。

在孟祥正看来，所谓全人教育就是中国智慧的教育，即通过传统文化润物细无声的方式培养孩子向善的价值观、积极入世的态度和知行合一的认识论，以此为基础激发孩子的求知热情，学以明理和文以载道。

第二节 "六艺"课程

新苗书院立足中国传统文化开设的课程，不仅教给孩子一套知识体系，更通过农耕、晨诵、工坊及山水学等一系列的独特课程，教会孩子"人法地、地法天、天法道、道法自然"的人生哲学和处世之道。

书院的课程大致分成两部分。一部分为针对套装知识学习的课程，②

---

① 祁志祥：《国学人文精神的现代意义》，《浙江工商大学学报》2013年第1期。
② 台湾大学教授黄武雄提出了"套装知识"和"经验知识"的概念和区别。所谓套装知识，就是把人类所认识的世界的整体样态，经过滤除个人的特殊经验，再把剩下的公众认可的材料进行分门别类、客观化、抽象化、系统化、标准化的细密处理，编制而成的知识体系。所谓经验知识，是以学习者为主体，通过不断学习与经验共鸣或冲突后所产生的知识。套装知识的好处是有助于学习者在较短的时间内，窥知人类文明知识的粗略架构，有利于抽象能力与专业技术的培养。套装知识训练得好，可以帮人获得文凭学历，寻找工作，但无助于人的知性成熟。套装知识最可取的是它的严谨度，对于未历经现代专业学术严苛要求洗炼过的社会来说，过分贬低套装知识的地位，又未能掌握经验识的精髓，将带来知识尺度的混乱。经验知识不能反过来完全取代套装知识。但是，只学套装知识，人的意识会趋向工具化。（详见黄武雄《童年与解放》，首都师范大学出版社2011年版，第23—71页。）

如语文、数学、科学等课程，有助于儿童在有限的时间内了解人类文明知识的粗略架构。它的学习特点是从部分到整体的认知，试图从点而线而面、由近及远，从细节的积累认识它的全部。另一部分是为了经验知识学习的课程，如登山、农耕、茶道、工坊等课程，特点是从整体到部分，先认识整体，然后在体验与不断试错中慢慢理解与吸收细节。按照书院的设计，这两种课程根据学习者身心灵发展的阶段不同而有调整。幼儿园中，套装知识课程只占大约20%，其余的80%课程都是关于经验知识的，通过游戏、活动、唱歌、节气生活、手作来开展。到了小学阶段，套装知识课程会提高到60%。

书院的课程安排遵循了儿童思维发展的规律，即从直观行动思维向具体形象思维和抽象逻辑思维的发展。在这个过程中，儿童逐渐从感知到表象，最后形成反映事物本质属性和规律的思维。当然，即使是经验知识课程，也不是一成不变的，初始年级的经验知识课程，会随着孩子把某些课程变成具身化的习惯后（如茶道、剑道等），从课程中撤出，只作为孩子的一种爱好了。套装知识和经验知识就像一个太极，套装知识刚硬一点，像阳；经验知识柔软一点，像阴，阴阳转动起来，才会有气韵，才会活。

书院幼儿园课程设置有三个原则。（1）让孩子成为孩子。孩子对大自然充满了好奇，对世界有接近的欲望。所以，课程要实现孩子看雨、听雨、唱雨、雨中发呆的愿望，要满足他们看蜗牛、放风筝、捡落叶、雪中奔跑的要求，对他们就餐时为自己多留一块腌萝卜、小蛋糕的小私心要假装看不见。（2）在节气中生活和学习。依节气时序吐纳自然而生，饮食、起居依时而动，仪式、庆典标识变化，从而在节气生活中创造艺术，发现生活、文化和美学。（3）全人发展。兼顾身体、智能、情感、意志等方面的均衡发展，与周围人、事、物连接，开启精致感官经验，接纳、爱和关怀，形成真心、善识与美行。

在这样的原则基础上，形成新幼儿园的常规课程。从早晨起床开始，孩子们要经历晨游（自主学习与自我实现）、晨吟（温暖与合一）、晨动（唤醒）、晨耕（自然与生活体验）、节气生活与艺术等课程形式；午餐和午休后，孩子们进行自我生活自理能力练习、生活式美语、思与言。幼儿的课程与生活教育密切相关，并保证他们充足的睡眠时间。

书院的小学课程注重培养学生对生命的体悟、思维的训练和知行合一。以"三多家"（三年级）的课程为例（见图5-1）。

新苗书院小学课程表（三多家） 2015年第一学期						
	一	二	三	四	五	
7：40—8：10（30分）	晨耕（farming）					
8：10—8：30（20分）	早餐（breakfast）					
8：30—9：00（30分）	晨诵（经典吟诵）（Morning Reading）					
9：00—10：20（80分）	儿童文学 Children literature	儿童文学 Children literature	木笛 Music education	山水学 Mountain Hiking	儿童文学 Children literature	儿童文学 Children literature
10：20—11：00（40分）	太极 Taiji	晨动：体能时间 Exercising		体能 PE	晨动：体能时间 Exercising	
11：00—11：20（20分）	课间休息 Break Time					
11：20—12：00（40分）	数学 Mathematics		班级时间 Class Time	山水学 Mountain Hiking	数学 Mathematics	自然 Nature
12：00—13：20（80分）	午餐、午休 Lunch / Nap Time					
13：20—14：40（80分）	英语阅读与写作 Literacy（Foreign）	手工作坊 workshops	世界公民 Citizenship	山水学 Mountain Hiking	人文茶道 Tea Ceremony	音乐欣赏与乐器选组 Music
14：40—15：10（30分）	留白时间 Left Blank					
15：10—16：30（80分）	书道美学 Calligraphy 艺术欣赏 Art	英语发音与语法 Language Arts（Chinese）	节气生活 Solar Term Course	山水学 Mountain Hiking	英语阅读与写作 Literacy（Foreign）	英语发音与语法 Language Arts（Chinese）
16：30—	赋归 Home, Sweet Home.					

图5-1 新苗书院小学课程（三多家）

在课程安排中，山水、书道、茶道、音乐、手工等这些原本在传统学校属于选修课或者边缘活动的内容，却占了正式课程的半壁江山。书院这样开设课程的原则有以下几点。（1）耕读村落作为学习支持力量的整体性。书院要把生命教育、生活教育和知识教育整合为一，并使之稳定和可持续；书院还要把教育的疆域扩大，形成社区与书院、家庭与书院的多维连接，形成发展生态。（2）以课程促进人的内外均衡。上午的课程主要以由外向内渗透的知识性课程为主，如语文、数学、自然等；下午则以由内向外的情感性课程为主，如茶道、书法、音乐等；中间安排体动与体能训练。每天下午 30 分钟的留白，让学生能自己调整身体、精神或学习，看似失控，实则让学生在张弛之间平衡自我。以身体体察动静，做到内外、整体与部分、个人与群体转换。（3）知行合一的学习观。强调学习的差异性和个人性，用适合自己的方法学习；尝试"作中学"和"用中学"，避免"填鸭式"教学。（4）礼乐生活，尊卑有序远近和合。课程与教学尊崇人性，但也注意在潜移默化中培养孩子的文明礼仪。（5）发展教师的课程能力。教师以群组为单位，开发课程，研究教学教法，制作教具；书院创造机会，让教师每学期参加茶道、音乐、艺术等课程，修学分；鼓励教师做好课程教学笔记、观察日志和教学反思，提高专业素养和通识才能。具体来说，他们的课程有以下方面。

一　体道课程

书院尽量在现代教育中融入礼、乐、射、御、书、数的理念。书院开设的主要课程有以下方面。

（一）茶道

通过体验学习茶道，理解"止"与"奉"的内涵；从茶味入口、入心开始，懂得知止，这是茶道的首要目标。如《礼记·大学》所言："知止而后有定，定而后能静。静而后能安，安而后能虑，虑而后能得。"而后，静默中能将仁礼转化为"奉"，做到虔敬与分享。一位家长记录了茶道结业时的情况。

泡茶中的虔敬心

时间到了，孩子们邀请父母进入茶席。让这些大人们眼前一亮的是案几上各种童趣盎然的茶杯，都是孩子们在陶瓷工坊里自己捏的；精细别致的茶拨是他们在木工工坊打磨的；颜色古朴又清新的洁方、席巾也是他们在染织工坊亲手染成；质感拙朴的茶帖是孩子们辗转造纸工坊和制书工坊两道工序制成，他们又亲手书写了毛笔字在上面……

更让父母惊讶同时又感动的是，孩子们气定神闲、凝神专注地给他们泡茶，然后恭敬地递给他们，还躬身行礼。入院的短短几个星期，原来淘气好动的男孩子好像突然变成了另外一个人。

教孩子茶道的雯雯老师说，从教孩子认识茶具到闻味六大茶系，再到用盖杯练习泡茶、倒茶，这不是一个朝夕之间就能解决的问题。首先是引导孩子喜欢上茶，然后通过泡茶注水的分寸把握体会什么是适可而止，通过摆放杯子体会如何保持合适的距离，通过奉茶的仪式感体会虔敬和包容，茶道的学习是最柔软的练习。奇妙的是，所有的孩子都学得很快，孩子们泡的茶汤不苦也不涩，也许正是因为孩子的心单纯明净。孩子们尤其喜欢户外泡茶，他们说，在户外喝茶更清凉！茶真的好甜哦！

（学生家长访谈录）

中国茶道不仅凝聚了中国国民性中的乐生、怡情，也包含了中国文化的内敛、入世，以及中华文明中的自然主义倾向等多方面的内容。因此，中国茶道大多与人文情怀和淑世态度相关。饮茶、学茶本身也可以成为体用合一、道形一体的媒介。饮者在品茗中沉静思绪，洗涤心灵，获得精神成长。①

（二）器乐

在音乐内容与艺术形式的评价标准上，孔子已经建立了标准，即将内容的"善""和"放在第一位，而将艺术形式之美则放在第二位。在书院的器乐课程里，首推的是南管这种流传于闽台一带的古老乐器，认为这种乐器有唐宋古典曲牌之风，善抒发乡思之情。因此，书院经常把南管用在诗歌学习中。

书院的琵琶课程则经常与美术教学结合；木笛课程则以简单易学、乐器声音圆润赢得学生喜爱。古琴课程，教学生在轮、锁、叠、涓、撮、

---

① 李萍：《论现代人文素养与中华茶道的内在关系》，《广东社会科学》2019年第6期。

滚、拂中辅以吟、猱、撞、唤、进复、退复，从而弹出天、地、人三籁。琴声不在指上，而是从内心流出。用古琴传达心声和情感，以琴会友；用音韵讲述故事，领略虚实明暗。器乐课程不让学生贪多，每学期学习三四首曲目，举行两次雅集。雅集既是学习成果的展现也是老师的观察检验。通过雅集，老师可以观察到学生的水平，音乐是否流畅，音准、节奏好不好，有没有音乐的精神。当然老师不会做好坏的判定，而是以鼓励学生个性化发展为主。

"乐"在当下的意义何在？也许在于"乐以立德、乐以成人和乐以教和"。①

（三）书道

由书写技法学习转向修身悟道，从丰沃的中华文明中寻找自我精神的路标，以摆脱物质社会、功利社会和喧嚣社会的羁绊，寻求心灵的宁静，这是书道的出发点。书院希望学生每学期甚至每年只选择同一种书法，临摹、体会、交流。这是一个求慢的过程，也是心摆脱聒噪的过程。体现在磨墨上，孩子最初3秒钟就说完成了。老师鼓励他沉静下来慢慢磨。之后他用5分钟、30分钟、最后60分钟磨墨，心定下来了，做事也开始有条不紊了。

自然和心性是书法本体构建中的两个维度，中国书法是节奏化了的自然，表达着深一层的对生命形象的构思，成为反映生命的艺术。② 更有学者认为，书非小道，它既是中国思想大系之组成部分，同时也是中国思想大系的具体体现。欣赏"书"实为欣赏道、欣赏自然、欣赏生命。③

（四）剑道

书院的剑道课程，可以从幼儿园修到小学，甚至更高年级。剑道以课程形式前后连接，分为"梅""兰""竹""菊"四个晋级阶段；每个阶段下又细分三级，有具体的评价指标；十二级的品级需要剑手凝神专注学习、训练和表现。以东方"四君子"作为剑道的品级名字，是想告诉修

---

① 廖小芒：《〈韶乐〉的乐教传统与当代价值》，《湖南社会科学》2020年第3期。
② 刘立士：《"书道自然"与"书为心画"——中国书法本体建构的两个维度》，《中国书法》2017年第14期。
③ 贡华南：《书之形与形而上——书道中的视觉超越及其归宿》，《陕西师范大学学报》（哲学社会科学版）2015年第4期。

习者，虽然剑道需要修习敏捷、果断、持久和技击；但最重要的是养气和礼仪，打出君子剑。

剑道的礼仪中蕴含着"忠诚、礼仪、勇敢、信义、节俭"等含义，让人们在接受民族文化熏陶的同时，潜移默化中传承民族精神，从而达到立德树人的教育目的。[①]

（五）水墨

水墨课程是书院在小学阶段开设的一门兴趣课，根据二十四节气和自然的变化来安排内容；通过这个课程，主要观察和培养孩子的专注力、定力和耐心。因此，课程对学生的绘画技巧没有过高要求，他们只需要把心中的想法呈现出来即可，老师也会根据学生的表现，指导学生个性化发展。从专业的角度看，有些孩子的画作确实没有传神地呈现事物，但老师会安慰孩子并鼓励他/她真实地表达自己的认识；哪怕最简单的线条和色彩，都是自己付出辛苦完成的，值得尊重。在老师的鼓励下，孩子发现了自我，也在慢慢地超越自我。

中国的水墨画中融合着诗性，通过心物合一的角色意象、虚实相生的场景意象、借物喻情的古典意象等意象创造，和画面意象韵律、叙事结构韵律、声音韵律的追求，可以凸显出诗意美学特征。[②] 但儿童学习水墨，更重要的是激发其丰富的想象力，并享受由此带来的美感。

（六）弓道

书院也教孩子们射箭。孩子们的弓箭要自己制作。孩子入学，书院会让每个孩子种下自己的竹子，以后的日子由他们自己照料这些竹子。到了三年级，竹子长成可供采伐。在老师帮助下，孩子们把竹子解成竹片。一部分用火烘干后直接制成弓和箭以供练习，但不久弓和箭破损。另外一些竹片在阴凉地晾干，一年后再制成弓和箭，将伴随孩子好多年。书院通过这个过程形象地告诉孩子，很多事情，欲速则不达；缓慢之中，看似守拙，实则藏巧。

无论是《论语》中的"射不主皮"、《礼记》中的"射以观德"，还是《诗经》中的"序宾以贤"都表明，弓道中包含着丰富的礼仪、做人

---

① 李超、金成平：《日本剑道发展经验及启示》，《体育文化导刊》2019年第3期。
② 赵贵胜：《画中有诗：中国水墨动画的诗意美学特征》，《民族艺术研究》2020年第4期。

和道德教育意涵。

　　书院的整个六艺课设置还有对整体性的考虑。茶道课用到的陶器茶杯、书法课和水墨课要用的纸张、弓道课要制作的弓箭，这些都要学生在手工工坊中自己制作。因为有现实的需要，学生才去解决问题、制造或创造器具。课程不仅为知识而开，工坊也不是仅仅好玩，它们是环环相扣的经验情境创设和德育教练场。

二　山水美学

　　孔子从"智"和"仁"的角度论述过山水学，"知者乐水，仁者乐山；知者动，仁者静"（《论语·庸也篇》）。孟祥正认为书院要培养孩子的这两种精神，这是教化的意义所在。书院有"一座山"和"一条河"的计划。"一座山"是一年一座山，也就是老师每年带着学生去翻越一座山，认识这座山；同一座山，爬十二次，分别在四季的十二个节气中。书院的"一条河"一年考察一条河，就是老师每年带学生去循河观察，同一条河走访十二次，在另外十二个节气中。其中一年，利用学校傍水的优势，把濒临学校的珍珠湖变成了学校的内湖，夏天带孩子划水，冬天在湖上滑冰，春天沿河看柳，秋天看候鸟飞越。

　　在登山的过程中，孩子们感受到四季变化。爬山搭配节气的节奏，配合孩子们做大自然笔记，便于观察记录不同时节大自然的变化。第一个月，学生带着好奇，一边爬山，一边"叽叽喳喳"听老师的介绍和说辞；第二个月、第三个月，老师说得越来越少；第四个月，老师不开口，把大自然这位导师呈现在学生的面前。学生也不再问什么。因为，天地大美，没有概念化的语言可以囊括出；万般事物都在眼前，只需要用心去感受就好。

　　大自然有天然形成的对称、比例、起伏、整体和部分，为人类提供了丰富的隐喻和启示，因此具有静抚和治愈功能。席慕容曾经写过一篇《贝壳》的散文，里面说："贝壳很小，却非常坚硬和精致。为了这样一个短暂和细小的生命，上苍给它制作出来的居所却有多精致、多仔细、多么地一丝不苟啊！"书院以此为例，说明贝壳的呼吸、节奏都是应和着日生日落、一年四季。所谓的身心灵，就是在接触大自然这位老师时，你内心的触动。观鸟可以触发设计灵感，观鱼可以触发色彩搭配，谛听天籁可以触发伟大的音乐作品。大自然的隐喻能力，给予音乐、绘画、舞蹈、设计无穷的想象和灵感。这就是新苗书院希望借助"山水学"给予学生。以他们的课程为例：

将大山印刻在生命中
——山水课程教会孩子什么？

林间有风，树顶有阳光。奔跑的孩子们，欢声笑语像云间唱歌的小鸟一样，远处红绿黄的颜色层层铺垫、渲染……那种层次感、色差之间的过渡与变化，令人感叹大自然的神奇。每半个月新苗书院学程部小一的师生都会来拜访这座大山，体验不一样的颜色、不一样的气候和不一样的感受。

"一年一座山，一年一条河"，师法自然，在二十四个节气里走同一座山，访同一条河，是新苗书院独特的山水学美学课程。孩子在一年中，感受四季的差异，观察二十四节气中鸟兽虫鱼的不同。大自然是最伟大的老师，山水教会了新苗师生对生命的尊重。

登山时他们分成了几个小组，每一组就像一个小家，家里的成员就像兄弟姐妹一样互相照顾。一起爬山，一起游戏，一起作画，一起参与老师的课程；在这里，老师们讲述了无痕午餐，让孩子不为大山爷爷添麻烦，保护环境从身边事做起；在这里，他们看到光秃秃的树木一点点地冒芽、开花，一点点地变绿，后来他们还吃到了美味的桑葚和苦苦的青杏。静下心来，还可以看到山鸡在觅食，松鼠在跳跃，蝴蝶在飞舞……

带领新苗书院自然课的徐睿老师说，山水学课不同于游山玩水似的郊游，一年级的孩子侧重于打开五感，和自然建立起情感联结；二、三年级的孩子侧重于行走，培养孩子克服困难的能力。

通过山水学希望带领孩子建立对环境的健全态度，包括善待并尊敬所有的生物，而非以灌输知识为重的教学。登山途中引导孩子运用嗅、触、视、听、味等五官感受周遭的环境；更重要的，在登山过程之中，他们将关怀所有生命之间、生命与环境之间的相互关系与互动。因此，希望通过登山的教育活动，让登山超越"运动"的概念，变成一种学习、探索与成长的过程。他们收获了什么呢？

打开感官

以五感体察自然，打开所有感官，将自己融入自然，享受大自然每一次准备的各种惊喜；体察大自然的隐喻和启发，在自然中涤荡心灵。

感受节气

四季的变化，发现节气生活中的规律、秩序，看见春、夏、秋、冬四季的美好。两周去一次的目的在于搭配节气之节奏，配合孩子的大自然笔记，便于观察记录不同时节大自然的变化。

储存内在

让眼中的世界，内化于心；内在世界里的自然，会发酵成灵感，孕育文学，激发艺术，变成一种科学发现的内在动力。

敬畏心

知山水、亲山水、敬山水：进入野地、认识自然，进而亲近自然、喜爱自然，觉察自然之奥妙，因而对自然产生敬仰之心。

磨炼意志力

简单的事重复做，重复的事认真做，去磨炼意志力，培养自主性与独立性，并能够团队合作，共同完成专项任务。

与自己对话

期待孩子在登山的过程中能发掘自己、感受别人、与环境及世界联结。可以稳定而踏实地爬一座山，与山对话、与自己对话。在下山后，还能将这样真实的生命经验，内化成为永不归零的终身受用的能力。

（根据新苗书院的微信推文改编）

山是书院教育的延伸体，河是个体生命史的拓展地。在拜访的过程中山水逐渐变成孩子认知的一部分，内化为他们的自然观。这是生命与自然的接触，生命与自然的交流，生命与自然的融合，而不是人对自然的征服。

在呼吸吐纳间有节奏地学习，是中国文化在书院课程中的运用。幼儿园和一年级的孩子走一般的自然步道和小溪，没有过多的体力与纪律上的要求，就是让他们身处花草树木、鸟兽虫鱼之中，亲近、喜欢山水，休养身心。二、三年级就开始在学生中设置不同岗位，安排不同责任的学生履行他们的工作，例如小队长要学会判断下雨的时候怎么走更安全，走多久休息一次，每次休息多久；导航员使用指南针进行地形的判断、方向的判断等。在登山游水的同时培养孩子的团队协作能力。

一年当中，书院还安排孩子一次两天一夜的露营。这主要培养孩子独处、与自己对话的能力。在山上过夜的时候，老师晚上会带着孩子离开营地，每个人分隔独处，让他们独自待半个小时到一个小时，不能开灯，不能讲话，不能做任何事情，就是让孩子们习惯一个人孤独地在黑暗中安静下来可以做什么。书院觉得，人跟自己对话是很重要的。当人静下来时，才会空灵，才会感受和关注周边的一切。通过山上独处的训练，书院希望孩子在生活中也能学会独处与宁静。

为培养孩子的科学素养，就要训练孩子学会观察、记录、收集、分类、假设、求真。这种素养可以在实验室慢慢习得，但大自然可以给孩子们学习提供更好的学习机会。书院觉得只要把孩子带到自然这位大师面前，它会告诉孩子想知道的一切答案；所谓的科学素养也无非是引导孩子睁大眼睛看自然，闭上眼睛多思考，勤于动笔做记录。孩子通过做"自然笔记"来记录自己获得的东西，这是作业，但如何做由学生自己决定；老师不做点评，以免把向自然学习变成强迫学习，因此泯灭学生的兴趣和好奇心。

孩子们要做的，就是以大自然为师，以不增（不在自然界抛下垃圾）不减（不向自然界索要物质）的理念，学习研究自然。尤其是"不增"的理念，就是教孩子在山上洗那些油腻的碗，做法是在碗中添加热水后用勺子搅一搅喝下去，然后用卫生纸擦干，再把卫生纸带下山；书院教孩子用细盐代替牙膏刷牙、不用洗面奶、不抛食品包装袋、不留任何废弃纸巾。学习中，要对自然充满尊重和敬畏。

山水课程也只有真正做到融入、对话、感悟，才能形成审美；人对自然之美有了体验，才能成为精神，也才可能有美学出现。书院把登山的目的设定在感受二十四节气中春、夏、秋、冬的变化，而没有更多的要求。前几次登山，孩子们充满了好奇，也提出了无数的问题。随着访问频次和视野的扩大，孩子们通过眼、耳、口、鼻、手感觉器官深度接触自然，他们已将自然的系统信息内化于心。在这种沉浸式的学习中，他们融入了自然，主客体之分随之消失。

山高路远，水宽岸窄，孩子要学会平衡步幅，把握节奏；身体运动需要更多氧气，他们学会守住呼吸、守住当下。但是，他们在学习与成长的过程中还必须经过一个洗礼，这个洗礼就是他们面对自己的恐惧以及山中习以为常的孤独和沉默。跨越这种障碍，孤独就变成一种享受，山才真正成为一所书院，登山也成为他们面对自己、面对生命的一段历程。所以不管是一座山还是一条河带来的启发，都是在传统文化中要关注的，都要在行动中学习。

后人评价孔子的乐山乐水之说，提到"言仁者愿比德于山"（《论语正义》）和"夫水者，君子比德焉"（《说苑·杂言》），大抵是认为儒家山水观的核心是"以德观物"，带有道德功利性；刘勰"登山则情满于山，观海则意溢于海"的言论被后人称为"以情观物"，立足点从道德伦理高处变为常人情感；而新苗书院的山水观，则由"以我观物"向"以物观物"转移的倾向，更接近于"道法自然"而达到"无我之境"，天人合一。书院的山水美学是外在的、自得的，包含于大"道"之中。这也符合道家"原天地之美，达万物之理"的美学朴素唯物本质论和"自然美"审美论的简练表达，体现着"生命"的自我扩展和自我完善之美。"爱山乐水"，体现着道教的一种修炼途径，又是一种美学情趣。[①]

三 节气生活

一年有二十四节气，节气从何而来？书院的答案是，节气是活出来的。人们在节气的空间轴与时间轴中体验生活，一切生命和生活在二十四节气中螺旋、变迁，生命感悟也在节气生活中生成。正如清明，不只是扫墓，还有回忆祖辈对晚辈的希冀。子孙以"明明德之人"身份立于墓碑之前，纵使没有果食、香火奉上，一鞠躬之间，祖先明了。新苗书院认为，节气生活可以与历史连接，与生命连接，与德性连接。

书院的节气课程分为节气生活、节气礼乐和节气文化三部分，它们在书院的每个学段侧重点不同。幼儿园和小学低段主要是过节气生活，感受节气带给生活的变化；小学中高段以后则进行节气礼乐教育，了解生活节奏和按规矩做事。节气文化则贯穿于各个学段。节气生活中，孩子们食用节气甜点、汤品、料理；讲节气故事、学节气诗歌、读节气文章、做节庆活动。一亩菜园中，他们学习深耕、插秧、施肥、驱虫、收割，知道作物在四季的生成过程。

一年四季，书院要举行四个重大的庆典，每次持续一天，会有学生、老师、家长和其他嘉宾参与活动。春社庆典的主题是祈福，书院会带着孩子种下这一年想要照顾的花草，祈福它们会健康成长，或是围绕着学校里

---

① 潘显一：《简论道教的"山水"美学观》，《中华文化论坛》2014 年第 6 期。

的大树说出一年的期望，也可能会讲故事、表演戏剧。夏至时节则选择端午节庆典作为常设项目，在老师引导下，大家坐在一起包粽子、品雄黄酒，讲一些端午节的故事、传说。秋分时候的秋社庆典，院长带着全校的孩子一起庆贺丰收，感谢天地，然后一起做月饼、柚子灯。冬日庆典在学期之末，书院会带孩子做冬藏，例如制作水果醋、腌酱菜等。有时还会制作各种形式的蜡烛，晚上的时候围绕着校园点着蜡烛，营造一种团圆的感觉。通常还会邀请家长观看学生的各种作品展，然后全校一起吃一顿团圆饭。

经由文化庆典活动，书院希望发展生活美学与礼乐生活，并运用庆典整合各个学习领域。这些活动能形成一种个人精神性与团体和谐性合一的气氛，辅以静坐、吟唱、主题写作、讨论与发表、晨动及合唱（奏），并结合正德教育与辅导活动等学习内容，让学生储存生活与感官记忆，丰沛生命力。如书院的"秋社庆典"：

> 中国古代有秋季祭祀土地神的传统，这个节庆被称为秋社庆典。书院的庆典时间定在立秋后第五个戊日。那天下午，孩子们光着脚围坐在草坪上，一边跟着老师读着陆游的《秋社》："雨余残日照庭槐，社鼓咚咚赛庙回。又见神盘分肉至，不堪沙雁带寒来"，唱着《秋精灵》的歌："秋精灵来访，秋风轻轻吹，孩子迎风追，徐徐凉风吹，孩子满心欢喜，欢迎秋天到"，一边等待家长的到来。老师和家长到齐了，大家站在草地上，看院长祭神答谢收获。院长以茶代酒，三杯礼天、敬地、谢生灵。然后焚香祝告，感谢自然，祈福风调雨顺。最后，他弯腰从地上捧起一抔净土，敬谢土地神，撮起撒扬回归大地。典礼结束，家长和孩子、老师回到茶席共坐品茶，分享了师生制作的月饼。孩子们在与师长共赏田园之秋的同时，学会虔敬和感恩。
>
> （选自在书院的观察记录）

庆典之外的节日里，惊蛰时候，老师会告诉孩子们节气名字的内涵，然后带孩子们听春雷、去原野看蛰伏之物的苏醒、欣赏迎春花的开放；听老人们讲"龙抬头"的故事，品尝"蝎子爪"等节令食物；在"立春"选年货、认识麻将、赏梅听禅；"春分"知太阳黄经轮回、观赏油菜花、看燕子归来、旧书读完旧茶喝完；"大雪"时看大雪曼舞、体苍松沉默不避、焚香读信、自制冰糖葫芦……二十四节气，尽显气象变化之本、人与自然的关联以及人与人的相交之欢。

以书院的"冬至茶会"为例：

说一个冬天的故事
——冬至茶会记事

书院的冬至茶会如约而至。这是中国农历中需要特别纪念的一个节日，因为这一天昼夜差距最大，黑夜最长。自此"入九"，要经历九九八十一天漫长的冬天，才能迎来春天。

节气广场上，挂满了橙红、橘黄色彩的印染布，那是老师们和孩子忙活了一周，在染织工坊里赶制出来的作品；他们用红花、苏木等天然材料给布料染色，然后熨烫晒干。班里还有孩子在黑板或纸板上画画。

爸爸妈妈们到齐了，音乐会开始。古琴、琵琶、木笛、提琴……老师和家长都是音乐达人哈。暖场的小音乐会结束，爸爸妈妈们就随着自己的孩子一起回到班里，参加各班丰富的活动啦。

和面、擀皮、包饺子，想包成啥样就啥样。饺子包好后，送到节气厨房。趁着饺子在锅里，和爸爸妈妈、老师坐在一起喝茶聊天好温暖。给爸爸妈妈和自己写祈愿卡、听老师讲一个冬藏的故事、给爸爸妈妈吟诵一段诗词。

不知不觉中，饺子熟了。刚才自己包的饺子端上了桌，热气腾腾。得先尝尝自己包的那个最有特色的饺子。

吃完饺子，该点梅啦。画室里一株株墨梅，可都是孩子们自己画的哦。院长带领大家点下冬天里的第一朵梅花，自此以后，一共要点九九八十一朵。

点完梅花，我们关了灯。院长点起一个红烛，然后依次传递给在场的老师、家长和孩子。温暖的烛光里，大家闭上眼捧手许愿。然后，把写好的祈愿卡挂在许愿树上。这些卡都是折叠起来的，明年冬至才能打开哦。

茶会最后，所有人回到大书房，翻阅童书并选择自己要读的10本书。书房里的6000本童书都是一位家长捐赠的，几位家长帮助分类入架。在感恩的同时，要选出冬至后81天内阅读的10本书。书选好后，所有人拉起手围成一个大圈，抒发自己的感想。可以说，可以唱，也可以诵。

这个冬至的烛光、故事、欢笑、祈愿都进入了孩子的生命里。希望若千年以后他们还能回忆起这个温暖冬天的故事。

（选自书院的"二十四节气纪事"）

  书院的学习与生活是依照二十四节气的自然时序进行的，因为他们认为节气生活是在自然的发展规律和人的生命节律之间进行的一种平衡，有利于天、地、人的和谐发展。二十四节气同时也是中华民族的一种文化时间，节气生活是认识生命节律的一种文化技术，是人顺应自然的一种身体和心理回应。

  中国的二十四节气具有丰富的科学内涵，呈现出古人观察自然、认识自然、顺应自然和利用自然的智慧和创造。同时，它还蕴含着中国哲学，尤其是"因时而动、顺势而为"的时令哲学，体现着"人与自然是生命共同体"的核心理念，表达了中国人尊重自然规律和生命节律的哲学智慧。二十四节气包含着时间制度与文化体系的综合体，与之相关的口头文学、民俗节庆、人生礼仪等多种文化表现形式，是人们在长期的生产实践和社会生活中形成并世代相传的共识。围绕二十四节气形成的习俗经过千百年的锤炼，承载着中国人敬重自然、睦邻友群的精神文化内核，形塑着中国人特有的符合大自然周期变化规律的文化特质，引导和规束着民众的思维方式和行为方式。[①] 书院把二十四节气引入教育体系，使自己的教育更加具有传统文化的滋养。

四　培养工匠精神

  书院对孩子进行中国传统文化的培养，亲手做工是其中非常重要的一种方式。书院现有金工、木工、陶艺、制书、造纸、染织等手工作坊，孩子在这里可以通过"做"来学习匠艺，"以我手，敲其行；依我心，筑其韵"。手工作坊中，学生学习打磨金器，或者把原木组合成小家具，或者捏土成陶炉火烧制，或者经过制浆、沉淀、风干等程序造纸，或者在自己织的布块上染色上图。他们一边做，一边体会每一道工序的微妙；或者嗅着木屑的原味，或者触摸陶器的粗糙，或者感知纸浆的浑浊，每一项手工都在"复活"孩子的触觉、嗅觉、味觉。通过感觉器官形成的对世界的认知逐渐成为孩子内在生命的一部分。

[①] 隋斌、张建军：《二十四节气的内涵、价值及传承发展》，《中国农史》2020 年第 6 期。

书院对工坊课程的定位是"取之自然、用之生活、手作之美"。书院认为，大自然蕴藏着无穷的宝藏，很多日常生活中看似无用的木头、石块、贝壳、水果、树枝、种子、叶子，都成为最好的原材料；选取其中一种或几种组合，都可以制造出神秘而又美丽的新物质。几粒果实、几片叶子、一块布，就可以染出秋天的色彩，装点餐桌、覆盖课桌或彩饰窗户。顺应自然之道，书院引导孩子们用自然素材、发挥想象力，在操作中完成独一无二的手艺作品。

规则是做好手工的前提和根本。譬如一块木料，判断它有没有用、怎么用、哪些用、哪些不用、能用的用在什么地方、暂时不能用的留作何用？答案不是凭眼睛看、用嘴巴说就能给出的，最权威的就是用尺子量一量、用墨线校一校，用数据说话。这就是"匠人规则"，一种对工作一丝不苟近乎无情的严格。所谓"嗜之越笃，技巧越工"（英国谚语）用在他们身上最为贴切。作为匠人必须尊重规则、敬畏规则、遵守规则。

用手更要用心，这是做好手工的保障。做好手工，就是在体验天有时，地有气，材有美，工有巧，也是在学习匠人不侥幸、不苟且的精神，专注而深刻地做事。日积月累，成事成人，可以成就单纯追求利益所无法达到的物我价值。数十年如一日精益求精，通过制作的器物都可以传递双手的温度与思想的厚度。工艺之道是传承千年的文化，藏于民间，生活之中，而非艺术家处心积虑的天才创造，工艺也有美和生命。在衣、食、住、行日常生活中寻找平实之美，体会手作和手感，温暖和质朴，从形制、功能、结构中感悟文化之美。

新苗书院的木工工坊主要培养用手思考的艺术。通过木工培训，倡导回归手工、使用可循环木材，并在求慢中寻找自然感觉。木工工坊使用传统、典型的专业木工工具，不借助电力纯手工操作，使参与者更直接地面对"木料"。书院引领亲师生利用智慧，减去多余与榫卯，更用心构思和体会手作的乐趣和精神。通过木工课，新苗书院希望孩子在木工坊里用手制物，用心思考。借助双手引发思考和感受，还原制物最本质的样貌；借助双手让自然的材料、自然的工艺和质朴的心境汇聚成充满亲近感的生活器物，传达快乐的情感和对自然生活的热爱。

书院的染织工坊主要帮助学生升华自然的色彩。色彩是大自然的特征，因此，天然染色是萃取、凝固、彰显和升华生活之美的途径。但随着工业化发展，化学染料充斥着人们的生活，在无性格、流水线、鲜艳夺目的特点下又引发了对环境、身体和心灵的破坏。这也是书院开办染织作坊的初衷。书院希望带学生借助传统工艺复原先人的智慧，运用天然草木染制茶席使用的洁方或杯垫，在古朴中体会本真。在他们进行敲染、扎染和其他各种染色剂法应用之前，书院还要带他们观察植物，了解植物的色彩与提炼。

陶瓷工坊重在塑造道器之精神。陶器，是世界文明史上最悠久的人类制品，在此基础上发展成瓷。书院的陶瓷工坊让孩子在摔泥、拉胚、塑形、施釉、电窑、柴烧的过程中，感受塑造道器的精神；亲手捏制茶席使用的杯子、茶食盘、花器，是以趣味和真心制器，美化生活。孩子们喜欢陶瓷工坊，主要是能烧出小杯子、小碟子；那种从软泥到坚实器物的变化，让他们惊喜。工坊里没有框架束缚，孩子可以自由发挥。老师先带领，让孩子能够开始动手，不停地鼓励，孩子越发愿意去尝试。

金工工坊打造器物和饰物的灵性。曾经的叮叮当当，无不表征着一个重要仪式的来临，祭祀、婚礼、成丁、弱冠、新生，这一做或许是一年，十载，或许是一生，几代。所使用的贵金属、繁工序、巧设计、精工艺都承载着厚厚的情意和无尽的祝福。不看重机器工业时代的快捷与数量，书院金坊唤醒生活器物中的精致，饰物礼物中的温情，同时带领师生经由千锤百炼，体验成型与使用的喜悦。

造纸工坊复活天然古法。造纸是古代中国最重要的发明之一，但工业化和市场化的蓬勃发展使这种古老的技艺濒临失传，电子化和图片化的冲击使纸和书的魅力日渐丧失。书院采用天然的可再生植物材料，带领学生学习造纸，强调文化传承与教育创新。

制书工坊助铸中外文化之魂。古谚有云："书中自有颜如玉，书中自有千钟粟，书中自有黄金屋"，当书真正能承担这种分量之时，其中的内容、对应的图文、外在的制书方式都相得益彰。工坊就是从制书工序开始，引导学生领悟图书装帧中传达的思维方式以及制作者的立场、思想、工艺境界和审美情趣。

新苗书院的木工工坊和陶瓷工坊是孩子们最喜欢流连的地方。教孩子木工的杨娜老师谈到令她印象深刻的一个男孩，"他磨完香插又磨勺子，说要送给2岁的妹妹。他特别细致，在磨勺子的时候说安静下来就是一种享受。"当问到家长为什么愿意让孩子学习手工制作时，一位妈妈说。"孩子通过造纸、制陶和染织，能和中国文化有一个连接，让孩子有一些可以内化的生命感受。"教孩子们制书的苏杭老师谈道，"孩子们学习经折装，要求精确无误，一步步计算尺寸，步骤严密，这是要安静下来才能做好的工作；但做书签就很轻松了，孩子们根据自己的爱好创作发挥就行。"

新苗书院有一个关于手工工坊作用的说法，那就是，所有的手工都用双手，而双手与左右脑是连接的，手工有利于全脑开发。有种说法是，现在孩子的动手能力差了，也带来了智力的下降。手工是一种知行合一，动手可以促进智力发展，给人一种稳固的成就感；做各种手工活，这里面是生活的体验，是大自然带给你的感悟，而不是人为地灌输；手工工坊让孩子觉得很有成就感，是因为创造力、想象力都可以通过这些手工实现。

新苗书院通过工坊工作，是要让学生知道自然资源的丰富性，但同时知道有些资源的不可更新性，因此取之有量、用之有度；书院想让学生通过动手做事，把触觉、味觉、嗅觉等感知世界内化进生命；书院想把知识生活化，从而形成实践的和具体的审美；书院还想培养学生一种知行合一的精神，对人生不侥幸、不苟且的精神，能专注而深刻地做事。"求难、求拙、求慢、求少"是书院所有手工工坊教学的精髓。"欲速则不达"，不仅是给学生教谕，而且教育这个浩大的社会。当前社会，急功近利，人心浮躁，色厉内荏，勇气不足。以手工工坊为代表的传统文化美学教育，恰是一服医治社会浮躁的良药。但工坊工作绝不是因循守旧，而是在对传统反省、批判的基础上予以继承；匠艺也绝不是复古或复原过去的样貌，而是迈向未来，创造出全新的意涵。

从这个意义上说，"工匠精神"是超越技艺层面的一种认识观，具有传承意义上的文化信仰与价值，代表着工匠职业的价值观、操守观、道德观，"道技合一"的境界显然是工匠至高精神的追求。[①] 书院通过工坊所要培养的，正是讲究在做事时要掌握规律，还要收敛锋芒、谨慎小心、怀有敬畏地对待自己的"人工制品"。同时，在懂得利用规律的同时，人更要去反复实践，最终悟出事物的真理所在。

第三节　正心诚意之学

孔子说："兴于诗，立于礼，成于乐"，"礼"在一个人的成长中具有

[①] 夏燕靖：《斧工蕴道："工匠精神"的历史根源与文化基因》，《深圳大学学报》（人文社会科学版）2020年第5期。

重要意义，是立人之本。从小处看它事关个人境界，"恭而无礼则劳；慎而无礼则葸；勇而无礼则乱；直而无礼则绞"（《论语·泰伯篇》）；从大处看关乎国体和社会和谐，"礼之用，和为贵。先王之道，斯为美；小大由之。有所不行，知和而和，不以礼节之，亦不可行也。"（《论语·学而第一》）在新苗书院看来，"礼"关乎文化传统的延续，也是培养孩子"正心诚意"的好机会，因此，他们在日常教学中注重礼仪和节庆典礼的仪式作用。比如，书院通过开蒙仪式，让学生体验国学魅力，帮助孩子从小树立尊师重道和文明礼仪的观念。

> 开蒙礼仪是中国古代私塾教育的一个重要活动。新苗书院也把它作为学子成长的第一礼，借此标示儿童入学识字、学校教育的开始。同时，通过仪式向老师、知识表达一种敬重。仪式的第一部分是正衣冠，学生在老师带领下扶正帽子、检查衣扣和襟角、掸衣袖上的尘土，这意味着他们将会正衣冠、明事理。接下来是跨"勤聪门"，老师把他们带到红绸带、芹菜和大葱装饰的"蒙馆"门口。这隐喻着孩子跨过"学问之门"后将凭借"勤学"和"聪明"登堂入室。提着灯笼的学长引导他们上三楼的蒙馆，这叫文曲星带路。第三部分行拜师礼，先向孔子像鞠躬，然后给老师奉茶、面对所有老师三叩其首；老师用朱砂在孩子们额头点"痣"，意为"启智"，确认师徒关系建立。第四部分为开笔破蒙，孩子们在老师带领下诵读《论语》，然后走到两边的长桌上，跟着老师用毛笔饱蘸墨汁写一个大大的"人"字；"人"之头隐喻做"顶天立地"的人，撇是一以贯之的人品，捺是饱满而低调的学问，二者平衡，做人无忧。第五部分为师长训勉，院长讲话，勉励孩子们在做人和求学道路上勤勉执着，明理真知。
>
> （选自在书院的观察记录）

在书院这个耕读村落里，所有的教师和学生都是认识的。这意味着适性发展与因材施教的可能性。学校不追求生源数量，倡导小班小校的熟人环境。各班一般配备四种教师：生活导师、协同导师、学科教师和外籍教师，他们的职责各不相同。生活导师主要是语文老师来充当，只教一门课，大部分时间都在教室陪伴孩子，关注他们的习惯、健康和学习，与家长沟通；协同导师一般为数学老师，跨班教1—3门课，不上课的时候，也会和孩子们在一起。这不是严格意义上的包班制，但与包班制非常相似。教学中，套装知识与经验知识除了在学习比例上有考虑，在学习时段上的安排也大有文章。通常上午安排套装知识学习、适合吸收，而经验知识的学习则安排在下午、恰合身体力行。学生的动手能力，是书院教学所追求的一个重要目标。

教师的教学不以升学、竞赛、消费为目的，而是身心灵整合的"人师"教人，知道"如何教"，更知道"为何教"。令人感动的人、事、物是一切学习的媒介，表达与写作是一种发现自我、感受自信、传达自我主体性和自由意志的象征；艺术与音乐的体验与创作是孩子内在情感与生命活力的外现，并不是通过死板的传授获得；属于这个年龄的孩子语言表达不出的性情、喜好、喜怒哀乐，却能通过戏剧、活动、绘本故事展现；生活情境中，让孩子们自然地讲英语。一切源自人格、态度和价值观的适性教育，会让孩子们一生受用。用手工作坊的"匠人精神"进行教育，允许慢、不齐、差异；课堂可以不用纸，不用笔，不用背，不用记，没有考试及作业。

教学中，书院重点培养学生的自主学习能力。书院认为，一个孩子未来的成就取决于三个因素，一是天性，即与生俱来的基因；二是家庭，父母给予的资源；三是学校，教育所给的启悟。如果只传授套装知识不培养孩子的自学能力，孩子就没有光明的未来。所以，这样的课堂在新苗书院极其常见。

> 二年级的数学课上，山鹰老师正讲解期末考试项目"口述海报"制作。他一边画一边演示，孩子们有的站着，有的盘坐在凳子上，有的正襟危坐，有的还在伸懒腰。有人点头赞同，有人插话质疑，有人批评老师海报做得不漂亮。老师和学生都很放松，每个人都有发言的自由，不用举手，不怕打断。在他们的互动中，孩子幼稚的想法很多，但也充满创意。山鹰老师示范和讲解的同时，不忘表扬一下学生好的创意。学生在轻松的讨论后，也有了自己的设计草稿。
>
> （选自在书院的课堂观察记录）

游戏、生活、快乐学习是新苗书院教学中的重要概念，但在这样的群性生活学习场域，团体游戏规则与校园规范也是学习的重要部分，书院也要培育学生良好的品格与道德规范。书院不赞同用奖励与惩罚的方式过早规训孩子，尤其是反对"良好行为工具化、生活目标物质化"，但强调通过教师作为"人师"的榜样作用影响孩子，耐心地陪伴、倾听、同理与引导，让孩子由衷地认同每一样生活规范。这种教育方式与蒙台梭利提倡的"奖惩无用论"如出一辙。这种教育更费心费时，但却是品格道德内化最有效的方式。在友善、有趣的环境中，让学生以开放愉悦的心，打开自己学习的频道，接触许多不同向度的学习。学习之外，也激发孩子对世事、对人保持好奇与热情。

这也是书院对孩子进行"社会化"的选择，它的重点是对自身社会文化的适应。其中，孩子必须认识其所属的团体，并能与该团体产生良好的互动，进而获得团体的认同和接纳，如此即可谓顺利完成社会化。社会化是一个发展过程，而不是一个结果。在这个过程中，提供一个自由、开放、尊重与接纳的环境，对孩子的观察、探究和领悟能力是非常重要的。当孩子能认识、了解和尊重自己，通过与他人互动，进而认识、了解与尊重每个其他成员，他就可能获得群体接纳和认同。

王阳明先生说："大学之要，诚意而已矣。诚意之功，格物而已矣。诚意之极，止至善而已矣。止至善之则，致知而已矣。正心，复其体也；修身，著其用也。"[①] 他说明了正心和诚意构成了致良知功夫的两种路径关系，也指明了实现人生理想的方向。正心和诚意都表明了要以积极的态度入世。但同时，书院强调师法自然，回归自然之道。不揠苗助长、不凌节而施、不好高骛远。顺应自然，无为中有为。

第四节 教书"匠"

新苗书院认为，老师有"人师"与"经师"之分。书院需要老师做"人师"，用身心灵做好育人预备和用人格魅力去感染孩子。因此，书院对教师的要求是，认同书院的教育理念，融入书院的文化生活。有耐心，

---

① 《王阳明全集（卷七文录四〈大学古本序〉）》，上海古籍出版社2011年版，第270—271页。

有爱心，愿意等待。

在很多人看来，大学中所学的学科知识和相关的教育学知识对于书院的幼儿园和小学来说绰绰有余了。但书院认为这是不够的。在这里，教师面临的问题不是"教什么"的问题，而是"怎么教"的问题。书院的教师中，高学历、高职称的大有人在，但是，作为书院的一名新教师，需要把过去自己施教的方法暂时搁置，先去思考教育是什么，然后放弃旧有的应试教育思路，重新思考用另外一种方法和态度去面对眼前鲜活的生命。最主要的是，教师要生成一种对教育的新图景。这个图景与书院的图景契合，也与自己的生命体验契合。

书院在按梯次培养老师。新进书院的教师，要参加"六艺"的课程学习，了解书院文化也重新看待中国文化，举手投足之间体现书院的行为标识；书院也需要教师学会收藏孩子们的四季作品，要学会与家长以文相交，以敬相处。对于资深的教师，书院鼓励他们突破旧有知识和思维方式，学习新的技能。书院提供经费和时间，让他们外出学习，回来后给予空间让他们探索，然后开设新的课程。

酝酿四年之久，整个教育机构成了自己的研究院，也制订了教师培训计划。书院认为，一个老师要经过三个三年六个月（10.5年）才能成为真正的书院老师。任教的第一个三年六个月，教师要进行通识的学习；第二个三年六个月，学习雅课程或文化，一年一件，学透学精。然后好好地从一件事情做起。一年一件事，可以是古琴、南管、茶道、书法，或者花道、香道。第三个三年六个月，可以承担任何一项雅文化的教学与组织工作，在感性的艺术呈现中产生美学价值。

书院也在用匠人精神培养自己的老师。书院的教师中有海外留学归来的博士、大学教授（辞职）、有经验的幼儿教师、新毕业的大学生教师以及外籍教师等，书院认为，让老师在学习和实践国学经典的过程中，慢慢拓宽自己的眼界格局，用文化经典美学去涵养自己的生命，对于教师都非常重要。只有用生命影响另一个生命、用生命去唤醒另一个生命，才可能形成真正的教育。同样一篇文章，老师用不同的眼界、心量和视野体察，就会有不同的解读。这是一种生命格局的养成，是一种个人实现和不断的向上成长。真正的学习往往发生在专注而深刻的制造中，看不见的东西比看得见的东西更重要，而正所谓"天地有大美而不言，万物有成理而不说，四时有明法而不议"（《庄子·知北游》）。

书院的工坊课程注重培养学生的"工匠精神"。书院认为这种精神同样适合于教师教学。教学是一种以心传心的文化活动。孟祥正说，老师，能驾驭自己的心，才能以心传心。一年钻研一件事，专注、专心；两年两件事，十年十件事，熏洗钝化、内化，才懂得如何驾驭自己的心，才能以心传心。这样，人教育人，才成为可能。

工匠精神既是一种技能，也是一种精神品质。手工工坊"专注""不侥幸"和"不苟且"的匠人精神被借鉴到教师品格中，会改写社会传统中对"教书匠"的定义，它将成为评价教师的一个褒义词。

孩子在工坊的劳作，是要生产优秀的作品，这个作品可以不是精美的艺术品，但一定是一件精心打磨的带有自己思想的作品。艺术作品讲究独特性或鲜明特征，而手工作品重在附着于劳动本身的持续的实践。教师的匠人精神是提倡教师能做到教书"匠"的境界。做好教书匠是一件非常不容易的事情。首先教师要为天职而活，想把教育做好，先把人做好，"己成，则物成"。认识自己，知道为什么做教师；愿意做教师，才能够坚持做教育，终生不渝。其次，要有"守破离"① 的技术发展路径。"守"就是新手教师的入门要求，即遵守专业的规范、程序、要求，无条件接受指令。"破"就是在知识能力具备的情况下敢于打破常规，有所创新。"离"就是离开旧有范式，形成自己的体系和风格。匠艺活动给获取技能带来的感情回报就在于人们能够在可感知的现实中找到归宿，他们能够为自己的工作而骄傲，② 教师工作也是一样。

第五节　表现性评价

在新苗书院学习，虽然没有考试成绩作为评价标准，学生在读一学期或一学年后，总要给出一个评价结果。评价的主要指标就是学生的自学自悟能力。

---

① ［日］秋山利辉：《匠人精神》，陈晓丽译，中信出版社2015年版，序言。
② ［美］理查德·桑内特：《匠人》，李继宏译，上海译文出版社2015年版，第5页。

在语文学习方面，书院会按照一个"文字护照"的完整度来评价语文学习的效果。出过国的人都清楚，每往返一个国家，护照上都盖上当地海关的印记。这个印记就是你圆满完成一次旅行的标志。新苗书院的"文字护照"也取自此意。每个学期之初，孩子会拿到一个空白的本子，书院要求孩子每天在上面写一个自己想学习的字，然后以做注释、画画、配歇后语、写故事或编诗歌的形式记录下他对这个字的认识。如"鸡"这个字，学生可以画公鸡、母鸡、小鸡或鸡蛋均可，也可以写"铁公鸡——一毛不拔"的歇后语，还可以写几个与"鸡"有关的成语。本子到了老师手里后，老师只阅读，不批改、不点评。到了学期末，这个护照就成为学生主创、老师合作的"艺术品"，可以作为期末展览的一部分。小学六年，如果每天写一个字，就有两千多个字，好几本作品。

学生记录的这些文字，可能是教材中要求掌握的生字，孩子们却把它们主观感情化了，并为创意空间"留白"，让孩子在没有记录格式限制的纸页上，记下自己与文字相遇的各种情境。同时，孩子的习字不是横竖撇捺地机械练习，而是把文字与生活和情感连接，使用各种文体记载，实现了整体的学习方法。总之，教师不是凭借考试分数，也不是凭借作业登记，而是通过学生"作品"予以评价，学生非常喜欢。

书院对数学学习评价的方式是口述海报。这是每个学期期末的固定测试项目，其实也不是测试，就是让学生选择一个演讲题目，自己查找资料，然后在班内用体态和语言展现给大家。每人5分钟的展示时间，老师根据现场表现打分。小学六年，学生就是用这种方式汇报他们在数学上的所得。等到毕业时，他们可以做40分钟的个人专题报告。

"自主学习"是一个孩子有学习的意愿、动机与热情，当孩子面对"学习"，他/她会愿意去搜寻资源，思考自己所拥有的，思考怎么样去找到资源来帮助自己"学习"；这些资源可能包含邻近身旁的师长、公共资源图书馆、网络等。新苗书院坚持这样一种观点，即自主学习的能力可以让一个人"自我成长"；如果一个人离开了学校，不会因为少了作业、考试以及师长所给的压力，就停止学习，这就是当前学生"自主学习"的意义了。在培养孩子养成自主学习习惯的过程中，书院要先创设引发孩子兴趣的学习环境，让他们喜欢学习后，才能再给予更多的刺激来养成自主性。自主学习的培养过程中，孩子仍需要成人的支持，能向他们提供机会"学习如何尝试与选择"；孩子需要成人的引导，以发展出应对外界困扰的智慧，进而在社会中知道如何知止、知分寸外做好自己。

按照自主学习的效果，期末的时候书院会给每位家长一本学生个人评量报告（见图5-2），并附上一张光盘——孩子在书院的生活学习照片集。区别于总结性评价的是，书院把自己的评价叫作"质性评价"。除了有各科老师给的学习分数，重点是生活导师和学科老师的评语，描述他这一学期的学习状态，有哪些成长，未来可能的变化。例如孩子刚来的时候没有朋友，经过一个学期师生的努力，交了三个朋友；来的时候都不读书，经过一个学期总算看完一本书了；来的时候对爬山不感兴趣，排斥、逃避、请假，现在可以和同学老师们一起乐在其中。

2015—2016学年第一学期期末总结评量

年级：＿＿＿＿○年级＿＿＿＿ 班级：＿＿＿○○家＿＿＿

学号：＿＿（入学年度.00.入学次序）＿＿ 姓名：＿＿＿○○○＿＿＿

导师总评								
课程	堂数	等第		课程		堂数	等第	
儿童文学暨经典			艺术	造型艺术/工坊				
数学领域				音乐				
自然领域			心行	人文茶学		本学期课程已修习完毕		
英文Level				书道美学				
生活作息与综合活动				儿童体适能				
				儿童太极				
出席记录	应出席：○日							
	缺席	○日	迟到	○日	病假	○日	事假	○日	旷课	○日
导师签章			主任签章			校长签章		
评量说明： 1. 优（90以上），佳（80—89），良（70—79），可（60—69），发展中（60以下）。 2. 依书院学规，学生每迟到一次，应扣"生活作息与综合活动"项目学期总成绩0.5分，应扣分数若超过15分，仍以15分计算。 3. 书院英语采混龄分级制，Level 1为初阶，以此类推，Level 4为最高阶，孩子的等第代表该级实际等第分数。								

图5-2 新苗书院期末总结评量表

适性教育与因材施教是东西方教育观念上很相近的一对概念。两者的相同点都在于"看见孩子之间的不同。教育要让每一个孩子成为他自己。"书院强调，在教育过程中教育者必须依据孩子本身不同的学习性向与潜力，因势利导；为让每一个孩子的潜能都得以发挥，教师需要在孩子不同的发展阶段提供适当的教育情境，并给予适当的发展机会。既然起点不同，那么评价方式当然也是因人而异的。评价标准不是让一个孩子比另一个孩子优秀，而是让每一个孩子都觉得自己很优秀——这当然是与以前的自己相比，针对当下的努力而言。

新苗书院的很多家长非常认同这样的评价原则。如几位家长在书院期末展示会上说：

"我觉得小学的孩子，品格培养比成绩重要，他有明辨是非的价值观，就知道什么事情可以做，什么不可以做。只要价值观形成了，至于学习成绩就不用担心了。哪天他自己想念书了，他自然会很认真地念。"

（陆明家长访谈录）

孩子小的时候应该多给一些自由，暴露一些人性缺点也没关系。这样家长可以做到心中有数，有意识地引导他。如果小学低年级就开始用权威压制孩子，去要求他这样那样的限制太多，到了中学，他在自我意识产生后，就会非常逆反。顺其自然还是好的。

（雪芬家长访谈录）

书院认为，评价是为了让孩子对学习、世界、他人保持热情与好奇，教师评价孩子的方式和结果会对孩子的态度产生很大影响。很大程度上说，孩子今天形成的态度，会决定他/她未来的人生。

有学者认为，表现性评价在接近于现实的情境中实施指向关键能力的任务，让学生面对真实的问题解决情境，综合运用已有的知识和经验来解决问题。[①] 通过评价规则可以引导学生自己回答"做得好是怎样的"，通过学生对自己表现的描述可以引导学生回答"自己现在哪里"，以及在明确了自己现在哪里之后，引导学生将自己当前的表现和评分规则所描绘的卓越表现进行比较发现自己的差距以及需要提升的地方，并思考和探索

---

① 周文叶：《促进深度学习的表现性评价研究与实践》，《全球教育展望》2019 年第 10 期。

"如何更好地缩短两者之间的距离"。这个过程让学生学会自我评价、自我监控、自我反思和自我管理，从而引起学生的深度学习。

第六节 智慧传道的经典教育特征

一 智慧传道的经典教育特征

私塾作为古代社会一种附设于家庭、宗族或乡村内部的民间幼儿教育机构，在中国传统教育中曾经扮演过重要的角色，尤其在科举取士的年代。它充当了传授文化知识、进行道德教育并且通向官场的重要教育场所，具有启蒙教育的功能。私塾教学，完全是以个别儿童为单位的个别教学，这是私塾教学的特点和优点。① 20世纪以来，伴随着国际上"在家教育"运动的开展与国内对于经典教育的呼吁，私塾出现了复兴之势，全国已有私塾二百余家，开办时间从一年到十年不等，接受全日制私塾教育的孩子也已万计。② 这些现代私塾大多提出弘扬"国学"的口号，因此带有一定的复古倾向。对于现代私塾的出现原因，或许正如有的研究者所说："是对现今学校教育的挑战，是对现今根深蒂固的功利教育、'应试教育'弊端的讽刺和嘲弄，是不满现行教育体制的人们和有一定文化素质的家长们的自助和自救，是将教育引向个性化、多样化的探索和尝试，是人们对教育体制改革失望后的无奈之举。"③

新苗书院明确提出办"小而美"的私塾教育。"私塾"二字显示了民办教育的特征，这是由自己的投资主体决定的。正如管理者孟祥正所言，书院的目标不是普通意义上的义务教育，而是因材施教、因人设教，为未来社会培养引领人才。它的校训"根植中国，花开国际"暗示了自己学生未来的出口，一种要扎根中国，做有文化深度的国人；另一种就是在具有一定的中国传统文化积淀之后，进入国际教育领域深造，成为具有国际视野和国际知识的专业人。"小而美"中，"小"说的是学校规模、班额。

---

① 汪明帅：《"班级教学"与"个别教学"的博弈——以私塾、道尔顿制和现代私塾为分析对象》，《上海教育科研》2011年第9期。
② 熊江宁、李勇刚：《北京"现代私塾"的现状与出路》，《北京社会科学》2011年第5期。
③ 熊江宁、李勇刚：《当代私塾的合法性与政府监管研究》，《中国行政管理》2015年第4期。

新苗书院每个班最多20人，人数最少的班只有9人。因为学校规模小，人数少，所以在书院内所有老师能认识每一个孩子，孩子也能认识每一个老师，老师更容易因材施教。书院的"美"第一指环境之美，前有珍珠湖，后有百花园，每一栋建筑都充满了个性，院内大树林立、草坪处处。第二是耕读生活之美，自然天然用品、有机食物、六艺、书香门第，有自然美也有人文美。第三是礼仪之美，院长温文尔雅、教师彬彬有礼、孩子尊老爱幼、家长知书达理、家庭书香门第，还有各种庆典仪式展现古典美。第四是课程之美，三大课程都具备美学功能，山水学更是把美学作为自己的目标。第五是制造之美，手工作坊专注于生产优秀作品，把作坊变成了马克思、傅立叶、圣西门意义上的浪漫之家。

新苗书院是一个具有现代特点的学习社区。这是书院向现代教育学习的结果，既突出了私塾的现代转向，又是对终身教育的回应。在经济快速发展的时代，当人们的物质需求得到了较大满足，也会转向更高精神层面追求。学习社区被寄予寻求归属感和认同感的厚望，也被认定为实现自我价值的方式。学习社区的成员在拥有共同学习兴趣、知识学习历程和理解世界运作方式的基础上，相互帮助和共同参与中，为实现共同愿景一起学习。新苗书院"三代塾"的理念把异代的学习者联结在一起，超越了传统"亲子学习"的范畴，更重要的是以学习为媒介促进了家庭成员之间的融洽。学习社区中课程资源、学习时空、人际关系、组织结构重组等要素发挥着作用，并可形成多元、民主、平等、合作、开放的学习生态环境；通过柔性化的组织结构、交互化的行为方式、个性化的个体发展可以有效促进学习，[1] 更重要的是精神培育。

新苗书院进行的是智慧传道。为实现这个目标，"转识成智"是必由之路。其实，"转识成智"不仅是一种认识论观念，更是一种深刻的价值论观念，具有深刻的本体论意蕴。[2] 智慧的作用是让人在实践中了解应当做什么和应当怎么做，这里既包含价值判断，包含理性思考，也有对人之为人和人何以为人的追问。传统价值观认为，确立了这种观念，一个人就

---

[1] 杨海英：《学习共同体溯源、基本内核及启示》，《北京劳动保障职业学院学报》2020年第4期。

[2] 江畅、王佳璇：《中国传统智慧和转识成智观念考论》，《江苏行政学院学报》2020年第1期。

不会满足现状，而会关怀终极，追求人生的大彻大悟，以天人合一为最高目标。新苗书院的智慧体现在对儒、释、道智慧的吸收，体现实践智慧。这种实践智慧"以观念的形式内在于人并作用于实践过程，其中既凝结着体现价值取向的德性，又包含关于世界与人自身的知识经验，二者同时又渗入人的现实能力。"① 体现儒家思想的"六艺"课程，是通过修习"六艺"而修身的途径，表征为正心诚意，最终的目的是"明明德""止于至善"。道家的思想是平衡、守中、进退、留白、知止，守住本身的"自然""本性"，在动与静之间、快与慢之间、取与舍之间、盈满与留白之间、有为和无为之间寻求和谐宁静心境和圆满自足境界。

释家（佛教）多讲究"福田""六根清净""成道"和"知进退"。福田，梵语为 Punya–ksetra，即能生福德之田，《梵网经菩萨戒本疏》阐述了四种福田：一恩田，谓父母师主等；二德田，谓三等；三悲田，谓饥穷众生等；四苦田，谓困厄众生等。佛典上以慈悲为核心福田观念，与书院倡导的儒家"正德、利用、厚生"的主张相似。至于"六根清净""成道"和"知进退"哲学思想，五代时期"布袋和尚"契此写的《插秧歌》最能代表。② 农夫插秧，一面插一面退，返到田边正好插完一畦田秧苗，看似退而实则进。台湾佛教领袖星云大师解偈说，水中天如镜，人要自觉自悟，使本性清澈显见，才能够成道。有时候，退让不是完全的消极，反而是积极的转进。

通过经典教育传什么"道"？"道"是事物的根本，是变化的法则，也是人们把握世界整体性需要的工具。道家认为，"道"是天地万物之

---

① 杨国荣：《论实践智慧》，《中国社会科学》2012 年第 4 期。
② "后退是向前"的佛学喻义见于五代"布袋和尚"契此写的《插秧歌》中的四句：手捏青苗种福田，低头便见水中天。六根清净方成稻，后退原来是向前。台湾星云大师说偈："手把青秧插满田，低头便见水中天"，是形容一个农夫插秧时，一把把青秧插满田，低头看到水面漂漾的蓝天，也看到自己！一般人的通病是只看到别人的短处，看不到自己的过失。水中天如镜，人要自觉自悟，使本性清澈显见，才能够"六根清净方为道"，使自己的眼、耳、鼻、舌、身、意六根，不被外面的色、声、香、味、触、法六尘污染，时时保持自性的清净，就是道，就是修行了。"退步原来是向前"，颇有哲理意味。有时候，退让不是完全的消极，反而是积极的转进。与人相处，斤斤计较争执，互相排挤诋毁，又能成就什么？倒不如退一步，寻求更大的成功。能不能在面对社会、物质一切时，观境自在？观我自在？观物自在？观心自在？观人自在呢？能！茫茫人间就不必再做什么计较争吵了！只看自己心田清不清净，任它八方冷语与暗箭！（以上内容详见《星云说偈：布袋和尚〈插秧歌〉》，http://bodhi.takungpao.com/sspt/zhiyanzhiyu/2014-10/2805956.html，2020 年 7 月 12 日。）

源,可赏善罚恶,使善人得福、恶人遭祸。这些观念与佛家福田观中强调种植福德、多积功德的主张是一致的。① 道的属性是"和",道家讲"万物负阴而抱阳,冲气以为和",达到"和"的境界是最佳状态;儒家说"礼之用,和为贵,先王之道斯为美","和"为伦理和政治原则;佛家说"一即一切,一切即一;理事圆融,事事无碍",圆融即达到和谐的,是佛家的修之所极。②

说到底,中国传统智慧的核心就是"修养论",即读书之终极目的在于明理践行、成就圣贤人格。从修养的根本方法上看,儒释道都强调:定—静—虑—得(德、慧)。这给我们的启示就是如果被过于强大的、现实功利逻辑所驱使,我们就不可能具有智慧。③ 关于传统智慧教育的难度,新苗书院解释,什么是求难,千难一易;什么是求易,千易一难。从因处着手,有果可期;从果处着手,无果可期。这是对传统文化价值的再阐释,也是将这种价值与日常生活的整合,从而培养学生的文化自觉,以"为什么"和"应如何"的自觉态度来对待生存。

书院所倡导的智慧在实践中和经典在生活中其实就是匠人精神。匠人精神表达的是工匠对设计独具匠心、对质量精益求精、对技艺不断改进、为制作不竭余力的理想精神追求。匠人把"造物"当作自己的伟大使命,他的技艺在经验、知识、器物和审美四个层面实现高度的统一。④ 社会学家米尔斯也曾专门描述匠人,即"把自己当成匠人的劳动者专注于工作本身;从工作中得到的满足感本身成为一种回报;在劳动者的头脑里,日常劳动的各个细节都与最终的产品相关;在工作的时候,这位工作者能够控制自己的行动;技能在工作过程中得到提高;他们在工作中可以自由地实验各种方法;到最后,匠艺劳动中的内在满足感、连贯性和实验性将会变成衡量家庭、共同体和政治的标准。"⑤ 当然,他的认识具有理想化的

---

① 陶新宏:《佛教福田思想与社会慈善事业》,《青海社会科学》2013年第1期。
② 叶小文:《儒释道三家的当代对话——"中华之道儒释道巅峰论坛"纪实》,《中央社会主义学院学报》2010年第12期。
③ 孙利天、赵天越:《从现象学看中国传统智慧》,《求是学刊》2018年第3期。
④ 李宏伟、别应龙:《工匠精神的历史传承与当代培育》,《自然辩证法研究》2015年第8期。
⑤ Wright, M. C., *White Collar: The American Middle Classes*, New York: Oxford University Press, 1951, pp. 220 – 223.

成分，但基本揭示了匠人及其精神的实质。

孟祥正把传统与现代的关系比喻为人的行走方式，一脚在前一脚在后，后脚跟没踩稳，前脚所跨出的任何潮流、时尚与现代，在下一刻都意味着过时。唯有智慧没有时效，它让人走得更稳健。因此，任何有意义的教与学的活动，必须建立在了解孩子身、心、灵各阶段发展规律的基础上，而各项课程更应呼应及联结孩子的情感和智慧。

新苗书院是在当代教育中恢复一种经典的智慧，它不指向过去，而是让人在平衡的状态中向未来行进。经典教育中到底该教什么，该如何教，这不仅仅是教学层面的问题，还关乎人们对国学所代表的传统文化的根本看法，也就是传统之于当下和未来意义何在。①

二 中国文化视角下的教师专业身份再理解②

（一）导言

韩愈在《师说》一文中提出教师"传道授业解惑"的职责，这是对教师专业身份的一种诠释。传道和授业是教师实施的教育内容，而解惑是教育的手段。内容与手段之间不是二元对立的关系，而是一个统一的整体，互联互构。一般说来，"道"代表了做人的教育；"业"包含做事所需的知识和技能的教育，也被称为"术"。"道"与"术"构成教育的两个维度，也是教师身份角色的体现。教书与育人，探索的就是如何在学科教学与学生德育的两个端点搭建桥梁，实现二者的巧妙结合。即教师在教育教学过程中，除了向学生传授知识，还要通过组织教学、个人谈话、群体教育等方式，对学生进行人格教育。寓管理于教育，寓精神抚育于课堂。

教师的管理工作就像为学生搭建登高的梯子，只关注高度是不行的，最重要的是把握方向。在教学中贯穿管理，教师要处理好教师权力与管理方式的结合。其中主要涉及教师的法定权力，即由法律和道德规范约定的教师普遍权力；作为教师在教育教学中的强制性权力，强调对学生慎用惩

---

① 王熙等：《从国学之"国"看国学教育的当代价值》，《北京师范大学学报》（社会科学版）2014年第4期。

② 本部分内容选自张立平《两难空间的教师专业身份建构——中国社会文化视角下的案例分析》，《教育学术月刊》2016年第1期。

罚；同时，根据学生年龄特点，适当使用奖赏性权力；基于自己的专业优势，巧妙使用专家性权威影响；为学生树立榜样或偶像精神，教师要精心使用参照性权力。在实践中，教师的教学计划通常遭遇偶然事件，使教师的权威和教学秩序受到挑战，这种困境促使教师框定问题情境，在价值冲突中采用适切行动。这种行动与教师的责任和义务相关，也反映教师的个人信念，更将社会文化嵌套于教师审慎的行动策略和话语中。教师行动塑造了教师的专业身份。

教师教育教学中遭遇两难、框定情境、反思以及行动的空间，称为两难空间，它为教师建构专业身份认同提供了虚拟空间和关系网络。本书通过对一个小学班主任教学活动的描述和归纳，来揭示她所代表的教师群体在面对两难困境的时候如何与其他价值对话、如何抉择，从而建构自己的专业身份。

(二) 研究的理论背景

1. 两难空间

行动中的人们常会遇到两难（dilemma）。"两难"是这样一种真实的情境：两种或多种价值观、责任或义务相互冲突，但是却没有一个绝对正确的选择。①关于两难概念的产生，直接来源于道德两难的案例。典型的例子是西方"海因茨偷药"的故事②和《论语·子路》中"父子相隐"③的事例，都让人在法律和伦理、道德和义务、情感与理性之间陷入抉择迷局。《孟子·告子上》中鱼与熊掌"不可得兼"也涉及两难困境与抉择的命题，将"生"与"义"的难题抛给了后人。两难境地是难以取舍的无奈，是不可名状的尴尬。抉择的痛苦伴随着迷茫困惑与义无反顾的较量以

---

① Honig, B., "Difference, Dilemmas, and the Politics of Home", *Social Research*, Vol. 61, No. 3, 1994, pp. 563 – 597.

② "海因茨偷药"的故事大意：海因茨的妻子重病，生命危在旦夕。医生告诉海因茨，本城一个药剂师有一种药可以救他的妻子，但此药价钱十分昂贵，并且别处买不到。海因茨尽全力也只借到了购药所需钱款的一半。万般无奈之下，海因茨只得请求药剂师便宜一点儿卖给他，或允许他赊账。但药剂师坚决不答应，并说他发明这种药就是为了赚钱。海因茨在走投无路的情况下，为了挽救妻子的生命，夜晚闯入药店偷了药，治好了妻子的病。但海因茨因此被警察抓了起来。出自 Kohlberg, L., "Essays on Moral Development", Vol. I: The Philosophy of Moral Development, San Francisco: Harper & Row, 1981, p. 64。

③ 父子相隐的故事见《论语·子路》：叶公语孔子曰："吾党有直躬者，其父攘羊，而子证之。"孔子曰："吾党之直者异于是。父为子隐，子为父隐，直在其中矣。"

及人性的裂变。这种较量和裂变贯穿人类的发展历史,使得这个两难命题成了永恒的命题。

教育意义上的两难,并非只有两种选择,而是借此描述一个问题发生的情境。"两难"发生于其中的虚拟关系网络,被称为"两难空间",它涉及主体、客体、互动机制与动力系统。通过增加"空间"的概念,为个体在两难困境中的抉择提供了解释的力度,揭示了个体在两难抉择中的复杂思维。"两难"不是问题,无法解决;"两难空间"也只是一个无形之网,人感受得到束缚,却无法挣脱。但这未必不是好事,至少说明实践中固有的"善"还在。和那些绝对没有履行义务的人不同,面对两难困境的人可能最终会按照可以选择的最佳理由行事。而关于那个"被拒绝的选择",他认识到其力所能及的范围内可以用另一种方式来做。[1]

教师的工作也充满了"两难"。这种两难主要涉及教师在评估、选择和行动中体现的性情、态度和行为,也与均衡自己和其他人的关系和责任后的合意行动有关。[2] 也包括教师对于两种或以上教育思想对自身的影响而产生的"内部对话",这是教师面对决策受阻在两个或多个行动步骤中采取的选择。[3] 教师对学生的关注和维护学校仪式(制度、标准)也会产生一种张力。[4] 这些大大小小的两难都说明教育教学情境中教师的工作也是复杂的。教师要经常通过抉择,与不同的价值和行动主体进行对话、协商。

2. 教师专业身份认同

教师专业身份认同对于教师的教育教学行为产生影响,也对其价值判断有决定性作用。认同的发展是"学习成长为一名教师的核心所在"。[5]

---

[1] [美] 贾森·K. 斯威迪恩、韩传信:《改善对道德两难困境的感受》,《中国德育》2007年第10期。

[2] Katarina, N., "Ethical Dilemmas of Swedish School Leaders", *Educational Management Administration & Leadership*, Vol. 35, No. 2, 2007, pp. 277–294.

[3] Ginsburg, M. B., "Beachside Comprehensive: A Case Study of Secondary Schooling AND Dilemmas of Schooling: Teaching & Social Change", *Comparative Education Review*, Vol. 27, No. 3, 1983, pp. 450–451.

[4] Victor, B. and Cullen, J. B., "The Organizational Bases of Ethical Work Climates", *Administrative Science Quarterly*, Vol. 33, No. 1, 1988, pp. 101–125.

[5] Pittard, M., "Developing Identity: The Transition from Student to Teacher", Paper presented at the Annual Meeting of the American Educational Research Association, 2003.

教师的专业身份认同是指教师对自身专业活动的理解、接受与认可,[①]它包括教师的专业认知、专业情感、专业效能和专业归属感。专业认知,即对什么是"教师"和"教学"的理解和认识;专业情感,即对从事职业的态度和体验的判断;专业效能感,即对自己从事教师工作能力的信心,对自己是否有能力胜任教师工作的判断;专业归属感,即作为专业教师的身份感,对教师群体的归属感和成员感。[②]教师专业身份认同是教师实践性知识中重要的组成部分,它来自实践,也是社会关系的产物。教师身份认同受到宏观的教育制度和社会舆论的影响,也受到中观的学校文化和学校组织的制约。个体在特定社会环境中通过与他人的互动和对自身经历的不断反思形成的自我认知,帮助个体清晰地了解自我生活经历、个性倾向、社会期待及人生理想等,实现自我要求与社会期望的整合;既具有结构性、确定性又充满建构性、权变性。[③]

(三) 研究方法

1. 资料收集和分析

本书涉及的资料收集于 2013 年 10 月。当时我正参加 A 市 U–D–S 项目,作为一名受邀的随课题组进入 A 市 P 小学调研。在学校自办的一期校刊上,我看到一名姓韩的女教师写的教育随笔。她写到班级出现一位不合群的男孩,通过她的帮助,孩子重新回到班集体。作为感谢,小男孩从家里带来了半个橘子给老师。虽然这题材并不是很新颖的话题,但我觉得那篇文章涉及学生精神世界抚育的问题,所以,我向校长要了韩老师的联系方式,并在当天访谈了她,听取了她对整个事件详细的描述。当我第二次进入 B 小学调研时,我和语文教研组组长又谈到了韩老师。他说韩老师是一个非常用心和有爱心的老师,对教学非常投入,对学生也关怀备至。工作之余,她还坚持写教学反思,并开设了自己的博客。我还抽空见了一下那个小男孩,他已是五年级的学生,机灵又有礼貌。问起那半个橘子的故事,他还记忆犹新,他说感谢韩老师教育了自己。

我把韩老师的故事写成一篇访谈笔记,并将它分享给课题组的成员。

---

① 舒志定:《教师教育哲学》,北京大学出版社 2012 年版,第 207 页。
② 江淑玲、陈向明:《师徒互动对师范实习生专业观念的影响——交换理论的视角》,《华东师范大学学报》(教育科学版) 2017 年第 6 期。
③ 杨跃:《谁是教师教育者——教师教育改革主体身份建构的社会学分析》,《南京师大学报》(社会科学版) 2011 年第 6 期。

我们一起分析了这个案例。我们主要借鉴扎根理论研究的方法，对文字材料进行了开放式编码、关联式编码和核心编码，找到核心概念，认为材料很好地体现了教师专业身份认同的议题。

2. 分析框架

从材料分析入手，我建立了本文的研究框架，并通过研究问题体现出来。这四个问题是：

（1）教师面临的两难困境是什么？所处的"两难空间"是什么？
（2）教师在两难空间中是如何思维与行动的？
（3）教师的思维与行动体现了他们什么样的专业身份特征？
（4）这种专业身份特征具有怎样深层的中国社会文化意涵？

（四）研究发现

1. 学科教学与教育的两难

中国的很多学科教师同时担任班主任。一方面，作为学科教师，他们需要通过传授系统的学科知识，帮助学生建构完整的知识体系并利用这些知识形成解决问题的能力。另一方面，作为班主任，他们工作的重心是培养人的精神世界，将生命感和价值感从学生心灵中唤醒。因此，教师工作的两难也就是：作为学科教师，如何在完成学科教学内容的同时赋予其教育意义；作为教育者，如何将育人的工作渗透于学科教学中，在教学过程中实现社会规则的引导又陪伴和扶持学生成长。

S市P小学三年级（3）班的班主任韩蕾是一名语文老师，最近很为班上的小男孩丁丁头疼。虽然他学习不错，上课也积极发言，但他却常常以自我为中心，与同学摩擦不断。其他老师管教他，他也爱搭不理的。渐渐地，同学们都不喜欢跟他玩，还会抱起团来反对他提出的想法。结果，他对班里每个同学都持敌对态度。有一次，他和同班的小海与刚生完小孩返校的英语老师在走廊上相遇，他们都向老师问了好，英语老师冲他们挥了挥手。回到班里，两个人为"谁先和英语老师打的招呼"争起来，并在班里打起了架。

韩老师拥有学科教师和班主任的双重身份，因此她明确自己负有教学和管理的双重责任。"教育学生"作为一种角色意识存在于她心中，但令人"头疼"的丁丁的行为，割裂了她心中班级的理想状态，"摩擦""不喜欢""敌对"等成为她不得不面对的一个困境。作为班主任，她要确保每一个孩子都融入集体，但又不能伤害"落后"孩子的自尊心。她也知道，对丁丁单纯的说教是没有效果的，指责只会让他变得更加桀骜不驯，她需要借助某种有效的中介。

也许，这中间的地带，蕴含着更多的教育机会，"我"要在这里有所作为。

她与孩子们接触最多的机会是语文课堂，她认为如果在语文教学中能够渗透更多的教育成分就好了。但语文教学的主要任务是教会孩子们语文的听、说、读、写，贸然地插入德育会不会破坏课堂的整体性呢？韩老师进入了一个两难空间。

2. 教师的反思性行动

语文教材中有着大量的教育题材，但以往的教学中，教师常常聚焦于一些具体的知识点，着力分析字词句段，而对中心思想的提炼也常常落脚在抽象的大道理上，比如爱国、民族大义、崇高理想等，与学生的生活较少联系。教师也许可以像裁缝一样，缝合零碎的学科知识和课文教育意义，再与实际生活结合。虽然这种想法在韩老师脑海只是一闪而过，不过她还是抓住了这个瞬间的灵感，并决定尝试一下。在学完《谈礼貌》那篇课文后，韩老师先让学生总结文中岳飞、小朋友和周总理三个故事中反映的中心思想，然后让学生列举历史上因为讲礼貌而人生不同的例子。在同学们热烈的讨论中，丁丁和小海也积极地在小组中发言。韩老师感到，如果在这种轻松的环境中对他俩进行教育，可能效果会更好。因此，在最后总结时，她说："既然礼貌对我们这么重要，那么丁丁和小海有没有做到呢？"

学生们七嘴八舌地讨论起来。同学们说："他们俩给老师问好，很有礼貌。""英语老师是向他们俩打招呼，他们不应该去争先后！"韩老师顺着这个同学的思路赶快往下说："让我们想一下，英语老师生完小孩刚刚回到学校，看到这两个同学向自己挥手，她会怎么想呢？"学生说："她会很高兴，因为学生有礼貌。"韩老师接着说："是呀，本来这么懂事又有礼貌的孩子，怎么能做出打架这样粗鲁的事情呢？岳飞和周总理就是从小事中培养自己的礼貌意识，才成就了以后的辉煌！"

她看到两个孩子都低下了头，明白丁丁进步的大门已经半开。此时，她意识到，如果能抓住日常教学中的关键节点进行教育，就能让学生更有切身的体会。韩老师通过具体情境对学生进行引导，是在教学生思考和学习。学生如果会进行自我教育，这对教师和学生的发展都是难能可贵的。

在不久后的一次语文课上，韩老师带学生一起阅读了《小猪、小牛和小羊》《宰相肚里能撑船》的故事，然后让学生发表自己的看法。在学生归纳出"宽容"的字眼后，她在黑板上用大字写了一条格言："宽容别人，其实就是宽容我们自己。"在学生们畅谈自己的理解后，她趁势做了总结：

> 立场不同、处境不同的人，需要了解对方的感受；对待同学应有关怀和宽容的心！其实，每个同学都有自己的优点和缺点，我们不能只看到缺点。我们现在就说说周围同学的优点吧！

孩子们开始踊跃地彼此"揭发"他们中一些平时不大引人注意的优点，被点出的同学在别人的赏识中，脸上因喜悦而布上红晕。之后，韩老师建议大家来说说丁丁的优点。班长说他上课发言特别积极。有个同学说："有一次美术课我没有带彩笔，他和我一起用。"还有一位同学说："他给我买过早餐。还帮其他同学削铅笔。"在学生们肯定的发言中，丁丁站起来哽咽着说："谢谢你们看到我的优点！也请大家原谅我以前的不懂事！"在这节课结束时的总结中，韩老师说："三（3）班的同学和老师是一个集体，是一个大家庭，那么我们就要做相亲相爱的一家人，对吗？"

她从学生的表情和齐声说"对"中读到了学生们的认同。在之后的教学中，韩老师一有机会就强化丁丁的集体意识，慢慢地转变了他"大家都欺负我"的偏见。同时，韩老师也经常在同学们面前表扬他，让大家意识到他的进步。不久，丁丁就和同学们友好相处了。后来，在学习另一篇课文《账单》时，同学们不仅重温了理解和宽容的意义，更被文中小彼得的感恩行动深深打动。第二天，丁丁把大半个橘子放在了韩老师的手里，腼腆地说："老师，今天妈妈买的橘子我都尝了，只有这个最甜，我给您带来了。"手里捧着这半个橘子，韩老师感觉到了丁丁的体温。

韩老师通过摘取教材中的几个片段，借助学生们的发现，激发了丁丁心中善的意识，也化解了学生中的矛盾。她让师生之间静态的师教生学的学科教学转变为动态的教与育,学科教学既是知识传递的工具,更成为人格教育的载体。

3. 教师身份的建构

回顾对丁丁的教育过程,韩老师在她的博客中写下了这样的文字:

> 教师的生命可以处于低处,而灵魂必须占据高地;他们把鲜活的生命珍藏于心灵深处,体会存在价值和创造幸福;教师用爱陪伴成长,期待绽放,用宽容与耐心滋养受伤的个体;教师应该把校园作为育花世界,享受培育花开的过程,体会园丁的甘苦。

于韩老师而言,课程标准对于语文教学有着清晰明确的规定,学校德育规范也对班主任工作提出了具体的要求。但对于是否及如何将二者有机结合,学校没给出参考样本,教育行动全靠教师的个人理解。当韩老师遭遇到学科教师与教育者身份难以兼顾的两难困境时,她已有教育教学的知识不再适合目前情境,迫使她不得不与问题情境对话,调整自己的身份。于是她通过在行动中反思,并借助班级集体舆论、师生互动、人工制品(教材、格言、故事等),将教师身份的意蕴转变成新的教育策略。她基于学科的教育方法,是她在自己的教育信念支撑下采取的个人行动,体现了她对自己社会角色的认同。这种角色意识通过韩老师使用的"裁缝"这个意象,得到很好的阐释。首先,教师是知识的化身,即教师拥有关于学科教学和教育的一般知识,并需要在特定情境中贯通二者,用"解衣衣人"的方式传递知识和道义。其次,教师应该有艺术特质,即根据受教育者的需求"量体裁衣",既要有传承性,还要有创新性,才能为学生所接受。再次,教师需要有自己的实践智慧,即在自然的课堂情境里小修小补,对学生行为的纠偏做到"天衣无缝",不露痕迹。最后,教师必须具有信念力量,即为师的责任感一以贯之,为学生发展不怕"为人作嫁衣裳"。

(五)结论

万物皆有道。《周易·说卦》里有"立天之道曰阴与阳,立地之道曰柔与刚,立人之道曰仁与义"的说法,隐喻了中国传统思想中"道"的表现形式。教育中突出表现的是"人道",揭示了人的活动、人的社会组织及其背后蕴含的规律。与此对应,孔子提出"人能弘道,非道弘人"(《论语·卫灵公》),则把"人道"纳入规范系统,从正面告诉人们什么可以做，应当如何做。"为师之道"体现了教师的境界、修养、信念和对人的意义的追求，体现在教育上就是对教学规律和人的发展规律的遵从，落脚于对学生人格的培养。教师的"术"是智力、技巧，代表的是理性和工具性，是教师做好教育工作所需要的方法、技术、手段。"以道御术"是老子在《道德经》中提出的，倡导人们以道义来承载智术，强调悟道比炼智更高一等。本案例中的韩老师，以德立教、以情树人，将教学起点放在教育的道德高度，但她并不是通过简单说教和单方面树立榜样的方式进行教育，而是依靠学科内容、从学生现实出发，在日常的交往中实现教育目的。

做好教师工作，要确立以育人之"道"为本的指导思想，然后才是选择最好的教学技"术"。就韩老师而言，要完成教育教学任务，必须教之有道。就学生而言，学习和践行德性，必须习之有术。教育的大艺为道，教学的小技为术。道家所言的"道为本，术为用；术合于道，相得益彰；道术相离，各见其害"，很好地说明了教育中"道"与"术"的关系。同时，大道无术又是教育的一个理想、一个过程；大道无涯，术可以精益求精。就像韩老师一样，她心存教育理念，明白育人之"道"。但她没有试图使用说教来迁移教化，她借助故事、寓言和语言教学与学生互动，实现了"润物无声"的养成性教育。在此过程中，她关于教师、关于学科教学、关于学生教育的所有知识从缄默状态进入行动模式，最后融合成"以身体道"的实践理性，从而使教师的内在身份和社会角色显性化。

三 反思与批判

当代的国学，已经融合了中西哲学思想，中国传统之学术也随着时代的发展而发展。当外来的文化落地生根、实现本地化的时候，国学的元素就增加了新内容，其结构也不同了。这就提出了一个问题：原先固有的文化如何面对外来文化，如何在态度、办法等方面进行相应调整。有学者提出了"应用国学"的概念，即当代国学既讲究"知"，更要求"行"，以知利行，以行进知，在"知行合一"探索过程中不断丰富国学的内容与表征方式。[①] 当一种社会需求的开关启动之后，国学内在能量的喷发，就

---

① 詹石窗：《关于"应用国学"的几点思考》，《厦门大学学报》（哲学社会科学版）2020年第2期。

如自然力的作用一样，难以阻挡。国学研究者唯有顺应了这种大趋势，才能派上用场，发挥其聪明才智。①

新苗书院面临的一个困境是，如何选择最能代表中国传统智慧的思想和作品，如何把这些智慧转变为当代社会通达的教育意义。在实际运行中，书院遇到了社会接纳、师资条件、办学能力等多方面的困境，对经典著作、传统艺术和民俗文化的发掘没有形成规模，也没有形成有效的国学教育体系。社会上形形色色的"伪国学"、文化糟粕也在侵蚀着国学的生命力。回归经典、回归课堂、回归国学的纯粹也许需要更长的路要走。

还有，新苗书院扎根中国的教育遇到合法化的危机。书院是在中国国学兴起热潮中创办的，对传播国学也充满了期待。但是书院遇到的制度"瓶颈"是，难以注册成为合法的学校。政府对复兴国学的态度是鼓励民间尝试，不主张学校建制推广。因此，书院所在地的教育主管部门没有颁发全日制学校办学许可证给投资公司，但默许他们的"培训"业务。在他们的申请下，教委审批了一个幼儿园办学许可证给书院。也就是说，如果他们开办全日制幼儿园、搞短期国学培训班、开设寒暑假国学课程和学生托管是合法的和允许的，但不能进行义务教育阶段的全日制教育。这无疑给他们的发展带来很大的不便。如果按照书院的发展思路小也无妨，美就最好。但作为书院投资公司，他们预期的是书院能够传播国学，同时为公司带来经济收益。这样就形成了一种育人育心与资源资本之间的张力。

为破解发展的困局，书院拓展了国际化教育，并聘请了留学归国博士智隆作为书院国际学校校长。为适应国际化办学的需要，书院也进行了一系列改革。虽然学校的山水美学、节气生活和手工作坊还在，但小学生的课程却发生了较大变化。一些手工工坊课程、茶道、书道、花语、音乐等项目时间被挪移给英语语言和文学课程。书院"求难、求拙、求慢、求少"的工坊精神正逐渐被快节奏、出效果、有影响的项目要求取代。智隆校长还仿照企业管理中的绩效考核，对教师工资进行了改革；原来"以心传心"的师生教学关系，也逐渐有了量化考核标准。因为有了考核、评比、奖惩，教师之间的关系也发生了微妙变化，"争"的气氛出现。

---

① 李存山：《国学研究与中国的现代化》，《中国社会科学院研究生院学报》1996 年第 3 期。

智隆还提出把新苗书院办成"独立学校"的思路。① 他认为在中国和美国一样，都可以办出不依附任何政治、经济、价值群体的"独立学校"，学校可以"独立于社会的价值观之外、独立于政府的教育政策之外以及独立于家长们的诉求之外"。但是，他对两国学校教育制度的认识明显不够。在美国独立学校的办学传统和特点已为政府和公众熟知与认可，但民办学校在中国学校面临的政治环境、经济政策、文化传统和心理倾向都与西方差异很大，不考虑中国的社会价值恐怕寸步难行或难以为继。在中国办学，很大程度上受到政策影响，《中华人民共和国民办教育促进法（2013年修正版）》第八条、第十一条、第十七条和第五十一条对办学资格审批、学校营利等予以了明确规定，新苗书院的办学不可能超越政策。他说的"独立于家长诉求之外"显示了他对于美国独立学校的误解，其实美国的独立学校被称为"最富有责任心的学校"，学校的评估者恰恰是家长，而不是独立于家长之外。他的认识忽视了中国学校教育的传统、政策和市场因素，因而是不切实际的。以这样的态度办学，新苗书院的前途是令人担忧的。

人们有理由怀疑，当新苗书院由传统的私塾型教育向现代教育转向时，可能它本身的智慧和文化意义正在丧失。当教育的性质、任务、培养目标、管理方式离传统智慧渐行渐远时，书院也许真的可以更名为国际学校了。再深入一步，当书院把"营利"作为一种存在的价值时，它"求大、求多、求快"的目标可能会促使它不择手段地进行掠夺性招生、快餐式培养、不负责任地把学生推向国外，可能使它很快就会滑向法律、道德和人性的危险边缘。

---

① 智隆对"独立学校"的表述是：第一，它可以独立于社会正确或不正确的价值观；第二，它可以独立于政府英明或不英明的教育政策；第三，它可以独立于家长们正当或不正当的诉求。一所独立学校，一所敢于做一些尝试的实验学校，能够生存下去，能够有持久生命力的唯一可能就是坚持这三个独立，不然，你就会被家长绑架、被普适价值观绑架，那就做不成了。（详见王阳等《做独立学校，而非私立学校——专访新苗书院国际学校总校长智隆博士》，《留学》2016年第1期）

第六章

全人教育的意涵：三种探索路径的比较分析

全人教育的主要目的是培育人类与生俱来的发展可能性，因此它把关注点聚焦在个体的身体、智力、情感和精神性的整体发展上，而不是以学生对学科基础知识和技能的获得作为自己的最大任务。不同的全人教育学者从不同的视角论证了全人教育的侧重点，如克拉克依据系统理论提出全人教育要反映智力、思考和学习的自然过程，允许学生建构自己的意义；[①] 约翰·米勒在关系的世界观中关注课程与教学中线性思考和直觉，强调身与心、个人和社区的连接；隆·米勒关注教育中个人、社区、社会、星球和宇宙不同层级的整体性；菲尔·冈（Gang）提出全人教育的终极目的是实现"自我转换"（self‑transformation），达到更高的无形的"自我"（如自我实现、启蒙）。

根据克拉克和米勒等人的理论，全人教育有八大原则：精神性、敬畏感、互联性、完整性、个体独特性、关怀的关系、自由/自主、民主。在取向上，这八个原则又可分为人本主义范式和精神性范式。在历史上的教育运动中，提倡民主的教育者大部分都避免涉及精神性；类似地，信奉精神性的教育者也较少谈到民主主义的观点。[②] 全人教育努力在二者之间建立一种连接和平衡。因此，形成了自己的三大路径，即连接、包容和平衡。连接指的是全人教育要整合学校的理念和目标，建立学校内部各部分

[①] Clark E. T., *Designing and Implementing an Integrated Curriculum: A Student‑Centered Approach*, Brandon, V. T.: Holistic Education Press, 2001, p. 35.

[②] Lucila, T. R., *Holistic Education: An Analysis of Its Pedagogical Application Dissertation*, The Ohio State University, 2008, p. 25.

的连接、学校与社区的联系、学生个人生活与自然或地球的联系、学生学习和心灵以及深层自我的联系等；包容强调全人教育要包容不同族群、不同阶层、不同特质和不同学习能力的学生，向他们提供一系列适切的教育方法，以带动他们的成长与发展；平衡倡导全人教育要在个人发展的能量和方式，如物质与精神、个人学习和群体学习、分析性思考和直觉性思考、内容和过程、学习和评价等之间寻求平衡。

下文将从精神性和人本主义两大范式的八大原则入手，分析当代中国全人教育探索的三种路径。每一个原则会做简单界定，然后是三类学校在此维度的表现，最后给出差异的原因。

第一节 全人教育的精神性范式

全人教育的精神性范式是全人教育的核心主题，它重视人的统一性、完整性、连接性、对自然和生命的敬畏、多样性和多维现实。它视每一个宇宙中的生命为神圣的，但又处于错综复杂的生活之网，有着自己的目的。全人教育把人类视为精神性的存在、卓越创造的源泉和个性化表达的基础。这一范式包含精神性、敬畏感、互联性和完整性四个主要因素，其中精神性居于核心地位。

一 精神性（spirituality）

20 世纪六七十年代以来，对科学和理性的过度崇拜导致一系列人类信仰和精神危机，"精神性"这个过去经常被用来指代个人与上帝一种情感联系的概念再次进入人们的视野。人们重新认识到，精神性是个人对人生终极意义的回答和对超越体验的追寻，宇宙中的一切如思想、情感、言语和行动是彼此依存与和谐相通的。有意识地促成人类心灵的转变和革命，重新审视和信仰精神与灵魂的力量，重返人类的精神家园，逐渐成为有识之士的共识。[①]

一个想法或做法被称为"精神"时，它便揭示了我们个人建立与深

[①] 梁恒豪：《西方精神性概念的发展、应用及与中国处境的关联》，《世界宗教研究》2015 年第 6 期。

层意义的关系或掌控自己命运的愿望。① 因此，人文的精神性作为一种文化现象，是坚持以精神为内核的。中国传统文化的精神性特点表现为放弃了宗教式的追寻神圣的途径，致力于在日用伦常中寻找神圣性。孟子提出"人皆可以为尧舜"，宋儒周敦颐、程颐等都持"圣人可学论"，即圣人不是天生的，也不是远离俗世的修行而成，而是在后天的世俗生活中学习发展而来。这一目标的实现提出了可操作性的日常路径，比如通过反省、模仿学习、格物致知等方法来帮助普通人实现成圣的目标。②

全人教育中对人类精神性的关注，无非是想通过教育，使人们更好地形成"内在自我"，它其实是"由一连串的意识组成，从潜意识到自我意识再到超意识，从前个人到个人再到超个人，从本能的到心灵的再到精神的"③。精神性是全人教育的核心概念，也是区分全人教育与其他非主流教育的主要特征。它在学校教育中主要体现在学校理念、德育方式、艺术形式、冥思醒悟等方面。

三所学校均把孩子当作精神性的存在，认为他们本身具有天赋的知识和能力。全人教育要做的就是重视孩子的内在潜力、培育他们的发展可能性和允许它们"自我伸展"到自然而然地发生。在精神性的四个方面，新苗书院高度符合全人教育理念，蒙新小学非常符合，而国民小学比较符合。

具体来说，三所学校都有明确的全人教育理念，这是因为案例学校是从二十所学校选出的、号称进行全人教育的学校。国民小学提出"让学生对接世界、对接未来，全人成长。通过学校教育，学生成为完整的人，即人格健全、情感丰富的人"。这个理念中"人格健全"和"情感丰富"都是针对人的精神性提出的。蒙新小学提出"过一种幸福完整的教育生活；用'全人之美课程'体系、实现学生在道德、智力、情感、审美、劳动、身体等各方面全面发展和整体发展，从而真正地实现生命全面而本真的发展"。这个理念中的"幸福完整""本真发展"均强调人的发展中的精神性。新苗书院提出"全人教育、东西方融合和知行合一等教育理

---

① 卢川、郭斯萍：《国外精神性研究述评》，《心理科学》2014年第2期。
② 郭斯萍、陈四光：《精神性：中西方心理学体系结合的对象问题》，《南京师大学报》（社会科学版）2012年第3期。
③ Wilber, "An Integral Theory of Consciousness", *Journal of Consciousness Studies* 4, No. 1, 1997, p. 80.

念；办一所人文素养与人文知识均衡发展、东西方理念均衡发展和师生身心灵均衡发展的书院"，其中"身心灵均衡发展"也提出明显的精神性主张。

三个学校的德育也带有很强的精神性。他们都使用故事绘本作为阅读和德育的有用工具，尤其是在德育方面，绘本起到潜移默化的作用。国民小学通过绘本讲环保、归纳人物品德、讲如何做好一年级学生。他们不通过纪律和惩罚形成的威权来控制孩子，而是通过教育者把社会规则艺术地传递给孩子，很多时候以教师的示范、同辈的引领和共同体的价值观，帮助学生形成内在秩序。蒙新小学也利用了绘本的故事，通过故事意义引领、榜样人物介绍等，给孩子树立学习的正面形象，鼓励他们做"好孩子"；学校的人格课程中，使用道德三境界的六阶段图谱，强化德育的结构性；而晨诵、午读、暮省则直接通过把精神性纳入日常生活，使德育具有日常性。新苗书院不赞同用奖励或惩罚的方式过早地规训孩子，而是强调通过教师作为"人师"的榜样作用影响孩子，耐心陪伴、倾听、同理和引导，再加上六艺修身和茶道、花语、自然探索、故事诗歌、韵文、手工、烹饪、身体韵律、音乐戏剧等，让孩子身体、精神和知识同步成长。

艺术也被西方学界认为是精神性的重要表征。国民小学在教室、走廊各处悬挂学生自己的"艺术"作品，尽管有的看来不过是孩子心血来潮的涂鸦，甚至是汇集颜色的混搭，但是这些都可以被孩子们诠释得头头是道。而学校的戏剧课程、电影课程、音乐、舞蹈、美术则显示了学校对于艺术教学的重视。蒙新小学的艺术形式主要体现在音乐上，尽管条件有限，每个孩子每年还是能学会2件乐器和10首英语歌曲，小学阶段至少学会6种乐器。学校周一的"小桥音乐会"也成为荒漠小学贫困生活中一件崇高的精神盛宴。新苗书院让学生通过"六艺"修身，尽管书院现代的教育已经不仅限于礼、乐、射、御、书、数；书院的现代耕读也是在为学生身心灵均衡发展创造条件，山水美学和节气生活更是带有明显的灵修特点。当然，由于蒙新小学相较其他两所学校条件所限，艺术学习形式也比较单一，内容也不够丰富。其他两个学校在艺术形式、种类、数量、师资等方面，都有很大的优势。

冥思方面，蒙新小学采用了晨诵、午读、暮省的教室活动，尤其是班级叙事，让孩子们在深刻挖掘日常生活意义的同时，引发他们对生命意义的思考。"日三省乎己"成为西方学界公认的东方精神性。与此相仿的是新苗书院，书院的村落天然生活用品、有机食物、自给自足生活和塑造的原生态文化意义，都是书院仪式的一部分；书院"六艺"也不是目的，而是借此让学生省思悟道；书院的茶道、书道、花语、国乐，都是借助"术"来形成冥思的"道"。国民小学在书院的课程（尤其是"文化启蒙课程"）中也对冥思有所体现，但总体来说走的是西方精神性中的"生命体验"路径。

二 敬畏感（reverence）

全人教育特别关注人类如何理解自然世界，主要强调通过敬畏感来体悟世界，而不是试图去征服或控制世界。在全人教育学者看来，每一个生命（动物、植物、人类）都是神圣的、有目的的。因此，值得尊重和钦慕。[①] 受生态世界观和生命哲学影响，全人教育家倡导敬畏生命、地球和宇宙，尊重自然世界和居民，承认人类生态系统的相互依存。

约翰·米勒认为目前人类已经丧失了曾经与自然世界的紧密联系，教育需要重建这种失去的联系。因此，他的"全人课程"就是倡导恢复学生与地球和外部世界的联系。克拉克一方面号召人们挑战目前与自然世界关系的方式，另一方面也提倡学校应通过环境教育来调查人类与自然的关系，同时关注存在于地球生态系统中的自然万物之间的联系。纳瓦建议进行生态教育来发展生态意识，形成可持续的生态文化。他呼吁今天的科学环境教育不要停留在传递关于环境的一些技术信息上，而是要开展一项教育来培养孩子对自然世界的尊敬、热爱和敬畏，发展对自然相互依存的意识，让孩子为生活在可持续社会做准备。我们今天的一代，不要为了满足自己的需要而耗尽下一代人的资源。[②]

全人教育意在重新唤醒年轻的心灵去面对自然世界和宇宙的奇迹和神圣，教育他们关于地球生态中人与物的关系和相互依存，形成他们对各种生命形式的敬畏，使他们成为理解、尊重和关爱生存环境的有责任心的年青一代。这是未来生活和生态要关注的重点，也是本土与国际教育中的核

[①] Miller, R., "Introduction: Vital Voices of Educational Dissent", In *The Renewal of Meaning in Education: Response to the Culture and Ecological Crises of Our Times*, Miller, R. (ed.), Brandon, V. T.: Holistic Education Press, 1993, p. 20.

[②] Lucila, T. R., *Holistic Education: An Analysis of Its Pedagogical Application Dissertation*, The Ohio State University, 2008, p. 96.

心要素。无论身处什么样的环境，作为全人教育者应该对此有足够的认识和觉悟。

从三所学校的探索实践来看，新苗书院在敬畏感的各方面均与全人教育高度符合，国民小学比较符合，而蒙新小学对自然和人的敬畏感较低，因此也基本没有考虑理解自然、进行环保教育和环境艺术培养。

作为中国的全人教育探索的学校，新苗书院是在中国文化的立场上诠释教育应该怎样培养孩子对自然的敬畏感。书院的山水美学课程认识到大自然的隐喻、比例、对称、起伏、整体与部分能带给人灵性，也具有疗愈功能，所以，人要知山水、亲山水、敬山水。敬是惊叹之后的折服与敬重，所以要教育孩子顺应自然，过节气生活；师法自然，向大自然学习时要还原自然，不增不减（不增废物，不索物品）；书院的艺术作品（柿子树画、织染等），也只是把自然经典变成了生活形式。国民小学的"文化启蒙课程"见微知著，希望孩子们在敬畏中格物致知，朴素而谦卑地长大；学校对身边天真烂漫的生命常怀敬畏之心，所以提出要善待孩子，勤勉地工作和发自内心地理解他们。学校有价格昂贵的玩具，但也注重来自大自然的沙子、石子对孩子的意义；学校用当季的瓜果蔬菜作为奖品给那些参加运动会的孩子，用品味成果的形式唤起孩子对自然的意识；学校的数学课上通过引导学生思考"狸猫为什么会减少"，同样是在进行一种自然教育和环保教育。不过，学校还没有在艺术作品中涉及太多的自然。蒙新小学因为其恶劣的气候、生活环境，人们可能更多地关注如何从自然界中获得更多的资源，用于改善生活；从校长到老师，都有一种英雄主义的浪漫情愫，意在把沙漠变成江南、把摆脱贫穷变成孩子们向上的决心；所有人都怀着过"完整幸福"生活的梦想，因此学校更多地在诗歌中向往被赞美的世界，而对身边的环境较少关注。

三 互联性（interconnectedness）

互联性是全人教育最关注的一个方面，也是全人教育范式的基础。全人教育基本的假设是万物都是整合的、相互关联的、相互依存的，因而是同一整体的一部分。① 在宇宙和万物相互关联和相互依存的整体中，每个

---

① Clark E. T., *Holistic Education: A Search for Wholeness*, In New Directions in Education, Miller, R. B. (ed.), Vermont: Holistic Education Press, 1991, p.53.

生命都是根植于同一宇宙生命创造的现实中。每一个现象必须在与其他现象的互联关系中理解，而不是孤立中地看待，也不能把各种现象人为地分成若干类别去剖析。

全人教育就是寻求在各个领域的课程中培养这种整体感、互联感和整合性。它呼唤一种教育方式，能够给让公民在和平的地球村里合作生存。它倡导的课程是能够整合各领域知识、连接灵魂与身体、运用线性思维和直觉思维，从而建立学校和社区的联系，培养学生的全球意识，并且鼓励他们与自己的"超我"连接。全人教育还呼唤人们认可不分割教育过程中学习与智力和思维的内在联系。当一个人与世界互动、建立连接、寻求关系和构建意义时，学习会自然而然地、不可避免地发生。

互联性的学习观体现了建构主义的一些特点，即从经验中学习和建构。学习是思考的行为，思考是联系和形成关系的过程。经验能唤醒学生的好奇，刺激他们产生理解现象的欲望，这反过来促使他/她与世界、生命和生活现实进行连接。

综合来看，新苗书院在互联性方面与全人教育高度符合，国民小学非常符合，而蒙新小学较少符合。国民小学的文化启蒙课程是想告诉孩子们，在世间万物的密切相连中地球运行，人居物中参与万物运作；课程以物为媒介，养育孩子周知万物的智慧和文化通感；学校的人文数学等课程，不仅包含数学知识，还引入了绘本阅读，更是和环境保护相连；学校"发现春天"的主题课程中孩子们读诗、看绘本、表演戏剧、盆栽、插柳、画花、户外徜徉、观察、记录，既很好地实现了学科融合，又体现了在经验中学习，使经验生成在生活的各种空间中；学生课程结束时，每个孩子的春天手绘作品都被收进画册，学校还举行一场隆重的春天作品发布仪式，这些源自生活的"杰作"成为孩子们美好教育的见证。不过，国民小学的课程与教学等强调教师个人的素质和影响，在课程的互联性方面仍显不足。

新苗书院的山水美学和节气生活，不仅拓宽了学生的学习空间，而且让学生在大自然这位老师的启发下，得到美的教育；书院的大自然考察中，不仅获得科学、历史和诗性，还磨炼了意志，更获得了智慧。书院的手工工坊，让孩子们学习规则、手脑并用，并培养不侥幸、不苟且的工匠精神。孩子们与自然对话、与自己对话，体会天人合一和知行合一的意涵；打造自己独特的手工艺品，可以形成一种稳固的成就感，因为创造力、想象力都通过这些手工得以实现。书院的课程、教学、活动与评价等以"知行合一"的理念联系起来，因此契合较好。

相比之下，蒙新小学注重了学生身体和体能的锻炼，开设了轮滑、足球、乒乓球、田径和健美操等课程，有的班主任还定期带学生越野拉练，使孩子的身体和意志在锻炼中与自然连接，并通过这些技能参与到更大范围的比赛和表演，与外界建立了一些联系；老师利用学校空地和当地牧民经验，开设了养羊经济学，饲养了30只羊，让孩子们在经验中学习，在解决问题中获得成就感，也加强了学校和社区的互动。但是，蒙新小学在课程方面没有太大的变革，教学也是原有的教学中加入了"理想课堂三重境界"的想法，并没有实现学科融合。由于条件所限，学校的艺术教学只在乐器教学方面有所体现，没有明显的学生艺术作品或成就。这也说明蒙新小学的课程与教学保留在一种"学好知识＝好成绩＝好未来"的这样一种传统思维中，对现代教育思想吸收较少。

四 完整性（wholeness）

人类完整性是以互联性为基础的。在互联的观点里，无物孤立存在。因此，人类完整性的概念认可个人作为一个不可分割、综合的整体，而不是一个整体的"组件"。所以，身体、心智和灵魂都被认为是整体内一个不可分割的互联元素。情绪、思维、感觉和意志都是深层连接相互依赖缺一不可。

完整性也是全人教育的核心理念。全人教育者把人类完整性定义为智力、情感、身体、社会、审美和精神性六个元素的整合。[①] 这六个元素同样重要，相互依赖。因此，在全人教育中要求像重视智力一样重视孩子的情感、社会、身体、审美和精神性潜力。所谓完整成长的教育就是要在智力与情感、逻辑与创造、分析与直观思维、内容和过程、个人学习与群体学习、概念与经验、学习与评价之间寻求平衡。从经验中学习，这是强调孩子完整性的最好方法。通过经验，完整的人沉浸在学习过程中。经验不仅把学习者和生活现实连接，而且能利用所有人类因素使学习发生。关注"脑力"的同时，也不能忽略"心"和"手"的功能。

---

① Miller, R., "Holism and Meaning", In Ron Miller, *Caring for New Life: Essays on Holistic Education*, Brandon, V. T.: Foundations for educational Renewal, 2000, pp. 23 – 24.

全人教育重视人类完整性并且支持培养完整孩子的发展。它呼吁进行平衡的教育，并且完全支持经验性学习。它把学习看作人类所有能力参与的本质行为，而不是简单的脑力功能。因此，学校应该努力在智力、情感、身体、社会、审美和精神性方面创造条件，让学生朝向平衡的状态。

综合三校情况，新苗书院在完整性方面高度符合，国民小学非常符合，而蒙新小学课外活动和评价手段较为符合外，其他均不符合全人教育的理念。

新苗书院的手工工坊，尤其注重孩子通过"做"来学习匠艺，"以我手，敲其行；依我心，筑其韵"。书院认为，用手更要用心，这是做好手工的保障；而精益求精制作的器物都可以传递双手的温度与思想的厚度；充满亲近感的生活器物，能够传达快乐的情感和对自然生活的热爱。书院的山水课程和节气生活，更是把文化、生活、知识融为一体，把经典变成生活，把生活变成智慧。书院的有机厨房使用自然、有机、当季的食材，因此能保证孩子身体成长的营养和健康。在孩子的评价上，书院主要从人文素养与知识均衡发展、东西方理念均衡发展和身心灵均衡发展三个标准去衡量。因此，"完整性"在新苗书院的全人教育中贯彻得比较透彻。

国民小学除了"全人课程"外，还开展了非传统课程日、主题周、项目月等灵活的教学方式，使学习不再单调，也让校园生活充满了期待。学校根据不同季节，带领学生到校外开展活动；学校开辟的儿童艺术创意街等，由学生们课余经营，锻炼学生的实践能力。学校食堂也是中西餐齐备，给学生多种选择，有利于孩子的身体成长。在处理课程与教学时，学校鼓励教师采用生活化的方式进行。学校彻底放弃了统编教材，自己编制本校课程体系；不再参加区里统一的考试，用自己的评价标准评价师生。非考试性评价、游戏过关等成为学生喜闻乐见的趣味评价。但是，国民小学的课程受到开发者本身文化素养的影响，个别课程承袭西方理念和做法，对于本土化构建重视不够，因此并不能体现人的发展的完整性。

蒙新小学的课程观中包含了儿童经验的、生成的、整合的和实践的原则，课程涉及师生的日常生活世界。学生通过参与、互动、理解、探究、反思和表述来体验生活和生命意义、获得知识和能力。蒙新小学也开展了丰富的课外活动，这些活动包括运动、音乐、美术、舞蹈、阅读等。但是，从整体上看，蒙新小学作为一所农村寄宿制学校，能为学生提供的物质条件有限。除正常的三餐外，学校缺乏蔬菜、水果，很难满足这个年龄孩子长身体的需要。学校的课程与教学主要以统编教材为主，自行开发的课程作为一种补充；除个别课程外，教学难以做到生活化或从经验中学习。学校不考试、不评比、不排名、不唯分数论，但允许教师进行学习测验；学校不在主观上特意追求现时的考试分数，但也希望有能力的学生毕业时考出好分数，以获得外界对他们的认可。在身体与智能、体验与传授等方面，蒙新小学尚有较大的不足。

在精神性的范式下，新苗书院的行动和互动策略与全人教育理念高度契合，这说明中国传统的儒、释、道智慧与全人教育倡导的精神性、敬畏感、互联性和完整性有着非常相似的追求。而受西方进步主义教育观影响的国民小学，其行动和互动策略与全人教育非常契合，强调了学校课程与教学对人的成长的影响作用，但学校理念、课程、教学、活动、评价等诸方面在互联性和完整性上尚有较大提升空间。蒙新小学办学理念深受儒家思想影响，提出了共同精神生活的诉求，但在对自然和人的局限性上明显认识不足，存在对精神力量过分重视的倾向。

第二节　全人教育的人本主义范式

全人教育的人本性主要体现在承认人的价值、倡导个性解放、强调通过个人努力自我实现、认识知识的价值并号召进行有意义的学习。在此理念下的全人教育人本性主要包括个体独特性、自由/自主、关怀的关系和民主四个方面的内容。

一　个体独特性（individual uniqueness）

全人教育认为每一个人都是独特的存在，有着固有的品质、潜力和需要，与现实也有着自己独特的互动和回应方式。人类独特性受社会文化情境的影响，有时社会文化情境还是人类独特性的决定因素。人类独特性不仅仅是社会文化环境的构建，也不仅是纯粹是先天形成，而是二者用独特方式显示出来的一种个人存在状态。

除了承认个体的独特性，全人教育还关注作为整体的人道多样性，它承认文化、民族、性别、种族等多层次的多样性，但不把这些多样性作为隔离某些人群的借口，它呼唤和平的文化，一种尊重差异但不把人类分成明显群体的文化，培育相互理解、宽容、尊敬和合作的文化。

全人教育倡导儿童中心的教学原则，强调教师的作用是不断观察和研究学生，预期他们的兴趣，以对他们的学习做出相应的反应，准备用最好的方法予以指导。"孩子应该完全投入到所学之中，而教师则应该完全投入到孩子身上。"① 因此，和谐的师生关系和对儿童多样性的尊重成为全人教育的显著特征。

全人教育倡导每一种课程和教学，都以孩子为中心，从他们活生生的现实开始。它拒绝任何标准化的教育方法和统一考试，因为每个人的天资和技能都不尽相同。全人教育呼吁不同的学习方法、多样性的识知、发挥多元智能，并且认为这些对于孩子的独特性都同样重要。正是因为每一个个体发展的速度是不同的，教育必须努力使每个孩子心智自然地打开，照顾孩子特殊的需求，为孩子固有的潜能发展提供支持。

三所学校中，国民小学在儿童中心、师生关系、学生表达和多样性方面，与全人教育理念高度契合，新苗书院非常契合，而蒙新小学部分契合。具体来说，在国民小学，学校实行包班制教学（或全科教学），至少三年不变，同一班级学生六年基本不变，教师办公地点就在教室。这样，教师可以超越学科本位，加强学科融合，从学科教学走向生活教育；也可以尽量扩大师生共同生活的时间和空间，使老师们有更多机会观察和发现学生的个人特质或问题，给予孩子及时的帮助。"学生第一"的理念贯穿在课程、教学及生活的各个领域，学生的利益和兴趣被极大地尊重，当然他们在学校事务、课程设置与教学方面享有很大的发言权。即使是校长在校会上发言的时间，他们也有权调整。学校尊重学生差异，使用不同的方法进行德育，也有针对学生差异的个性化课程。因此，学校的教育有利于学生个体独特性的发挥。

蒙新小学的"共美教室"是在班主任领导下构建的，班主任一般由卓越教师担任，一直陪伴孩子到毕业。因此教室形成一种固定的师生关系和生生关系，有利于老师了解每一个学生，更好地指导学生。学校的教学定位于用独特教学法完成教材内容，并配以学校的辅助课程，完成"成人"职责。但实质上看，仍然没有脱离学科教学的套路，教师中心、教材中心和教学为中心的态势明显。因此，孩子在教学、活动中处于一种被

---

① Rousseau, J. J., *Emile or on Education*, Translated by Allan Bloom, New York: Basic Books Inc. Publishers, 1979, p. 189.

指导、被安排的地位，他们享有的发言权主要集中在学科知识探索、乐器选择和体能锻炼方式上。学校一直在努力做的核心工作是"不拒绝种子"，即帮助每一个学习落后的学生补课追赶其他同学；通过共同集体精神生活所要达到的一个主要目标是"向上"，改变贫穷生活。大部分学生在"吃苦"精神的指引下，个人选择的机会较少，因此学生个性没有得到很好的发挥。

新苗书院较小，人数也少，因此孩子认识所有的老师，老师也熟悉所有的孩子，师生生活的交集很多，因此形成了一个教育的"熟人社会"。对待孩子的态度上，书院总结为"如保赤子"，让学生"适性"发展，但并不过多干预。在书院，孩子要跪下擦地，学会弯腰屈膝；茶礼、剑道仪礼严谨，尊师重道，行进得宜且知止；孩子要下田耕种，登山步道，他们不是被娇宠的孩子，而是一个个"师法自然"的成长者。在"礼"的条件下，学生有充分表达自己的自由；学校也并不用考试的方法约束学生，学生的身心灵在耕读村落得到自然的发展。书院的"节气生活"中较多地使用庆典仪式，帮助学生理解自然，了解历史，正确看待自己和他人。书院的多样性是建立在学生文化自觉的基础上的。

二 关怀的关系（caring relations）

全人教育中提倡的"关怀的关系"是来自诺丁斯的一个观点。她认为，关怀是人类生活中每个人都渴望拥有的基本需求，而关怀的关系最早起源于妈妈和婴儿的互动，代表亲子关系中妈妈发出的爱意和舐犊之情。这种自然的关怀一旦成为婴儿的体验，他/她终生都会在其他人身上寻找这种特殊的关怀关系。[1]

在全人教育者看来，教育终究是要建立一种师生、生生的爱、关怀和真实关系，因此，学习共同体是一种必然的选择。在这个理念和价值趋同的组织里，教师、家庭成员、学生和员工等所有共同体成员都应被重视和关怀；它培养出友谊、陪伴关系、手足情和有意义的连接。而教学过程中，教师要先学会自我关怀，与深层自我连接，只有实现身份认同，才能与学生建立真实的关系。

---

[1] Noddings, N., *Caring, a Feminine Approach to Ethics and Moral Education*, Berkeley, CA: University of California Press, 1984, pp. 4-5.

关怀的关系处于全人教育的核心。教师和学生建立的关系被认为是学习、社会生活和社会公平的基础。全人教育家相信只有在相互关爱、尊重、共情、接受和信任的气氛中，学生才能茁壮成长；只有在关怀的学习共同体内，才能充分激发孩子的潜能。

三所学校中，国民小学和新苗书院在关怀的关系方面均与全人教育理念高度符合，蒙新小学也比较符合。具体来说，国民小学在提供"关怀的关系"方面，做了大量卓有成效的探索。学校的"共同愿景""信任制学校"不仅加强了教师的凝聚力，而且让学生也理解了学校的理念和教育价值。为了"学生第一"的理念，学校明确"法无禁止则皆可为"，只要是为了学生，一切尝试都可以授权；包班制教学更好更快地形成了班级集体，它们形成自己的班训、班歌、班级精神，增强了孩子们的归属感。以此为基础的"师徒制"促进了教师专业发展；学校的"小学校，大教室"理念、"辩课"制度、"全人课程"、主题教学等活动，形成一个合力，促成学校变成一个友好与尊重、分工与协作、价值与愿景和谐、形成内在秩序的共同体。学生喜欢老师、喜欢学校、喜欢学习。

蒙新小学提出"文化治校"的理念，用师生认可的价值系统来治理学校。学校在学生中构建"共美教室"，进行轮流执政和班级叙事，形成班级"进取"小社会；在教师中举行"共读"，聚拢"尺码相同的人"，集体备课、资源共享，防止恶意竞争；通过"相信种子，相信岁月"全纳、教化各类学生；推行"小行政，大教室"理念，明确岗位职责与分工；"共美教室"还明确了教室对家庭的引领作用和家长的共同参与。学校初步形成学习和价值共同体。

新苗书院的共同体意识是通过构建"现代人文耕读村落"形成的，这个学习共同体（社区）不仅包括教师、学生，还用"三代塾"的理念吸纳了孩子的父母与祖父母，以"书香门第"来补益书院教育。学校教师分工明确，台湾教师主要负责国学（文化经典），大陆教师主要负责学科教学和德育，外籍教师主要负责英语语言和文化。学生通过"六艺"修身、手工学艺、自然悟道，在人格上有很大的自足性。书院和家庭共同培养"博学于文，约之以礼"的君子作风，同时顺应自然、师法自然，体道和悟道以求得道。

三 自由/自主（freedom/autonomy）

全人教育中并不经常讨论自由和自主的问题。在宽泛意义上说，人的自由/自主指的是人的内在自由和行动自由，前者包括灵魂自由和言论自由。内在自由是全人教育关注的一个方面，并通常与精神性相连。很多情况下，全人教育通过创造灵魂自由和言论自由的氛围，培养学生自由选择和自主学习。因此，在这个意义上，内在自由也常被称为心理自由，通常指不受具有破坏性的条件、习惯和观点影响，摆脱循规蹈矩、强加权威、内心散漫和异化的影响，以批判性思考、深层反思、内部话语调查等方式实现。[1]

国民小学作为一所现代教育学校，在师生自由和自主方面具有明显的表现，但同时也为消费价值观的泛滥打开了方便之门；新苗书院各方面表现比较均衡，但在教师独立性方面稍显不足，他们对教师10.5年的培训，内化教师对书院理念的认同，使老师的独立性相对降低。而对蒙新小学来说，因为地处偏僻加上生活条件所限，所以消费价值观较低；作为一所传统教育思想明显的学校，教师中心的理念使得学生言论自由度较低。

在学生方面，首先，国民小学拥有大量的教学场地，120平方米的教室被分成若干功能区。课堂上，学生可以在学会课程的情况下决定自己做什么，选择学习，也可以选择阅读或发呆，而不需要向老师申请；学校的创意街、茶吧等都由学生独立经营。其次，学生享有很大的选择权，他们可以选择要不要参加学校的活动，也可以选择班级活动的方式、时间等。学校把班级公共作业变成学生可以选择的个人作品，激发学生兴趣和创作热情。最后，学校不要求学生穿校服上学，甚至可以携带电子产品入校，在学生统一行动方面要求较少。在教师方面，学校倡导教师注重课堂上对学生精神的抚慰，给学生以安全感和信任。凡是学生能自己探索得出的，老师决不替代；凡是学生能独立思考的，老师决不暗示。教师本身享有很大的课程开发权和教学自主性，教学内容和课时安排完全由包班老师协商完成。学校重大方针政策的制定由教师实行无记名投票；辩课活动也是参

---

[1] Forbes, S., *Holistic Education: An Analysis of Its Ideas in Nature*, Brandon, V. T: Foundation for Educational Renewal, 2003, p. 33.

与自由、言论自由。

蒙新小学由学生轮流管理教室生活、制定成文的规约。轮流班委，由不同学生在不同时间管理班级。每个学生都有机会参与班级管理，也有机会诠释班规班约。个人有权选择学习哪一种乐器，也可以根据自身情况选择课外阅读的数量和速度。另外，学生在班级名称、班徽、班训、班歌等选择上，也有较大的话语权。学校为学生发展制定了各种课程与教学、道德发展图谱，因此学生主要是跟随教师的指导。在对学生的评价上，学校的成绩评定使用等级制，教师评语也以鼓励为主。学校把穿校服也看作日常仪式的一部分，因此学生服装一致。也由于当地经济原因，时尚攀比离他们的生活也比较远。卓越教师在课程开发中起到中流砥柱作用，大部分教师被看作课程执行者、共美教室缔造者、学生人格和道德的监督者，他们的专业发展主要靠专家培训和教师共读。

新苗书院在一天的课程中间会有一段"留白"，学生可以独立支配，做自己想做的事情或发呆；书院的手工工坊也给学生很大自主权，来决定做什么。学习上，强调学习的差异性和个人性，用适合自己的方法学习；教师教学不是人为的灌输；师法自然，但也绝不是因循守旧，而是在对传统反省、批判的基础上予以继承。书院并不违禁学生发言或说话，但强得宜且知止，"多言数穷，不如守中"；在抵制社会消费价值观方面，书院并不直接禁止什么或提倡什么，而是用"雅文化"来占据学生的生活和空间。教师以群组为单位，开发课程，研究教学教法，制作教具；书院创造机会，让教师修习茶道、音乐、艺术。

四 民主（democracy）

民主原则是全人教育的一个重要元素，它提倡的是一种参与式民主，参与者因此而获得赋权参与共同体和地球生活的意义。这种民主反对僵化的、独裁的经济、社会和文化霸权，而强调合作、参与、分享、平等的决策权。民主的社会组织是确保每个人发展的最好文化，在其中个体有表达自己想法和观点的自由，也有决定参与的选择，但这一切都要以共同的利益为基础。隆·米勒认为，民主的教育就要保证年轻人在其社会组织中经历或实施有意义的参与。一个民主的学校，不是在口头上把孩子当作成人，而是教会他们参与集体解决问题，培养他们成熟的社会责任感。①

从前述案例中，我们可以看到，国民小学作为一所现代教育学校，比较重视民主，这点与全人教育的理念高度符合；新苗书院作为中庸平和的教学，在民主和集中之间讲究一种平衡，比较符合全人教育理念。而蒙新小学以"文化治校"和"专家办学"著称，是一种"权威型民主"，即钟祥所说的职务权力与"小行政，大教室"的权力分配制度。因此学校这种附加条件的民主不太符合全人教育的理念；但是，由于构建共美教室活动，学生在教室环境下获得较大的民主，这与全人教育理念比较符合。

具体说来，国民小学赋予学生自由选择课程学习方式的权力，学生还可以就课程问题与老师商议；老师外出开会，也要跟学生请假；学生积极参与班级岗位竞争、学习小组组建等活动，通过民主选举确定班级管理人员，进行班级议事；学生在课堂上畅所欲言，有时还会指出教师教学中的不足，甚至指出校长发音不准以及更改校长主持会议时间等。在学校管理中，学校秉持"居家过日子"的哲学，让每一位教师成为具体事务的"主心骨"和权威；校长拥有的有限权力，在管理中去中层化、去行政化，学校预算的集体协商、校园信任制等，在教室和整个校园，形成了较浓的民主风气。

在蒙新小学创建"共美教室"的过程中，教室命名、班规班约制定，都不是班主任的旨意或意愿替代品，而是教室民主生活的产物；教室的轮流班委，管理班级，每个学生都有机会参与班级管理，也有机会诠释班规班约，从而让孩子成为教室主角；学校管理中，学校终极的追求是不强调个人威权，而是用一种集体约束力来治理学校。但在目前实际操作中，学校以建校初期需要加强领导为由，强化了校长和"卓越教师"的领导力。

新苗书院强调让孩子成为孩子，尊重学习的差异性和个人性，用适合自己的方法学习；课程与教学尊崇人性，但也注意在潜移默化中培养孩子的文明礼仪。书院并没有明确地划分教师或学生的权力，而是强调在"尊师重道"的中国文化情境中，学艺修身，行为言语得宜知止。教师的教学不以升学、竞赛、消费为目的，而是身心灵整合的"人师"教人，

---

① Miller, R., *What Is Democratic Education? Paths of Learning*, 2007, Retrieved from www.pathsoflearning.net.

知道"如何教"和"为何教"。但书院逐渐显现的国际化办学趋势，也许会改变学校的生态。

第三节　三种探索路径的理论契合探微

前文探讨了三所学校全人教育探索的路径，并进行了与全人教育基本原则的比较分析。总体来看，新苗书院在精神性、敬畏感、互联性和整体性四方面与全人教育的原则非常契合，反映了几乎所有的全人教育理念；国民小学比较契合，反映了大部分的全人教育理念；而蒙新小学属于一般契合，或者说部分符合全人教育的特点。三类学校在办学理念和德育方式上与全人教育原则非常一致，这说明三所学校对全人教育理念有深刻理解，在此基础上形成了本校的办学理念。在德育上，三所学校都使用了绘本故事、榜样人物引领等方式，培养学生的整体发展。

新苗书院是在"全人教育""东西方融合"和"知行合一"三个理念的基础上办学，因此吸取了儒、释、道智慧，也融合了西方教育理念，整体契合度较高。这也说明中国传统文化对人的精神性有较大影响。国民小学作为一所新办的公办小学，大量吸收了西方当代教育理念，与全人教育理念的高度契合也是情理之中。但是，学校在中国优秀文化的吸收方面尚显不足，尤其是在人与自然的关系方面还有提升空间。全人教育学者提出东方多通过冥思和仪式来提高精神性，而西方则通过生活体验来实现，显然国民小学受后者影响较大。

蒙新小学作为一所办学条件和生存条件都很艰苦的农村小学，能开足课程、保持学生不流失已属不易，在艺术方面没有明显造诣可以理解。因为地处荒漠，与外界联系较少，大风、缺水、断电是常事，生活水平也较低，也正是在这样的环境中，一群理想主义者做出英雄般的选择来承担这里的教育。学校做出"改造自然""改造命运"的决定也是可以理解的。因此，学校及学校的孩子并没有表现出对自然的敬畏感，也没有环保的教育和相关艺术。也由于学生来自周围牧区，有的孩子身体残疾，有的孩子智力发育迟缓，大部分孩子没有养成良好的学习习惯，再加上学习资源匮乏，面对这样的学生，也许从知识入手、用比较传统的学科教学方法更适合当地实际。正是有了钟祥和卓越教师这样的教育者和思考者，学校才有了新的教学理念，才有了音乐、美术课程，才有了对教育的深入探索。学校打造的共同精神生活也许能成为恶劣条件下教育发展的助推剂。

在个人独特性、关怀的关系、自由/自主和民主的人本性四个方面，国民小学非常契合全人教育，这与该学校对西方民主和自由教育观念的吸纳有很大关系。国民小学是政府大力投资的公办学校，资源丰富；学生群体逐渐趋向于城市和海归高层管理人员的子女（虽然也有部分城市务工人员后代），经济情况较好；学校对于时尚和电子产品态度较为宽松，所以在"摆脱消费价值观"项目上不太符合。

与之形成对比的是蒙新小学，因为条件所限，这个学校的课程与教学还处于修补传统教育的阶段，因此并不能真正做到"以儿童为中心"的教学，学校基于学生情况的定位也不允许学校采用一种博放的自由教育或者给予学生在课程、教学、活动等方面太多的发言权。因此，蒙新小学呈现出基本符合全人教育的样态。而新苗书院作为一种中西融合略偏中国传统文化的学校，其"中庸"思想决定了学校不可能在中西教育的张力中择其一端，因此表现出比较符合全人教育的状态。

如果据此对三所学校的全人教育做一个总结的话，首先应该思考的是，为什么依据同一个理论的办学探索在实践中有如此大的差异呢？完全按照西方全人教育理念进行实验的国民小学，是符合全人教育标准的；完全按照中国传统智慧进行实验的新苗书院，也符合全人教育标准；只有号称用"儒家"文化治校、用现代西方教育思想设计课程与生活却用中国最传统方法教学的蒙新小学，最不像全人教育。蒙新小学在个人威权与民主、文化改造与自由、物质性与精神性、道德说教与德性自觉等方面表现出来的分裂、信奉理论与使用理论之间的巨大差异，也许是导致这种结果的主要原因。

在教育目的上，蒙新小学强调通过教育改变生存状态、改变贫穷命运，是为未来美好生活做准备；而国民小学强调自己是为快乐生长的教育，生长本身就是教育目的。在师生地位上，蒙新小学强调"教师第一"，在此基础上为学生的学习和发展服务；国民小学强调"学生第一"的儿童中心论，只要为了孩子成长，"法无禁止皆可为"。在课程设置上，蒙新小学的"全人之美课程"突出系统知识传授和道德培养，以国家课程作为自己的核心课程，以完成国家规定教材作为课程要求；而国民小学的课程为培养学生的思维能力、人文精神、情感等服务，放弃国家课程，全部为自己开发或购买的课程，以学生经验作为教学起点。在教学上，蒙新小学主要使用"理想课堂的四重境界"作为标准，进行分科知识教学；强调教师主导论，教师在知识储备上高于学生；而国民小学则使用主题教学、项目教学、全科教学等方式，学生体验式学习，教是为了不教。

蒙新小学的教育目的、师生地位、课程设置以及教学等方面非常符合赫尔巴特的教育方法；而国民小学在这些方面的探索更接近于杜威倡导的教育。在杜威的《学校与社会》中，他把赫尔巴特的教育方法称为传统教育，相应地，杜威的教育方法被称为现代教育或新教育。从实践操作层面看，蒙新小学虽打着"新教育"的旗帜，实际上走的还是西方传统教育的路子。

实际上，蒙新小学的教育还暗合了中国传统教育思想。如受科举考试影响而产生的"学而优则仕"功利思想、为己之学的道德自律、学习儒家经典以及教育中教师的权威人格等。[1] 这些特点大都可以在蒙新小学的教育探索看到。因此，以传统教育来命名蒙新小学是恰当的。与此对应的国民小学，却处处显露出自己现代教育的理念，昭示自己在教育方面的进步性，因此称为现代教育也不为过。

新苗书院的经典教育其实是与国学、私塾、书院这些概念分不开的。以书院形式办学、以私塾精神立学、以国学精髓治学，三者的融合才是传统智慧在当代的复兴，也是经典教育的根本。经典是"中国固有的传统文化，核心是传统文化中包含的价值思想和人文理念"[2]。它追求：关注生命，完善人格；强调博爱，追求和谐；知行合一，努力践行。[3] 回顾美国的经典教育运动，无论是1919—1920年约翰·厄斯金在哥伦比亚大学发起的经典教育，还是罗伯特·哈钦斯1929年在芝加哥大学发起的经典教育，都是以阅读经典为特征的。目前国内很多所谓的"经典教育"其实也就是带领孩子阅读儒家和道家等经典古籍。但新苗书院不同，它对经典教育的广角探索包括了重构生活方式、习得经典六艺、重建学习社区、师法自然以及工匠精神培养等内容，体现了经典教育在生活中和行动中的智慧。它的经典教育更应该称为用传统智慧引领孩子生活和学习，从而实

---

[1] 李弘祺：《中国传统教育的特色与反省》，《北京大学教育评论》2012年第2期。
[2] 祁志祥：《国学人文精神的现代意义》，《浙江工商大学学报》2013年第1期。
[3] 胡虹丽：《探寻国学教育与现代教育契合点》，《中国教育学刊》2011年第11期。

现智力、人格、情感和社会交往的和谐发展。

国民小学在用西方现代教育观念进行全人教育探索，蒙新小学在用中国儒家文化进行全人教育探索，而新苗书院是在用中国传统智慧进行全人教育探索。三者也大概代表了现代教育、传统教育和经典教育的三种类型。

第四节　当代中国全人教育的一种意涵
——以国民小学为例[①]

一　研究问题与研究方法

全人教育（holistic education）是美国20世纪60年代末70年代初形成的一种教育思潮，它吸收了人文主义、存在主义和人本主义等教育思想，"试图以生态视野、全球视野和生命意识重新检视科学技术给人类带来的影响，反思科学技术给世界去魅之后给人类精神生活带来的冲击与挤压"[②]，对人的本质，以及教育、学习、智能的本质进行重新定义，提出了"人的完整发展"的核心理念，即（1）培养完整人的发展；（2）以平等、开放和民主关系为中心；（3）关注生命体验（而不是基本技能）；（4）承认文化由人创造和由人改变（而不是沿袭和复制既有文化）；以及（5）把教育建立在对生命和未知（并且从未完全知晓）生命来源敬畏的基础上，从而培养人的智能、情感、身体、社会、审美和精神性等素质[③]。全人教育理论体现了对古希腊和谐教育传统和卢梭以来的自然教育传统的接续，更有对人文主义、进步主义和人本主义教育思想的继承，把人的精神性和潜能放在人的发展的重要地位。正因如此，全人教育思想在欧美获得了人们的认可，也带动了全球范围内的全人教育实践热潮。2000年后，全人教育理论进入中国，引起了学者、高校和基础教育学校的关注。

---

① 本部分内容选自张立平《当代中国全人教育的一种意涵——扎根理论分析与建构的视角》，《教育学术月刊》2018年第2期。

② 张东海：《全人教育思潮与高等教育实践研究》，博士学位论文，华东师范大学，2007年，第35页。

③ Miller, R., "Introduction", In *New Directions in Education: Selections from Holistic Education Review*, Miller, R., (ed.), Brandon, V. T.: Holistic Education Press, 1991, pp. 2-3.

然而，尽管全人教育理论有其深厚的渊源和明确诉求，但它并没有形成一套统一的操作程序或方法。正如隆·米勒所言："全人教育不可定义为一种特别的方法或技巧，它必须被视为一种范式，一套可以适用于各种方法的基本假设和原则。"[1] 这给全人教育实践带来了一定困境。如何把全人教育理论和思想与当下中国的教育环境结合，促进中国教育尤其是基础教育的改革和发展？这是很多研究者和实践者关注的问题。为了解答这一困惑，本书以宣称进行"全人教育试验"的一所中国公办小学为例，进行了田野调查。本研究拟定的问题是"学校是如何进行全人教育探索的？"为便于研究深入开展，起初将主问题细化为三个具有内在逻辑关联的三个子问题：

（1）这所小学为什么要进行全人教育探索？
（2）这所小学是怎样进行全人教育探索的？
（3）这所学校的全人教育探索有什么类型特点？

针对研究问题，本书借鉴了扎根理论的方法进行资料收集和分析，并建构自己的实质理论。扎根理论是1967年由格拉泽和施特劳斯提出的一种研究路径，目的是"填平理论研究与经验研究之间尴尬的鸿沟"[2]。该理论提倡在数据中发展理论，而不是从理论中演绎可验证的假设；它提出了开放性访谈、文献分析、参与式观察等收集资料的方法，在资料饱和的情况下，对资料进行分类、编码；施特劳斯及其弟子科宾还发展出了对资料进行"概念化—类属化—找出核心类属—建立理论架构"的技术操作步骤，使用三级编码发现影响核心类属的因果、现象、情境、中介、行动/互动策略、结果等因素；在此基础上概括出理论命题，概括出的理论命题再回到资料或类似情景中接受检验，进一步修正与发展该理论。[3] 本研究选择扎根理论的原因在于它"是一种研究方

---

[1] Miller, R., *Defining a Common Vision: The Holistic Education Movement in the U.S. Orbit*, Special Issue: Holistic Education in Practice 23, No. 2, 1992. //Miller, J. P. and Drake, S. (ed.), Toronto: OISE Press, 1997, pp. 20–21.

[2] Glaser, B. G. and Strauss, A. L., *The Discovery of Grounded Theory*, Chicago: Aldine, 1967, p. vii.

[3] Strauss, A. and Corbin, J., *Basics of Qualitative Research: Grounded Theory Procedures and Techniques*, Newbury Park: Sage, 1990, pp. 96–116.

法，或者说是一种质性研究的风格"①，对于研究者和实践者都具有理解和行动的双重意义。

本书呈现的研究对象是国家课程改革名校国民中学的附属实验小学。访谈主要在校长、教师、学生和来访者之间进行。校长访谈结束后，对其谈话情境和意义进行追问和解释。在理论性抽样的基础上，对两位教师进行了新的访谈，对访谈资料再次进行分析，补充原有的核心类属。最后的访谈发生在研究者与学生、家长和学校来访者之间，对这些谈话的分析逐渐增加了已生成概念的饱和度。研究者与校长、教师、学生、家长以及来访者之间形成了收集资料、分析资料的实际三角互证关系，中间伴随着研究者的反思。

二 研究过程

（一）首次理论性抽样研究呈现：校长的视角

在明确研究问题后，首先访谈的是学校校长。研究者将研究子问题转换成几个便于操作的访谈问题：

（1）学校总的办学理念是什么？为什么制定这种理念？

（2）与其他学校相比，贵校有什么特色？

（3）实施现在的教育跟您以前的工作或生活经历有什么关系？

（4）目前学校取得了哪些成果？

虽然拟定了访谈问题，但访谈过程中研究者关注到谈话中新的信息和有价值的线索时，会打破问题顺序或采用现场追问的方式，甚至提出新的问题。根据访谈录音，研究者整理出文字资料，并进行了三级编码的资料分析（如表6-1；鉴于篇幅所限，表格只简略列出相关信息）。一级编码尽量保持开放状态，呈现原始资料中的意义，尽量体现访谈对象话语中的本土概念，由原始概念到概念属性和维度，继而形成了教育目的、教育价值、特色课程、教师和学生观、学校组织与权力、校长情怀以及政府投入等七个类属。

在一级编码的基础上，挖掘资料中的情境要素，并将它们与过程连接，形成了以范式模型为工具的二级编码。这个过程将国民小学校长对本校全人教育探索的条件、互动/行动、情感、结果等因素做出了区分，对事件周围环境进行了分析性理解。

---

① 陈向明：《质的研究方法与社会科学研究》，教育科学出版社2002年版，第37页。

表 6-1

国民小学校长访谈资料编码

国民小学校长访谈资料编码原始材料（提纲式）	贴标签	一级编码 属性	一级编码 维度（强—弱）	一级编码 类属	二级编码	三级编码
A-1 我们要把学校变成全功能的教育社区。	教育社区	功能	全—不全	教育目的	因果条件：对应试教育的抗争，践行全人教育	核心类属：迷恋孩子成长的教育
A-2 国民小学的存在本身就是一种对应试教育的抗争，践行全人教育的一次践行。	全人教育抗争	教育性质	应试—非应试			
A-3 我们要打造一所百姓家门口的好学校。	百姓 好学校	理念	践行好—差	教育价值	为学生全面存在受国民中学邀请	支援类属1：教育目的与价值
A-4 "全人课程"是我们的主要特色，覆盖学校全面生活的综合性课程改革，目的是打通学科壁垒，强调综合性学习，把学生培养成完整存在的人、人格健全、情感丰富的人。	全人课程	目标	分科—综合	特色课程		
A-5 学校因为学生而存在，凡是跟学生成长相关的东西，一律简化或者省略，凡是孩子们成长需要的条件所允许的情况下，努力追求最好。	学校生态 培养	特色	生态—非生态	教师和学生观	现象：不择生；学生第一；城乡一体化；家庭条件	支援类属2：特色课程
A-6 从课程设置到教育活动的安排，到具体的课堂教学，孩子被育定第一位的；课程是第一位的，追求学生第一。孩子被育定第一位的，秩序和纪律是第二位的。	学生第一	学校重心	第一—其他	学校组织与权力	中介：特色课程；共同愿景	
A-7 在等学校愿景的基础上，点亮每位教师的愿景之灯，让每位教师个人特点的努力方向和发展目标、学校不考勤、不签到、不检查教案，一切凭老师专业精神和职业道德做主。	愿景	教师管理	考勤—愿景	校长情怀	行动/互动策略：践行全人教育；校长服务	支援类属3：内部结构性因素（校长教育情怀；教师和学生观；学校组织与权力）
A-8 国民中学邀请我来当校长，从媒体人到教育人，我真是跨界了。而我就是"首席服务官"，硬件保障服务，服务无限主要为老师专业发展，权力有限。	专业 道德服务	权力观	服务—等级得当—失当	政府投入		
	国民中学跨界	身份变迁	本土—外来			
A-9 我们学校政府投入了两个亿，实现城乡教育一体化；30个孩子，地毯、沙发、乐高玩具、图书、电脑、多媒体、绿植俱全。学校还建有室内运动场、情景剧场、大型模拟生活社区等。	宗教敬情怀 投入 一体化 一流	教育情怀 学校性质 学校条件	宗教—世俗 政府—私人 优越—落后		结果：全功能教育社区；培养完整的人，人格健全，情感丰富的人	支援类属4：政府投入

以一级编码和二级编码为线索，研究者得出初步假设：(1) 国民小学的"全人教育"是针对当前应试教育泛滥而进行的教育探索，为学生的成长和幸福童年生活服务，是一种对理想教育的践行。(2) 他们实施这种教育理念以政府高额投入为基础，为城乡一体化而打造老百姓家门口的好学校。(3) 他们从特色课程入手改变学校生态，实现学科融合，形成覆盖学校全面生活的教育，继而形成全功能的教育社区，培养学生成为完整的人，即人格健全、情感丰富的人。三级编码的核心类属因此由访谈对象的本土概念"迷恋孩子成长的教育"所体现。

在撰写备忘录时发现，二级编码的七个类属之间存在着内容交叉，进一步比较内涵，它们可以合并为教育的目的与价值、特色课程、内部结构性因素和国家投入四个具有内部逻辑一致的类属。再次回到一级编码形成的七个类属以及二级编码对"情境—条件—行动/互动"因素的界定，最终选定核心类属。

通过对校长访谈内容进行的三级编码，研究者初步建构了国民小学全人教育探索的模式 M1（见图 6-1）。该模式显示了该小学全人教育探索的终极价值（成长）和工具性价值（课程），也囊括了探索所需要的外部条件和内部结构性因素。

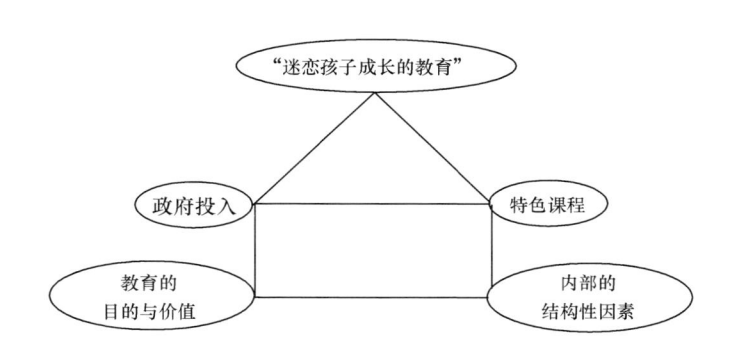

图 6-1 国民小学全人教育探索的模式 M1

但是，该理论模型对于学校全人教育探索的描述还处于一种静态要素分析的状态，对于学校实践缺乏情境的和互动的在场体验。因此，需要对更多的"局内人"（教师和学生）做进一步的访谈。以"迷恋孩子的成长"为核心概念，研究者拟定了新的研究问题：

（1）你觉得学校条件如何？这些条件对于孩子成长有什么作用？
（2）你们开设了什么课程？你认为开设这些课程的意义是什么？
（3）你是怎么实施教学的？现在的教学与以往有什么不同？
（4）为适应新的教育理念，教师如何专业发展的？
（4）教师和学校如何评价学生？

针对这些问题，研究者选择了两名教师作为访谈对象，两人为师徒关系，一人为高级教师，一人为新入职教师。与第一次访谈相似的是，访谈问题只作为访谈准备的一部分，具体问题可能随访谈对象和情境有所增减。

（二）二次理论性抽样的研究呈现：教师的视角

理论性抽样是建立在概念/主题基础之上的资料收集方法，这些概念/主题也来自资料，目的是从地点、任务和事件来收集资料，最大化地从属性和维度上形成概念、揭示变量以及寻找概念之间的关系，[①] 增加类属的属性与维度的密实度。对于国民小学全人教育探索的研究，不是一次抽样完成的，而是随着研究的深入不断选择新的抽样选择。

根据首次抽样研究呈现的"迷恋孩子成长的教育"这一核心类属出发的二次抽样，针对的是参与教育的实践者——教师。与校长的"宏大叙事"不同，二次抽样的访谈者从更微观的视角，给出了与首次抽样研究不完全相同的类属（见表6-2）。

本部分的二级编码与第一次抽样分析的步骤相同，我们将"有温度的课程"这一类属作为结果，围绕它的各种"情境—条件—行动/互动—结果"等范式因素陈述如下。

（1）因果条件。教师把关注生命、进行文化培育、通过教学浸润学生和培育学生的内在秩序作为教育实践的内容。

（2）现象。学校实行全科教学和开设始业课程、常业课程和毕业课程；进行整合教学、项目教学、低结构课堂教学、长短课教学、微课程教学；品牌教师活动。

（3）情境（境脉）。把学校比喻成"居家过日子"，各有分工、各司其职。

---

① ［美］朱丽叶·M. 科宾、安塞尔姆·L. 施特劳斯：《质性研究的基础：形成扎根理论的程序与方法》，朱光明译，重庆大学出版社2015年版，第154页。

(4) 中介条件。学校不仅倡导共同愿景,更要为教师发展创建平台。

(5) 行动/互动策略。学校倡导教师专业发展;对学生进行质性评价;开设家长课程;鼓励学生进行自主学习和自我发展。

(6) 结果。形成"有温度的课程"。

表 6-2　　　　　　　　国民小学教师访谈资料编码

原始材料（略）	贴标签	一级编码		
		属性	维度	类属
	关注生命	教育关注点	强—弱	教育的目的与价值
	居家过日子	学校整体比喻	去中心化—中心化	
	文化培育	教学目的	关注—忽略	
	发展平台	愿景的个人意义	重要—不重要	学校结构与组织
	学生兴趣	教学的起点	明确—模糊	
	浸润学生	教学效果	预期的—不预期	
	内在秩序	教育预期	高—低	特色课程
	自定"校训"	自主发展	提倡—反对	
	有温度的课程	教育转向	恰切—不合适	
	课程是生活的所有形式	课程性质	可接受—不接受	特色教学
	始业常业毕业	阶段划分	合理—不合理	
	主题教学	课程组织方式	安排—不安排	
	整合教学	课程组织方式	安排—不安排	教师专业发展
	低结构	课程组织方式	安排—不安排	
	长短课	课程组织方式	安排—不安排	
	微课程	课程组织方式	安排—不安排	学生的自主学习和发展
	家长课程	课程来源	受欢迎—被排斥	
	全科教师	教师教学方式	可行的—不可行	
	辩课	教师学习方式	有效果—没效果	
	学科教学知识（PCK）	教师学习重点	重视—不重视	质性评价
	品牌教师	教师活动	影响大—影响小	
	师徒制	新老教师帮带	适合的—不适合	
	小马过河	学生学习方式	鼓励—不认可	
	期末过关	学生评价方式	质性的—量化的	

通过二级编码，研究者得到以下初步假设。

在学校全人教育这一"宏大叙事"背景下，学校下层组织（如年级组和教研组）和教师个人通过以下方式体现自己的专业性和理解力，建构实践。（1）课程和教学有效连接了学校教育目的和价值，也与学生的成长和生命体验关联。（2）教师不断通过专业发展来适应新的教育理念和教育群体。（3）教师对学校组织结构的要求降低到不干预正常教学的层次。（4）教育教学实践最终的目标是通过课程使学生自我学习和自我发展。

基于以上假设，三级编码的核心类属由访谈对象的话语概念"有温度的课程"代表，它融会了教师对全人教育实质内容的建构。与"迷恋孩子成长的教育"核心类属合并，我们可以重新定义国民小学的全人教育探索模式 M2（见图 6-2）。

```
                    全人教育探索
                    ↗  ↑  ↑  ↖
                 条件  情境  中介  策略
```

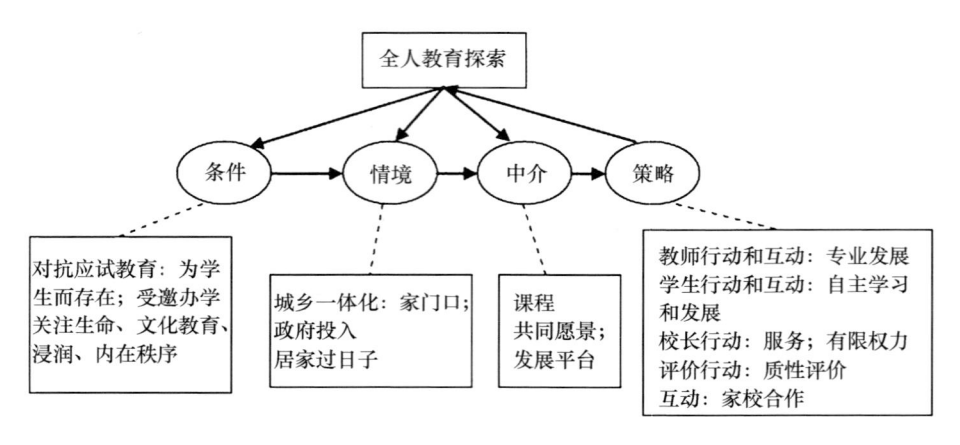

条件	情境	中介	策略
对抗应试教育：为学生而存在；受邀办学关注生命、文化教育、浸润、内在秩序	城乡一体化：家门口；政府投入居家过日子	课程共同愿景；发展平台	教师行动和互动：专业发展 学生行动和互动：自主学习和发展 校长行动：服务；有限权力 评价行动：质性评价 互动：家校合作

图 6-2　国民小学全人教育探索的模式 M2

方法论说明首次理论性抽样和第二次理论性抽样研究呈现的结果不尽相同，这主要是由访谈对象在学校组织结构中所处的位置不同，而导致的话语不同。研究者并没有连续比较这些不同和寻求根源性解释，而是把抽样和编码看作一个动态过程，不断增加类属和属性，增加核心类属的饱和度。①

---

① ［美］朱丽叶·M. 科宾、安塞尔姆·L. 施特劳斯：《质性研究的基础：形成扎根理论的程序与方法》，朱光明译，重庆大学出版社 2015 年版，第 13 页。

（三）对核心类属饱和度的充实：学生、家长和来访者的视角

扎根理论中核心类属的饱和主要通过对其属性和维度的不断增加得以实现。对于国民小学全人教育的探索，已经进行过两轮理论性抽样，并且获得了核心类属。为增大核心类属的饱和度，研究又对学生、家长进行了个别访谈。使用三级编码程序对其分别所做的分析表明，学生更倾向于"迷恋孩子成长的教育"这一核心类属，并补充了"快乐教育""赏识教育""隐性课程"（适合儿童环境）等属性。更多的家长选择了"有温度的课程"这一核心类属，并贡献了"生活课程""家长课程""亲子活动"等属性。

对来访者观点的调查主要使用了"焦点团体访谈法"，这种方法适合探索某一特殊团体中个别成员对某一现象的想法与说法；或者想要借由团体互动来产生新的想法；以及产生诊断性的信息等。本研究中所使用的焦点团体访谈法主要是利用了国民小学召开的一次全国新学校研讨会的一个机会，召集了五位教师作为一个团体，对国民小学的全人教育探索做了一次集中访谈。这个团体对现有的两个核心类属进行了探讨，提出了一个新的核心类属，即国民小学的探索实践是"以西方全人教育理念为媒介，借助雄厚的行政资源而进行的一场学校教育变革"，为此，他们列举出"政府天量投入"、"豪华教师队伍"（35名教师，招聘18名全国特级教师、14名名校硕士毕业生）、"高价购买课程"（政府450万招标来的全人课程）、"整合课程"、"全科教学"等属性。

根据以上为充实饱和度进行的访谈分析，我们大致可以将国民小学的全人教育探索简化为M3模式（见图6-3），其中"学校变革实践"中包含了学生和家长访谈中涉及的核心概念及其属性和维度。

方法论说明在对校长、教师访谈、编码和分析基础上进行的学生和家长访谈，带有"三角互证"的功能；焦点团体访谈团体内的互动，有利于成员之间的交流、补充、纠正，从而对问题有较为深入的探讨。

三 研究结论

从不断进行的理论性抽样、编码和核心类属（概念）的提炼，研究对国民小学全人教育探索的理解也逐渐全面和深刻。国民小学的全人教育也许不能成为一种典型或模型，却可以就其所有的核心类属来说明全人教育一种可能的意涵。

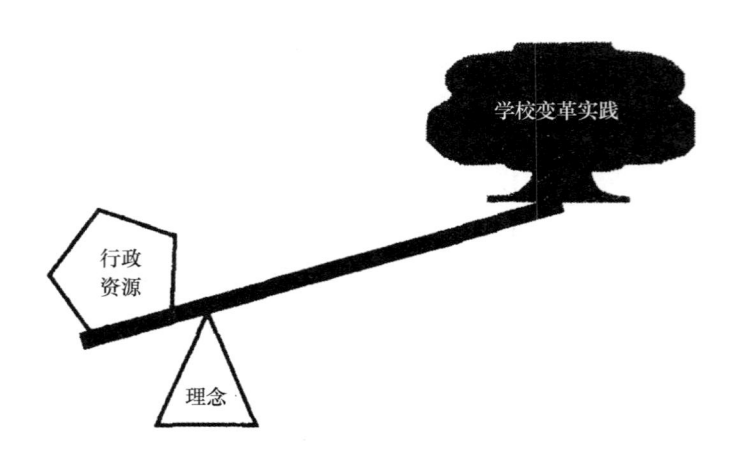

图 6-3 国民小学全人教育探索的模式 M3

首先,全人教育是一种学校行动,它批判的是应试教育、唯才教育、"工厂化"教育所导致的教育异化、工具化、半人化和非人化,反对的是科技理性对人文主义的湮没、工具理性对价值理性的遮蔽。因此,它弘扬和恢复的是人文精神,提倡的是以人为本的理念和关注人的精神性,注重身体、情感、智力、社会、审美等方面和谐发展;在课程设置时考虑学生的个体差异,鼓励学生的个性发展,用发展性的评价促进学生成长。

其次,全人教育是一种学校内部个体、小组、集体之间的互动、组织与结构的互动、学校和社区的互动、学校行动与国家政策的互动以及学校实践与全球化和世界理论的互动。我们可以看到的是学校秉持开放观点,吸纳家长和社会协同教育;鼓励教师教学的多样化和学生学习方式的多样化,注意价值的多元化;以生态教育社区的观念营造教学环境、敬畏成长,融教学、管理、服务、发展为一体;以系统的观念治理学校,上连政府、社会,下连学校成员,把经济、政治、社会资源等结构因素与人的能动性因素结合起来,以及全球互联的理论与实践。

这种基于国民小学情境的研究结论,构成了关于全人教育的一种实质性理论,即当代中国全人教育体现在国民小学的教育探索上,是学校基于一定经济和社会条件、立足一定文化情境、借助一定中介工具、采用一定策略而进行的教育行动和互动。只有当我们把这种理论放在更大的社会视野范围内，采用更广泛的深度访谈、进行连续比较、不断反思和归纳，才能形成具有高度概括性的形式理论。这也是研究者需要进一步探索的课题。

第七章

结论与讨论

本书在对全人教育理论梳理的基础上，对中国三所进行全人教育的学校（含一个书院）进行了个案呈现和综合分析，归纳了三所学校探索实践的路径。作为非主流教育的一支，全人教育自诞生之日起，一直具有哲学基础和历史传承，但缺乏统一的定义和操作规范。因此，无论是在美国本土、加拿大、澳大利亚、日本、新加坡，还是中国的香港、台湾，全人教育都是由实践者定义和构建的。因此，本章将对整个研究进行总结，重新定义中国的全人教育，阐释三种探索类型、分析非主流教育的社会和文化情境。

第一节 结论

本书中的三所实验小学（书院），对全人教育理念持肯定和接受的态度，通过使用中国本土文化去理解和重构它的核心理念，并付诸行动，从而形成了有中国特色的全人教育模式。三所学校在地域、体制、经济、文化、课程与教学等外部特点方面有较大的差异性，其全人教育模式的类型具有典型性，分别可以代表公办精英型学校、公办草根型学校和民办"私塾型"书院的基本特点。他们的探索可以为中国的全人教育定义提供实质性的内涵。在对三所学校个性和共性分析的基础上，本书把中国当代的全人教育定义为：

> 中国当代的全人教育是在批判中国的功利教育和工具教育的基础上形成的，以培养人的德性和人文精神为宗旨、平衡物质生活和精神生活为途径、建立理解与信任关系为纽带、履行知行合一和天人合一

为理念的教育理论和实践；它倡导从日常生活和真实体验中自我发现和唤醒，实现个人本真的存在，并在与世界的连接中寻求意义；全人教育受到宏观社会结构的影响，同时学校的理念、文化和实践智慧对全人教育内容有决定作用；全人教育是强调形成与发展的实践过程，而不是一个终极目的。

隆·米勒曾经对全人教育做过一个界定，即"全人教育不可定义为一种特别的方法或技巧，它必须被视为一种范式，一套可以适用于各种方法的基本假设和原则。"[1]后来，他进一步做了描述，认为全人教育：（1）培育全人的发展；（2）以关系为中心（平等主义、开放和民主关系等）；（3）关注生命体验（而不是基本技能）；（4）文化由人创造，也由人变革（而不是遵从与复制已有的文化）；（5）在深层敬畏生命和未知生命源泉的基础上形成。[2]

与隆·米勒的定义相比，来自中国实践探索的全人教育定义更侧重从中国社会和文化的角度对全人教育内容进行描述，强调全人教育兼具理论与实践的性质以及它的过程性。三类学校的实践探索均以批判应试教育为主的功利教育为前提，强调对功利教育导致的异化现象进行纠正，这是中国进行全人教育的前提。在宗旨上，强调教育的目的是德育，形成一种人性的感应和共鸣，化育人格；同时，培养对人价值的尊重，抗击技术理性非人化的操作。中国的全人教育还响应儒家的"中庸"思想，在物质世界与精神世界寻求一种平衡，成"中"："中也者，天下之大本也；和也者，天下之达道也。致中和，天地位焉，万物育焉。"在实践论上，在致良知的前提下，知行合一；在关系论上，强调天人合一，人与自然和谐相处。

在对三类学校个案分析的基础上，我将三所学校的路径特点列表如下（如表7-1所示）。

---

[1] Miller, R., *Defining a Common Vision: The Holistic Education Movement in the U.S.* Orbit, Special Issue: Holistic Education in Practice 23, No. 2, 1992, pp. 20–21// Miller, J. P. and Drake, S. (ed.), Toronto: OISE Press, p. 208.

[2] Miller, R., *What Are Schools for? Holistic Education in American Culture*, Brandon, V. T.: Holistic Education Press, 1990, p. 221.

表7-1 全人教育探索路径及特点

特点\路径	教育理念	课程	教学	学生成长	教师发展	符号	互动模式
		教与学		师生成长		中介工具	
理念为先的快乐教育	"居家过日子"的整体理念;"学生第一"的教学理念;"己立立人、己达达人"的"跨界达人";"大学校、小行政"的服务理念;"有限权力""去中层化""去行政化"等理念	有"温度"的全人课程:始业、常业、毕业课程;师本、社区共同开发的课程;综合课程	全科教学;儿童中心;显性与隐性教育结合;主题教学、体验式教学,长短课结合;人文精神培养	快乐教育;学生选择权、师生平等,表扬和批评策略,处理生生关系,民主参与、非考试与的"过关"评价	品牌教师;师徒制;关注学科教学知识和识知;辩课	现代教育理念	"杠杆式"互动:学校以全人教育理念为支点,对外部行政资源和内部教育变革进行平衡
文化奠基的全纳教育	"积极的儒家""教师第一"的教学理念;让学生过"完整的教育生活",培养君子,己立立人、己达达人;民主型校长领导力;小行政、大教室管理理念;师者学习共同体相同	"全人之美课程"五大课程体系;学生为课堂主体;高位课堂理论基础;国家课程、师本课程并举;卓越教师开发	分科教学;教师主导、"共美教室";显性教育;以知识提升为任务的补课	吃苦教育(身心);接受课程和教学道德成长路线三境界六阶段;重要"习惯";他人引导、共同叙事,不特意追求成绩;典礼仪式	卓越教师;权威点评式共读仪式	儒家文化"以文化之"和"以文明教化之"	"漏斗式"互动:学校以"文化"作为衡量标准,设计好教育的每一步,以此重塑和调节师生行动;层层让渡角色
智慧传道的经典教育	智慧教育;"如保赤子"的教育理念;"东西方融合"、"知行合一"发展方向;"和"构建学习社区,构建教育的四大课程体系,尊重村道,结缘教育的院长;耕读、自主学习;中庸、知止、自然等儒释道智慧	套装知识课程和经验知识课程的四大课程体系;知行合一、天人合一	主题教学、体验式教学、自然教学;师法自然	正心诚意学习;游戏、生活、快乐学习;自主学习;质性评价	做教书"匠"人师;按梯次培养;三年三个月六个月培训"工匠型教师"	传统智慧;儒释道精神	"太极式"互动:以"道"为智慧,构建"和"的校园

通过表列的三类全人教育实验学校特点，可以回答研究之初提出的三个问题。

三所学校为什么要进行全人教育实验？国民小学是站在批判应试教育的立场上，对"工业化养鸡场"式教育的否定，目的是办"老百姓家门口的好学校"、落实"城乡教育一体化发展"，从而真正为学生的成长和幸福童年生活而存在。蒙新小学不仅对应试教育进行批判和纠正，更多的是关注在恶劣的生存条件下，如何以文化启蒙孩子的心智，以文明培养孩子的气质以及以精神生活弥补物质生活的残缺，让孩子们过"完整的教育生活"。而新苗书院则要超越一般学校对量化管理和分数智育的迷恋，用"如保赤子"的态度，培养孩子的人文素养、真心、善识、美行。虽然表述不一，但三所学校代表了全人教育的一般理念，即针对应试教育等功利教育，为人的完整发展服务。

这三类学校是如何进行全人教育实验的？国民小学依靠公办学校体制蕴含的雄厚经济基础和资源优势，提出了"全人教育"的理念，进行了课程改革、教学改革和评价改革，在教师专业发展上也提出了新的思路。蒙新小学没有丰厚的社会资源作为生长的土壤，虽然属于公办学校，但资源贫乏、生源基础较差，教师整体学历和专业水平低于城市。因此学校不仅关注课程，而且多点互动，全人之美课程、共美教室、共同精神生活、文化治校成为学校全人教育的立基所在。这种草根型的教育变革，是在儒家文化旗帜下，由一群在基层探索教书育人的教师进行的一次文化探索，也是对遭受生活贫困和智力开发迟缓的牧区孩子的心灵救赎。新苗书院是一所"小而美"的私塾教育，根基落在物质世界与精神世界较为自足的一个学校。它的"耕读村落""六艺课程""书香门第""山水美学""节气生活""工匠精神"等经典课程和生活，都让人感受到儒、释、道智慧的影响。"道"是书院办学的精髓，而"和"是书院办学的外显特征，知行合一和天人合一成为中国智慧与全人教育精神的高度契合点，平衡、连接、存在等观点，无不可以用此解释。

三所学校的全人教育实验有什么类型特点？以国民小学为代表的公办精英型学校走的是理念为先的快乐教育之路，一方面，理念成为学校本位发展的旗帜，并转换为共同愿景激励各种探索和实践活动；另一方面，理念也成为国民小学与政府、国民中学进行互动的中介工具。全人教育这一理念成为学校发展的支点，以"杠杆式"互动平衡了校外资源和校内活力这二者的关系。国民小学的理念型全人教育实验既是学校对全人教育理论的理解和再创造，也是学校与政府、国民中学、家长、高期待社会舆论互动所产生的错综复杂、多重意义的沟通渠道；学校通过内部的协商与沟通，对学校进行定位、界定自己所处的情境、确定行动和互动策略，最终在"社会世界"确立了自己的意义和价值。之所以称为现代教育，是因为它的理念中确实体现了从经验中学习、教育民主化、学生中心等西方进步主义教育理念。但是，当前国民小学全人教育实验中出现的过分依赖行政资源、消费主义倾向以及冥思不足等问题，可能影响全人教育的进一步发展。

"文化"成为蒙新小学内部互动的符号，体现的是全人教育本土化构建过程中的协商和转译。学校的互动形成一种"漏斗形的行动者网络"，它强调学校的行动与话语的流程，都要经过"专家"——校长钟祥和学校核心"卓越教师"——的重新设计后，在每一个"强制经过点"（Obligatory Passage Point）——课程、教室、精神生活等各方面——按照可控制和可预测的轨道运行；管理和教学再经过"校长—卓越教师—种子教师—学生"这样一个角色的重重让渡与转换，从而实现重塑和调节师生行为，最终形成一个趋同性的行动者共同体。从校长对"专家"身份的享受、教师"权威点评式共读"、教师收入差距、对学生身份的确认等方面看，学校的"文化治校"带有一种文化霸权的成分；"以文化之"和"以文明教化之"则带有教育的英雄主义情结和拯救意味，因而把受教育者置于一种不平等的位置。这也许是对"学而优则仕"和"师道尊严"理解的偏颇吧？蒙新小学作为一所全人教育实验学校，不仅要提供"完整的教育生活"、关注人的精神性，更要在学生个体独特性、自由和民主等方面予以考虑。这种以教师为中心、强调威权、进行德育灌输的传统教育思想，也是当代需要重新思考和谨慎使用的。

新苗书院把全人教育理念与中国传统智慧做了连接，更重要的是把智慧变成日常生活。书院把"套装知识"和"经验知识"的关系放在"太极图"中说明，是认识到二者既相区别又密切联系的本质。其实这太极图可以囊括新苗书院教育中所有的智慧。书院教育实验的各种元素如课程、生活、德性培养、教师发展等无不是在行动中寻求平衡和转化。太极图看起来大道至简，其实包罗万象，它是以"极简"方式反对简约主义的，反对事物之间一对一的线性过程，强调整体观念。在传统智慧中游刃有余的新苗书院，追求的是"小而美"的中国私塾教育，但是当它不得不正视生存压力的时候，它就要面临办学特色与市场经济的冲突、国际化与本土化的张力、西方文化与中国文化的碰撞。

与美国非主流学校不同，三类全人教育探索学校针对的教育对象并不全是在传统学校中学业可能失败的学生。三类学校招收的学生基本上是与其他本地区学校并无智力差别的孩子。之所以举办全人教育，有的学校是想借助现代教育理念办出自己的特色，有的学校想依托国学回归经典，有的学校想通过探索改变学生生存状况。三类学校都打算使用不同的教学方式向学生提供不同的成长路径，从这点来说，三类学校进行的都是目标趋善的变革。小班教学、师生一对一的互动、支持学习的环境、学生中心（或以学习者为中心）的课程、灵活的组织结构以及给学生更多选择的机会等，显示了非主流学校在育人方面的特别安排。

在师资方面，三类学校的教师在学历、职称、经验、思想等多方面均超过本区其他同类学校；教师的责任心和在职培训都得到加强，他们比传统学校更多地关注学生在智力、情感、身体、社会等方面的发展；在课程与教学方面，三类学校都注重课程开发或课程改造，用更符合学生认知特点和教育规律的方法组织教学。从家长反馈的信息来看，大多数家长都认同学校的教育理念，满意孩子在这种教育中的表现。目前收集到的资料也显示，当地教育主管部门对于这种非主流教育的效果还比较满意，如教育主管部门在三所学校多次举办经验介绍、听课学习、表彰等，媒体报道也多以正面为主。

当然，由于是一种非主流教育的探索，三类学校发展的组织结构、发展速度、完善程度、学生成长业绩等并不完全相同，发展过程中也出现这样或那样的问题。但是，这些不仅与学校本身的努力有关，更受到学校所处的社会环境的影响。

第二节 讨论

如前文所述，"全人"应该包含六个方面的基本素质，即智能、情感、身体、社会、审美和精神性，其中精神性具有统领地位。一个完整的生命，是应该在物质与精神、道德与审美、科学与人文、理性与非理性、认知与情感、个体与群体、个人与社会、现在与未来、实然与应然之间建立一种连接和平衡。全人教育首先应该是对生命发展规律的遵循，对儿童天性的尊重和抚育；其次才是对儿童真、善、美完整人格的培养，以对生命负责的态度实现德育、智育和美育的统一；最后是对社会生活能力的锻炼，教会孩子共同生活和社会生存的技能，实现人的社会化。

中国当代全人教育的探索，给教育的国际化和本土化带来了新的思考。全球化引发了教育的国际化，也带来了世界教育的融合，更引起传统教育观念的变革。当然，每一种文化和教育都具有一定民族性。作为学校，如何才能做到与时俱进和保持自己特色呢？首先，应该是开放心态，对世界优秀文化和教育采取一种欣赏态度，吸收并进行本土构建。其次，要弘扬自己的传统智慧，不断完善和创生理论，与其他教育对话。国际化和本土化不是二元对立的关系，而是教育整体发展中的内外表征。

全人教育同样面临着宏观结构和微观能动性协调的问题。教育是一种集体行为，一项公共参与的事业，呈现不同社会互动因素和群体的内在关联性。在宏观方面，经济无疑是非主流教育的首要条件。历史发展的经验告诉我们，教育是生产过剩经济的结果，经济发展则教育发展。虽然也有 20 世纪初墨西哥用教育提升经济的例子，但总体来说教育受经济影响较大。本研究中的三个案例也说明，全人教育在经济和居民生活水平较高的区域更容易发展，而在不发达地区面临很多资源和人员的困境。但是，强调经济的决定因素并不是强调"物性"或物质主义，也不是强调唯经济论。

全人教育的第二个宏观条件应该是政治或政府支持。中国的非主流教育也是在遵守中国法律和社会规范的基础上举办的，是对传统教育的一种修正或新的探索，因此，应该获得政府认可和更多支持，尤其是在资源配置上要予以支持。

传统的社会学家往往过分强调制度、结构或组织的功能，而把人的行为看作它的产物和附属。而在符号互动论看来，制度和结构只不过是为人的行动了提供了一个框架和情境。在一个有效互动的微观范围内，人们分享共同价值，利用可能资源，通过协商和沟通达成共同程序和方法，可以实现以建构为目的的实践活动。微观结构就是学校流畅运作的决定因素以及它们的组织程序，这些都与具体的人相关。近些年来，在学校教育发展的宏观和微观因素之间，一种"学校作为组织的行动者"的中观观念开始成为教育发展的新视角。这也是本书侧重从学校层面探索非主流教育的原因。

那么，学校作为中观组织，如何才能在教育探索中发挥其最大能动性呢？现代社会，更是一个组织的社会，人们之间的交往互动是在"组织"的框架里进行的。教育作为一种集体行为，如何组织、动员社会资源，促成集体行为的机制应该成为关注的重点。涂尔干最明确地提出社会学的角度应该是从群体的层次来研究社会现象。制度学派提出，组织面对技术环境和制度环境对组织的功能有较大影响，技术环境要求组织有效率，制度环境要求组织服从"合法性"机制，采用那些在制度环境下广为接受的组织形式和做法。

在学校层面，合法性机制形成需要韦伯意义的"领袖的魅力"，也就是需要一个有力的领导者，带领大家勇敢尝试新的理论和理念。在此基础上，学校也许还要形成"共享思维"，即学校的共同愿景或奋斗目标；学校还要形成内部制度，即大家约定俗成的规则，用以协调人们之间的关系和行为。当然，即使具备了以上条件，教育还要面临很多不确定因素，人们的"有限理性"还需要通过共同体成员协商予以弥补。因此，组织学习成为提高组织决策的重要途径。实际上，教育中的学习更多是一种"做中学"，从经验中了解过去、解释今天和预测未来。在学校的决策过程中，规章制度应该成为一切行动的"宪法"，它决定了参与人、参与时间、参与过程以及决策结果；其次，由谁来对决策进行解释、如何解释，才能产生人际意义。

对学校新探索成果维护，如何才能做到变异、选择和保存的恰切性？进行一种教育探索，很大程度上是跟主流教育的分裂甚至完全背离，要避免"盲目变异"，减少重复发展造成的资源浪费。对于变异的过程，选择会起到去芜存菁的效能，提高组织的适应能力；合理的选择无疑会淘汰无效变异，也有利于发挥学校优势。经过变异和选择，一个好的机制得以保存和延续，学校处于平稳均衡状态。学校还要注意从文化传统和实践智慧中形成的组织观念、价值规范等"无形的组织"，它们会在组织中起到协调和同化的作用。

人们需要铭记的是，要避免对组织"完全理性"的神话，更不要自塑神像自我跪拜——包括全人教育在内的非主流教育也不是医治社会或教育病症的唯一良药，它们只是提供了一种回归人性的可能性；中国的非主流教育不能只拜外神不练内功。就像全人教育一样，必须将它的三个核心路径，即连接、包容和平衡，融入中国哲学中，朝向天人合一，知行合一和术合于道。教育的这个"道"不是别的，就是教育本身的规律和人的发展的基本规律。只有这样，教育才有希望。

附　　录

A　部分访谈提纲

一　校长访谈提纲

（一）关于办学理念

1. 学校总的办学理念是什么？为什么制定这种理念？

2. 学校有没有一个 5 年或更长一点的发展计划？如果有的话，是什么？为什么这样制订？

3. 学校总的发展目标是什么？

4. 与其他学校相比，贵校有什么特色？

（二）关于个人经历

1. 您来这所学校（书院）前做过什么工作？为什么要到这里来办学？

2. 您以前的工作或生活经历给了您什么宝贵的财富？

3. 举办当前学校的教育，您有什么特殊经历吗？

4. 您对做这所学校（书院）的校长有信心吗？如果有，请问您的信心来自哪里？

5. 您目前有什么困境或困惑？为什么会出现这种困境或困惑？

（三）关于课程与教学

1. 学校课程是怎样的设置？

2. 为什么要这样设置？

3. 老师如何进行教学的？

4. 目前的课程与教学中存在什么困难？

（四）关于教师发展

1. 学校的教师队伍结构是怎样的？

2. 这样的结构队伍结构有什么优缺点？
3. 学校又采取了什么措施来针对目前的师资队伍问题？

（五）办学效果及其他

1. 目前学校取得了哪些成果？
2. 下一步工作的重点是什么？

二 教师访谈提纲

（一）个人生活

1. 您教书多少年了？来这所学校之前您有什么教学经历？
2. 您为什么来这所学校？
3. 在这所学校工作，您有什么收获或苦难？

（二）教学

1. 您开设了什么课程？
2. 为什么开设这门课程？
3. 您的课程是怎么组织材料的？
4. 您的课程是怎么组织上课的？
5. 您在课程开设的过程中有什么收获？
6. 您在课程教学过程中有什么困难或困惑？
7. 您对学校的课程与教学有什么评价？

（三）对学校理念的认识

1. 学校主要的办学理念是什么？
2. 您觉得哪些理念是切实可行的？
3. 您认为学校还要在哪些理念上做些调整？
4. 学校有什么特色？

（四）对学生成长的认识

1. 您教的孩子有什么特点？
2. 您怎么把自己的课程理念与学生的实际需要调适的？
3. 孩子给您带来的最大收获是什么？
4. 您觉得还有哪些不利于孩子成长的因素？
5. 您主要通过什么方式沟通？

（五）对教师发展的认识

1. 你们的师资队伍结构是怎样的？

2. 这种队伍结构有什么优缺点？
3. 学校为教师专业发展和提升采取了什么措施？效果如何？
4. 教师之间如何开展教研活动？这样开展效果如何？

三 学生访谈提纲

1. 你觉得这所学校怎样？
2. 你认识校长吗？你觉得他怎样？你觉得校长怎样？
3. 你喜欢的课程是什么？
4. 你感觉哪位老师最可爱？
5. 你怎么看待学习？
6. 爸爸妈妈多久来学校一次？他们主要因为什么来学校？

四 家长访谈提纲

1. 您家孩子在这个学校读几年了？
2. 您家孩子如何看待这所学校？
3. 您觉得这个学校怎么样？
4. 跟以前相比，您的孩子在这个学校有什么变化吗？
5. 您周围的其他人怎么看待这所学校？

五 观课后访谈教师访谈提纲

1. 您这一节课的教学目标是什么？
2. 您怎么看待这一节课的教学效果？
3. 这一节课为什么要这样设计？
4. 您的课程是有哪些人参与？大家在其中是怎样分工的？
5. 学生在这一节课中有什么需要特别点评的表现吗？
6. 校长如何参与到班听课、参与评课？

B A 市政府采购公告

A 市小学全人课程儿童学习资源建设
政府采购项目招标公告

1. 招标编号：CEIE ＊＊＊＊＊＊
2. 项目名称：A 市国民小学全人课程儿童学习资源建设政府采购项目
3. 采购人名称：A 市国民小学
4. 采购人联系方式：0＊＊－53582＊＊＊　×老师
5. 采购代理机构名称：A 市××招标代理有限公司
6. 采购代理机构地址：A 市×区×北路 10 号院内
7. 采购代理机构联系方式：0＊＊－5989＊＊＊＊
8. 采购用途：自用
9. 简要技术要求/招标项目的性质：详见招标文件
10. 采购方式：公开招标
11. 采购内容：小学全课程儿童学习资源建设
12. 项目预算人民币：4502798.00 元

第 1 包　小学全课程儿童学习资源建设　数量一批
　　注：本项目共分 1 个包，投标人只可投完整包不允许将一包中的内容拆开投。

13. 标书出售价格：每包人民币　200　元，标书售后不退。若邮购，需另付邮寄费人民币 50 元。
14. 购买招标文件时间：201×年 1 月 20 日起至 2015 年 2 月 8 日止，每天 9：00—11：00；13：30—16：30（法定节假日除外）。
15. 标书发售地点：A 市××招标代理有限公司
A 市××区××北路 10 号院内××公司 5××室
16. 投标截止时间：201×年 2 月 10 日 13：30
17. 开标时间：201×年 2 月 10 日 13：30

18. 开标地点：A市××代理有限公司四层会议室

地址：A市××区××北路10号院内

19. 投标人的资格条件：

19.1 按照招标公告的规定，获得招标文件。

19.2 在中华人民共和国境内注册，能够独立承担民事责任，有生产或供应能力的本国供应商，包括法人、其他组织。

19.3 遵守国家有关法律、法规、规章和北京市政府采购有关的规章，具有良好的商业信誉和健全的财务会计制度。

19.4 满足《中华人民共和国政府采购法》第二十二条规定的所有条件。

19.5 本项目不接受联合体形式的投标。

注：购买招标文件时须携带经有效年检的营业执照副本复印件、企业组织机构代码证复印件、近3个月社会保障资金缴纳记录凭证复印件、法人授权委托书原件（法定代表人、被授权人签字）、被授权人身份证复印件。（注：以上复印件须加盖投标人公章）

20. 评标方法和标准：综合评分法

21. 联系方式：

项目联系人：王×　　丁×

电　　话：0××-5989××××

传　　真：0××-5989××××

邮　　箱：h××××@××××.cn

联系地址：A市××区××北路10号院内

22. 开户名：A市××代理有限公司

开户银行：中国银行××金融中心支行

账　　号：**635602****

××招标代理有限公司

201×年1月20日

C 国民小学刘小保校长在第一次内部培训上的讲话

欢迎参加国民小学教师培训。今天本来是国民小学为招聘的特级教师和硕士毕业生举办的一次培训会，我的老朋友××区教育局局长带领一批骨干教师也要参加，就在一起做这个培训。我先介绍一下国民小学的基本情况。这个学校是一所什么样的学校，大家都看到的。外观和南方的学校坦率地说是没法比的，设计一般，但是它比较大的一个价值是它的内部设计，建议大家看一看我们的教室，120平方米的大教室，放25—30个孩子。看一看我们的音乐教室，看一看我们的儿童的梦幻剧场，这几个地方我们完全是按照美国教室样式设计的。美国现在的教室已经发展到第三代，但整体上说，美国大部分教室都是二代教室。我们的教室设计现在基本的接近美国教室的3.0版，三代教室的标准。也就是说，你到美国去看最好学校的教室，也不过和我们现在的教室都差不多，就是这个样的。我们这样大的教室，就是为了适应我们接下来一系列课程变革的一个需要。

这个学校从教室设计内部是这样的，那么从人才师资结构也全国独一无二，就找不到第二家，典型的"哑铃形"。一般的学校是"橄榄形"。名师少，青年教师少，中间的很多。我们这个学校没有中间，或者说几乎没有。一种是名师，我们从全国各地引进的名师。一种是刚刚毕业回来的硕士生，就是这样一个结构。

接下来我介绍一下我们整个学校的一个概况，大家看这是体育馆，可以去看一下，这是我们的梦幻剧场，还没装修完成，这是我们的音乐教室。音乐教室，你到美国去它最好的学校才有这样的音乐教室，没有桌椅板凳，大家孩子们就坐在这一个平台上来上课。这是我们可以看到的原型的图书馆，图书馆里面孩子的阅览桌椅也是圆形的，现在还没有配上。

这个学校是A市著名的中学——国民中学唯一的一所小学分校，也是全国第一所探索改革性实验校。同时我们学校还是全国拥有特级教师数量最多的小学，市里给了我们18个特级教师的编制指标，我们现在已经完成引进调入的八位，正在办理手续的五位，正在洽谈的三位。全部完成以后有18位特级，这是全国绝无仅有的。

我们还是全国第一所全方位引进西方戏剧课程的学校。西方的戏剧课程不是我们所理解的戏剧表演，或者说不是简单的戏剧表演。在戏剧课程里，戏剧表演是一个载体。通过戏剧这个载体，指向学生全面的综合的发展的教育。那么我们也是全国第一所开设电影课程的学校，不是看电影、放电影，是电影课程。电影课程跟放电影有着很大的区别，放电影只是一个学生的业余生活，电影课程就是一个系统的教育规划。

我再介绍一下我们的办学目标，探索全新的办学路径和课程模式，为A市D区打造一流教育品牌，为满足D区高端人才奠定基础。我们准备用五年时间把学校推向中国小学教育最高端，成为A市一流、全国闻名的小学。

下面介绍一下我们的名师。这位是王×，我们的执行校长，特级教师，全国大赛一等奖获得者，全国优秀教师。原青岛市某小学校长，有深厚的专业素养和丰富的管理经验，现任我们的执行校长。这位是张×，山东省特级教师，齐鲁名师，山东省教学优秀奖获得者。他从山东被引进到杭州，我们又把他从实验小学挖到我们学校，现在是我们高年级学部的学部主任。这位是徐×，也是山东省教学名师，现在是我们的办公室行政服务中心主任，连我们的办公室主任都得是特级的，不是特级的都不要。朱×，江苏省优秀教育工作者，特级教师。这也是非常优秀的，现在是我们的数学学科组的学科部主任，数学学科的领袖人物。这位是冯×，特级教师，曾获全国数学课堂教学大赛一等奖。我们这里获数学课堂大赛一等奖的是有两个，获语文的有一个。这是常×，大家都比较熟悉，被称为"中国的女雷夫"。美国的雷夫是男的，她是女的。中央电视台曾经两次对她进行过专访，全国名师四大人物，山东省教育厅表彰的先进教育个人、十大创新班主任和齐鲁名师，是我们学校的一张名片，也是我们的一个王牌。接下来要给大家上课的是我们的语文课程主导开发者，钱×，34岁，浙江首批名师，浙江省大赛一等奖，长三角的江南才子。雷×，河南名师，河南省骨干教师，河南省学术带头人，来之前曾经担任分校校长多年，有丰富的管理经验和教学经验，善于做剪刀手，他的标志就是剪刀手，一合影就"耶"，他今天也在现场。刘老师，刘老师是我们的大帅哥，真人比照片还漂亮，曾经任河南省某实验小学教导主任，也是全国示范大赛的一等奖获得者，×大学校附小长助理，后来因为户口办理问题，×大办不了没办法，被浙江杭州某小学名校挖去了，挖去以后我们又挖回来。杭州某小学两个特级都被我们挖来了，所以它的校长跟我是苦大仇深啊。我对刘老师的评价是全国名列第四的小学数学名家。李×，手续办理之后已经来上班了，长得和他的名字一样，留着小平头，身高修长像竹子一样。特级教师，安徽省名师，安徽省骨干教师培训者，也是我们杂志的铁杆粉丝，我原来是某杂志的主编，但是我居然不知道他。后来他来应聘面试都过了关，我打电话给编辑部了解情况，他说非常好，你不知道，你怎么审的稿。我说我真的不知道，李×老师，现在已经来上班。这位是美女刘×，40岁，特级教师，齐鲁名师，教育部远程教育专家，不能念太多，念太多她会骄傲的。现在负责我们的低段学部。李×，就是刚才给大家忙来忙去照相的那位，这张照片可能是修了修。长得是很好，但是照的照片过于年轻了，哪里像43，就像23。胜利油田的特级教师，山东省优秀教师，胜利油田名师工作室主持人。我们编辑部办了一个高端培训，为胜利油田办的一个高端研修班，为他们一百个骨干培训，他是班长，结果培训完了，把班长给留下来了，为了这个事情他们的局长非常生气。当然了，生气也没办法。那么我们还有两位正在洽谈中，一位是高×，特级教师，安徽名师，安徽省大赛一等奖获得者，今天也来了。还有黄×，今天也来了，特级教师，也正在洽谈中。还有一位也是山东的，郑×，特级教师，今天也来到现场了，那这几个都在洽谈中。这些都是我们师资中的精英。

那么这样一个师资，这样一个师资状况我们要做什么，这样一个师资群体你能做出什么？这是我们一直在思考的问题。我们想如果这样一个群体在普通的学校里，在常规的管理机制下，根本没法发挥。所以我们首先就从管理的机制上做了非常大幅度突破，我们实行真正的一种扁平化、分布式、项目制管理。

什么是扁平化，我们这里没有副校长，就一个校长和一个执行校长。然后就是三大学部，低段学部管一、二年级，中段学部管三、四年级，高段学部管五、六年级。那么这个学部的主任就相当于学校的副校长，他们就是校领导，校务委员会的成员，就是校领导成员之一。那么学部它拥有年级组长的聘任权、教师的聘任权、班主任的聘任权，拥有一定的财务支配权，拥有课程的开发权，拥有他这个学段之内他分管的学段之内的课程的调配权，所以说我们的学部相当于校长。

那其他的如校长、执行校长、课程教学服务中心、行政服务中心，做什么呢？全力以赴为三个学部服务。三个学部的主任为级部服务，级部为班主任服务，班主任为孩子服务。我们管理的重心下沉，下沉，再下沉，一直下沉到班级。在这个学校员工圈内，教师是至高无上的，教师是第一的，一切为教师的发展服务，一切为班级教学服务，最终才能保证一切为学生服务。我们讲的这个不是虚的，是扎扎实实，实实在在，现在各个学部他们已经充分感受到压力。

比如说现在刚刚成立学部，他们遇到问题习惯性地就去找校长，这个事情怎么办，那么我们就说你不要来找我，这是你自己的事情。你需要经费支持，你需要培训支持，你需要资金支持，这个校长来给你做，你需要政策支持校长来做。你内部的运作由全部你自己来做，这就是我们的一个管理架构。

那在这样的一个管理架构下，我们要做什么？这是我们从这个学校成立之初一直在思考的一个问题，因为这个学校我是第一个到位的。所有这些老师都是我引进的，那从我到位的第一天，我来的时候这个地方一片荒地，几个脚手架，到现在这么一个学校。我就一直想，这样的一批名师加上全国名牌大学毕业的这样一批优秀的硕士生，我们究竟要做什么？我就在考虑，肯定要改革，肯定要做课程。

那么现在我们小学的改革，走在全世界的前列。全世界没有任何国家它的课改像中国小学课改搞得这么轰轰烈烈，这么火热，这么遍地开花。你走到一个乡镇的农村小学，他都在搞课改，这里画上一幅画，那里弄上一幅图，这里列上一个口号，他都叫课改。我们的单学科的改革，比如说语文，可以说全国到处都是名师。全国到处都是流派，全国到处都是各种各样的教学点，单单一个阅读有经典阅读、新经典阅读，什么国学阅读、速读，那都是流派纷呈。

数学、英语，各个学科全面开花。对不对？但是现实怎么样呢？我们的孩子负担依然很重，我们的孩子综合素质依然比较差，和人家国外没法比，为什么会出现这个情况？我到美国去，我去年在筹备这个学校的时候，我个人自费跑到纽约，我看了十多所学校。给我一个强烈印象是，第一点孩子的精神状态特别好，你到了那儿以后，那个孩子的那种放松的感觉，真的太好了。我听过一节课，老外他没有上课的概念，美国人上课是他自己一个隐私的事情，你去听课他不愿意的，我的课你凭什么来听啊？你侵犯孩子们的隐私权，他是这样一个概念。

为了听这一节课，通过各种各样的关系，跟人家校长沟通，这个校长还跟中国有着很深的感情，我又送他一份很好的礼物，他说这样吧，老教师好商量一点，我给你找一个老教师给你上一节课，年轻的老师他不同意的，不同意校长也没办法。安排了一个老教师，恰恰这个老教师喜欢中国文化，那么我就在图书馆听了一节阅读课，满怀期待。图书馆里铺着地毯，十几个孩子，有三个孩子躺在那里，其他的孩子坐在那里。满头白发的一个老师，坐在这么高的一个小椅子上，就讲中国的故事。翻一页讲一讲，我们就坐在旁边，人家孩子都躺着，都坐着，没办法，我们也坐在地毯上。人家老师可能从来没有受过上公开课的考验，一会儿就满头大汗。搞得我很不好意思，你想一个满头白发的老人，在讲故事。

而且英语我也不懂，题目是什么，他讲了一会儿他觉得太单调了，他说，同学们，这是中国的老师，我们讲的中国的故事，你们有什么问题要问。小孩子很有意思，他有问题怎么问，他跑过来就问我，这是上课，跑过来就问我。他说中国的小朋友为什么脖子上戴着一块儿红布，我爱人给我翻译的，我爱人是大学的老师。她就没有红领巾这个概念，没反应过来。她根据 red cloth 翻译成红布。我想是什么红布，我想她肯定翻译错了，她说他说的就是红布，我说你再好好问问。我说是红领巾，不叫红布，我想这个怎么回答，你能告诉他是红旗的一角，革命烈士的鲜血染红的，我想也不能这样讲，他不明白。

我讲你怎么知道中国小朋友戴的红布呢？戴红领巾。他说他爸爸在香港，他每年暑假跟她妈妈到香港来，她爸爸领他到大陆，经常来玩。玩的时候，也到人家学校去参观，看人家学校，他就感到很奇怪，小朋友都戴着这个东西。我当时我说，这是中国好孩子都戴上这个。他说那不公平，那差孩子就没有吗？我说没办法给他回答，你知道吗？

我说的什么意思呢？他们上课非常的放松，精神状态非常的放松。去年总校长带着我们到上海，看上海的国际学校，我们看了四所，三所是和欧美合办的，包括美国、英国等的，一所是新加坡的（亚洲的）。最后一所是看新加坡的（亚洲的）。这四所都是上海顶尖学校，学费一年都是10到15万，都是老外的孩子。到了新加坡那个学校，我和总校长站在那里，正好是放学，楼道里都是铺的脚印。他说你看只有东方的学生有这个东西，他说你注意，所有的小孩都是排着队沿着脚印走，只有东方的孩子这样。你在欧洲有哪一个学校有这个脚印，他说为什么要这样子。当我们是孩子的时候我们喜欢自由，当我们当了老师的时候，我们为什么就要限制孩子的自由呢？当我们当老师的时候，我们不喜欢考级，为什么当了校长之后特别喜欢考级呢？他说给孩子一点自由，没有关系。中国人，整个的这种精神压抑的状态，就从我们的小学教育开始，这是给我的一点非常深刻的体会。

跑了那么多学校，普遍而言，给我印象最深的是他们孩子的心情状态。第二点是孩子的阅读量。他的知识的难度确实不如我们，知识难度，他这个知识点很少。但是他的孩子的阅读量，他到小学六年级的时候，他们有的是不分年级，对于六年级、七年级，有的也叫六年级，有的也叫小学高级研修班。六年级最多的时候，他就读到二百多本书，一般的200多本书。一个孩子一年平均在30本左右，这是他的阅读量。他的这个图书馆和我们的图书馆完全不一样，他的图书馆根本不是那么整齐。图书馆的书都比较乱，我就问他们的校长为什么这样，他说孩子看肯定乱。他说你整天摆得整整齐齐，中国很多学校摆得整整齐齐，我一看都不是给孩子看的。孩子摆乱了，挨批评的，我们不存在这个问题。孩子在图书馆看，躺着看，趴着看，都没问题，孩子的阅读量特别大，这是第二点。

　　第三点我特别关心的课程里，他们怎么搞课程改革。我就问你们搞不搞课程的研究啊，他们搞，他们也研究。我问校长怎么搞，校长说我不管。我说你不管，谁来管？他说我们的老师都是包班的。他们搞他们自己的。后来我就找包班老师，你自己包一个班级你怎么搞课程，他说我们都是伙伴互助式。比如说三年级四个班，我比较对眼的几个老师，我们就结合在一起，选一个方向，我们就做研究，做研究就在自己班里实施。遇到困难找校长，遇到政策问题找校长，其他的全都是自己在做，我说这个很好。

　　我说你们有没有特色？他很奇怪什么叫特色。那你一个学校只有一个特色，众多的孩子怎么办？一个特色肯定不行。这就是这个问题，人家是每一个老师都有自己的特色，老师结成伙伴，三四个老师就一起，就形成了一种课程研发小组，这个给我留下非常深的这么三点印象，这是一个。

　　从这个我们就得出一个概念，微课程。实际上人家做的，我们的课程改革是什么，怎么搞的？我们的课程改革是自上而下由教育部开始的，由教育部来推动的。我们老师是什么，是木偶，是被动的实践者，专家怎么说我们怎么做，我们没有课程开发权，我们甚至连课程的稍微调整权都没有。那么在国外，他们这种以伙伴互助式的课程也好，实际上就是一种微课程。所以我们现在提出一个微课程的概念，微课程现在有人在提，实际上他们是微课，一节课40分钟，他讲5分钟，10分钟，这叫微课，这不叫微课程。微课程是浓缩的课程，虽然小但它五脏俱全。微课程也不等于微课题，一个老师自己搞课题，那不叫微课程。

　　关于微课程，什么是微课程，怎么研究微课程，这两天抽个时间我还会给大家，给各位老师做一个交流，因为我希望我们学校老师说，每一个人都有自己的微课程，每一个青年老师都要结成伙伴，形成自己的伙伴互助式的课程研发小组，这个具体怎么做，微课程怎么操作，我给大家讲一讲以后，其他老师最后还要给大家讲一下。

另外一个就是我们的一个共享，因为今天都是我们的实验区也来做这个东西，这是我在美国感受到的比较深的东西，就是翻转课程。什么是翻转课程，很简单，把课堂反过来。老师在课堂上讲的不讲了，反过来，学生在课堂上写作业，什么意思呢？把一个一个的知识点，老师自己拍摄成五分钟到十五分钟的视频，发给孩子，这个视频带有互动性，它可以互动。那么孩子自己带回去看，孩子看15分钟视频以后，孩子已经看了，上课第一环节就是讨论。你看视频以后不懂的，谁不懂，谁能回答，不能回答老师答。讨论完了这个知识点过了写作业，就在课堂上写作业，课下不再写作业，课下里写作业是没有老师辅导的。所以他的反馈不及时，那么课堂上的作业，他效率是高的。那么课堂老师随时指导，随时指点，效率非常高。负担减轻了，质量提高了。这个来自哪里呢？来自美国叫黑森林地区，黑森林地区有82所学校，82所学校，这个学区就是当地最差的一个学区，富人，有钱人纷纷逃离，后来有一个老师，他自己，这个老师有点懒，他给孩子天天上课很累，孩子来的作业他还得批。有一天他自己突发奇想，我们能不能把这个录下来，让孩子自己去看。课堂上写写作业，我不就多省心，他就自拍自说自话，拍了15分钟视频。孩子都愿意看视频，发给学生，学生很高兴。第二天上课，问看懂了吗？看懂了。都看懂了吗？都看懂了。为什么？他说看不懂我们就找家长讨论，他非常积极。

干什么，课堂上？没事了，那写作业吧。好，写作业。然后他做了，后来他的一个好朋友，一个铁哥们儿，说你这个办法很好，就不用老师讲课了，那我也用用。他两个人一用，在这个学校掀起了一股自拍视频发给学生看的风气，校长发现了很好。立马在全校推开，全区总监发现很好，相当于我们的教育局长，发现很好。立马在全区推开，82所学校推开。三年时间，这一个学区成为这个州是教育质量最好的学区，最重要的是使孩子的学习兴趣大幅度地提升，学生感兴趣了。信息技术，多媒体技术，网络被充分地融合和运用到了日常的常态教学当中。

现在我们的信息技术，基本上是剥离的，是两张皮的。加上PPT，就算用信息技术，这个不算。最近我们正在跟一个公司谈，谈什么呢？谈一个我们的网站建设,谈一个合作。谈的时候,我们提出一个多媒体微课堂,五分钟微课堂。老师讲,然后他有孩子的评论,有一级评论、二级评论、三级评论,三级评论就是水平相当高了,然后有互动作业,这个非常好。我们把这个架构拿来,我们把老师内容填充进去,这就是中国版的微课堂。天宁区经济条件也很好,我觉得我们可以一起来做。

当然,最重要的一个就是我们的教育实验,我刚才讲了,在美国的三个状态,第一个孩子的精神状态,第二个孩子的阅读量,第三个就是他们的伙伴互助式研究。那我一直在思考,我们这样一个公办体制下的学校,你怎么办?有没有勇气突破。刚才我讲了,我们已经把管理体制变更了,那我们接下来变更必须是课程,我们的课程要达到一个什么目标,首先就是全人教育。什么是全人教育,指向全面的人格发育,指向全面的素质培养。知识与能力,过程与方法,情感态度价值观,落到实处,这才叫全人教育。这是全人教育的第一个概念。第二个就指向全面的课程,所有的课程我们打通学科壁垒,进行学科融合,形成一个统一的育人的课程体系。第三,覆盖全面的生活。我们学校,将来我们会有交通信号灯,会有斑马线,任何人,包括领导,信号灯一亮你都必须站住,就在校园里培养学生的交通意识,包括我们有儿童设计体验馆,全国第一家儿童设计体验馆,儿童英语,儿童出版社全都有,这种东西就提供一种全面的生活。当然最重要的是我们希望我们的孩子能够快乐,所以说,我们开发了实验课程,让孩子一路学,不建立学科概念,没有语文、英语、数学学科概念,我们提供给学生的是一天又一天快乐的生活,在唱儿歌当中,在读故事当中,在做游戏当中,在玩动手当中,把数学,科学全部融汇进去。这就是我们的全课程的一个实验的思路,那我们有一个想法,教育没有专利,全日制教育都一样,我们希望能够共享,也希望能够有伙伴能够加入进来一直前行。

所以我非常主动地找到我们×区,跟××区的局长还有我们很多的校长一起探讨,一起研究,我们想一起来做这个东西。我们的想法就是用三五年的时间,把全课程教育实验的框架,把它的内涵基本上让它完善起来,丰富起来。打造中国版的真正适合孩子成长的个性化这样的一种教育体系,这就是我们整体的一个初步的设想。仅仅是设想,因为是内部培训,所以说不揣浅陋,给大家做一个汇报,请大家批评指正。

(根据现场录音整理,另其中涉及的人名、地名均已匿名化)

D 新苗书院学生"评量"

2018—2019 学年第一学期期末总结评量

年级：　　　○年级　　　　　　　　班级：　　○○家

学号：　（入学年度.00.入学次序）　　姓名：　　○○○

导师总评								

课程	堂数	等第		课程	堂数	等第
儿童文学暨经典			艺术	造型艺术/工坊		
数学领域				音乐		
自然领域			心行	人文茶学		本学期课程已修习完毕
英文 Level				书道美学		
生活作息与综合活动				儿童体适能		
				儿童太极		

出席记录	应出席：○日							
	缺席	○日	迟到	○日	病假	○日	事假	○日	旷课	○日

导师签章		主任签章		校长签章	

评量说明：

1. 优（90以上），佳（80—89），良（70—79），可（60—69），发展中（60以下）。

2. 依书院学规，学生每迟到一次，应扣"生活作息与综合活动"项目学期总成绩0.5分，应扣分数若超过15分，仍以15分计算。

3. 英语采混龄分级制，Level 1 为初阶，以此类推，Level 4 为最高阶，孩子的等第代表该级实际等第分数。

新苗书院 2018—2019 学年第一学期期末总结评量

（2）节气生活美学记录

年级：＿＿＿＿○年级＿＿＿＿　　　　　班级：＿＿○○家＿＿

学号：＿＿（入学年度.00.入学次序）＿＿　姓名：＿＿○○○＿＿

壹、整体学习总评

贰、考评项目

考评内容	课程内容及能力指标
人文知识/ 例：成就测验	
人文素养/ 例：学习档案	
综合能力/ 例：展演	
教师签章	

"评量"的结构、内容、等第如下：

● 评量内容：学生的课本制作与笔记、习作、档案与课堂中的练习以及学童在该科意志、情感及思想的表现为主要的评量内容。

● 整体的发展：考虑主、体、位（身心灵）的合一发展；学、思、信、行的知行合一能力。

● 评量的向度：为人文素养与人文知识兼容并蓄。

● 评量的方法：为透过"质"与"量"的描述呈现学习现状。

● 常态课程学习：日积月累"常"的学习，生活态度的培养；除学期中的学习观察纪录与学生档案外，于期中、期末进行测验评量。

● 艺术领域学习：艺术领域课程与活动设计，旨在以文化的多元性、艺术的丰富性为背景，鼓励学生透过不同的"创作"过程，觉知世界、感受万物，在"美学"的普适价值中，借由不同的表现和沟通的形式，传达自身独特的创造性与美感经验；此一时期，不以作品论高低，不以知识技能较强弱，故以"质性评量"取代成绩，让学习动机重回创作原初的感动，使"学习成就"回归自我完成的喜悦，让"美"成为孩子一生的朋友。

● 心行学程学习：我们东方文化中重要的生活与艺术形式，以"由艺入道、以心传心、知止敬虔、做中学"带孩子亲身力行，随事磨炼，透过实作的学习，人文素养的提升，以磨炼自己内在的心性。且在东方的文化中一直有一项重要的功夫"行"。即在日常生活中透过双手具体创造工作的实感去体悟、感受、内化，面对自我完成与实现，以积累而成内在的智慧，而非立竿见影的学习。

● 其他各学习领域，以笔记、札记、学生学习档案、发表、呈现、展演评量之。

● 期末总结评量与亲师会谈：每一学期末，进行多元评量活动呈现，教师于期末完成学习评量总结报告后，于下学期末与父母一对一约谈，并和父母一起讨论、回顾孩子一学年的成长，一同省思未来在教育孩子的工作上，父母与教师共同工作的方向，期末总结评量将于期末以面交或邮寄方式寄给家长。

● 评量的等第：

1. 优（90以上），佳（80—89），良（70—79），可（60—69），发展中（60以下）。

2. 依书院学规，学生每迟到一次，应扣"生活作息与综合活动"项目学期总成绩0.5分，应扣分数若超过15分，仍以15分计算。

3. 英语采混龄分级制，Level 1为初阶，以此类推，Level 4为最高阶，孩子的等第代表该级实际等第分数。

新苗书院

参考文献

专著及译著

Fan, Y., *From Integrative Worldview to Holistic Education*, 西南大学出版社 2004 年版。

Miles, M. B. and Michael, H. A.：《质性资料的分析：方法与实践》，张芬芬译，重庆大学出版社 2011 年版。

Miller, John P.：《如何成为全人教师》，李昱平、张淑美译，心理出版社 2008 年版。

Miller, John P.：《生命教育——全人课程理论与实务》，张淑美等译，心理出版社 2011 年版。

［德］第斯多惠：《德国教师教育指南》，袁一安译，人民教育出版社 1990 年版。

《马克思恩格斯全集》（第二版），人民出版社 2006 年版。

［法］卢梭：《爱弥儿》，李平沤译，人民教育出版社 1985 年版。

［荷］格特·比斯塔：《测量时代的好教育》，张立平、韩亚菲译，北京师范大学出版社 2019 年版。

［美］艾尔·巴比：《社会研究方法》（第 11 版），邱泽奇译，华夏出版社 2009 年版。

［美］赫伯特·马尔库塞：《单向度的人》，刘继译，上海译文出版社 2008 年版。

［美］克利福德·格尔兹：《文化的解释》，韩莉译，译林出版社 2008 年版。

［美］兰德尔·柯林斯：《互动仪式链》，林聚任等译，商务印书馆 2009 年版。

［美］李·舒尔曼：《标志性的专业教学法：给教师教育的建议》，黄小瑞、崔允漷译，载安桂清、周文叶主编《教育改革时代的学校本位教师专业发展》，华东师范大学出版社2014年版。

［美］理查德·桑内特：《匠人》，李继宏译，上海译文出版社2015年版。

［美］隆·米勒：《学校为何存在？——美国文化中的全人教育思潮》，张淑美、蔡淑敏译，台湾：心理出版社2009年版。

［美］罗伯特·波格丹、萨利·诺普·比克伦：《教育研究方法——定性研究的视角》（第四版），钟周等译，中国人民大学出版社2008年版。

［美］麦瑞尔姆：《质化方法在教育研究中的应用：个案研究的扩展》，于泽元译，重庆大学出版社2008年版。

［美］乔治·F. 奈勒：《教育哲学导论》，陈友松译，教育科学出版社1982年版。

［美］施密特：《启蒙运动与现代性——18 世纪与20 世纪的对话》，徐向东、卢华萍译，上海人民出版社2005年版。

［美］朱丽叶·M. 科宾、安塞尔姆·L. 施特劳斯：《质性研究的基础：形成扎根理论的程序与方法》，朱光明译，重庆大学出版社2015年版。

［日］秋山利辉：《匠人精神》，陈晓丽译，中信出版社2015年版。

［日］小原国芳：《小原国芳论著选》，刘剑乔等译，人民教育出版社1993年版。

［日］佐藤学：《课程与教师》，钟启泉译，教育科学出版社2003年版。

［瑞士］裴斯泰洛齐：《裴斯泰洛齐教育论著选》，夏之莲等译，人民教育出版社1992年版。

［西］费尔南·多萨瓦特尔：《教育的价值》，李丽等译，北京大学出版社2014年版。

［西］塞万提斯：《堂·吉诃德》，杨绛译，人民文学出版社1987年版。

［英］大卫·利文斯顿·史密斯：《非人》，冯伟译，重庆出版社2012年版。

［英］怀特海：《教育的目的》，徐汝舟译，生活·读书·新知三联书店2002年版。

［英］迈克尔·波兰尼：《个人知识》，许泽民译，贵州人民出版社2000年版。

［英］迈克尔·波兰尼：《科学、信仰与社会》，王婧华译，南京大学出版

社 2004 年版。

陈向明：《质的研究方法与社会科学研究》，教育科学出版社 2000 年版。

陈仲庚、张雨新：《人格心理学》，辽宁人民出版社 1986 年版。

单中惠：《西方教育思想史》，山西人民出版社 1996 年版。

丁钢：《声音与经验：教育叙事探究》，教育科学出版社 2008 年版。

费孝通：《乡土中国》，北京大学出版社 2012 年版。

冯克诚：《裴斯泰洛齐人文教育思想与教育论著选读（上）》，中国环境科学出版社 2006 年版。

顾明远：《教育大辞典》，上海教育出版社 1998 年版。

黄武雄：《童年与解放》，首都师范大学出版社 2011 年版。

李荣堂：《全人教育至善论》，高雄：复文图文出版社 1998 年版。

林治平主编：《全人教育国际学术研讨会论文集》，财团法人基督教宇宙光传播中心出版社 1996 年版。

钱穆：《国史新论》，生活·读书·新知三联书店 2010 年版。

舒志定：《教师教育哲学》，北京大学出版社 2012 年版。

《陶行知全集》（第 2 卷），四川教育出版社 2005 年版。

滕大春：《外国教育通史》（第一卷），山东教育出版社 1989 年版。

《王阳明全集（卷七文录四〈大学古本序〉）》，上海古籍出版社 2011 年版。

吴式颖：《外国教育史教程》，人民教育出版社 1999 年版。

《杨贤江全集》（第二卷），河南教育出版社 1995 年版。

张东海、谢安邦：《全人教育的理论与实践》，华东师范大学出版社 2011 年版。

张立平：《教育学》，江西教育出版社 2020 年版。

郑新蓉、胡艳主编：《泥土上的脚印——新中国第二代乡村教师口述史》，广西教育出版社 2018 年版。

郑也夫：《吾国教育病理》，中信出版社 2013 年版。

朱文雄：《大学经营与全人教育》，高雄：复文图书出版社 2010 年版。

朱永新：《中国新教育》，中国人民大学出版社 2012 年版。

期刊与报纸

安桂清：《整体课程：面向 21 世纪的课程远景》，《比较教育研究》2006

年第 6 期。

白亮、王爽、武芳：《乡村教师发展支持体系研究》，《中国教育学刊》2019 年第 1 期。

陈桂生：《关于"新教育实验"的〈公开信〉小议》，《教育发展研究》2006 年第 10 期。

陈金铭：《一个做"全人课程"的语文教师》，《小学语文教师》2014 年第 11 期。

陈霜叶、王奕婷：《察器求道转识成智：质性教育研究五年述评与学术共同体的使命展望》，《华东师范大学学报》（教育科学版）2020 年第 9 期。

陈向明：《扎根理论在中国教育研究中的运用探索》，《北京大学教育评论》2015 年第 1 期。

崔保师等：《扭转教育功利化倾向》，《教育研究》2020 年第 8 期。

狄金华、钟涨宝：《从主体到规则的转向——中国传统农村的基层治理研究》，《社会学研究》2014 年第 5 期。

冯建军：《论全人教育》，《中国教育学刊》1999 年第 3 期。

干国祥：《沙漠里长出来的"全人之美"课程》，《当代教育家》2015 年第 9 期。

高嵩、陈晓端：《论当代主题式教学中的课程知识整合》，《课程·教材·教法》2020 年第 5 期。

贡华南：《书之形与形而上——书道中的视觉超越及其归宿》，《陕西师范大学学报》（哲学社会科学版）2015 年第 4 期。

郭海鹏、黄匡忠：《全人教育的理念和实践》，《社会科学前沿》2020 年第 9 期。

郭斯萍、陈四光：《精神性：中西方心理学体系结合的对象问题》，《南京师大学报》（社会科学版）2012 年第 3 期。

郭元祥：《大规模教育实验：意义与局限》，《教育研究与实验》2006 年第 4 期。

韩延伦、刘若谷：《教育情怀：教师德性自觉与职业坚守》，《教育研究》2018 年第 5 期。

胡逢清：《"乡土意识"与新桂系》，《南昌大学学报》（人文社会科学版）1990 年第 3 期。

胡虹丽:《探寻国学教育与现代教育契合点》,《中国教育学刊》2011年第11期。

黄丽玲、胡小桃:《论雅思贝尔斯的"全人"教育思想及启示》,《当代教育实践与教学研究》2018年第2期。

黄晓婷、卢晓东:《"超级中学"未必"超级"》,《中国青年报》2016年1月4日第10版。

黄晓星:《从主流教育和非主流教育谈起》,《教育科学论坛》2004年第3期。

黄一鸥、王利华:《终身教育理念下构建社区学习共同体研究》,《教育与职业》2020年第24期。

[美]贾森·K.斯威迪恩、韩传信:《改善对道德两难困境的感受》,《中国德育》2007年第10期。

江畅、王佳璇:《中国传统智慧和转识成智观念考论》,《江苏行政学院学报》2020年第1期。

江净帆:《小学全科教师的价值诉求与能力特征》,《中国教育学刊》2016年第4期。

江淑玲、陈向明:《师徒互动对师范实习生专业观念的影响——交换理论的视角》,《华东师范大学学报》(教育科学版)2017年第6期。

江宜桦:《从博雅到通识:大学教育理念的发展与现况》,《政治与社会哲学评论》2005年第14期。

金琦钦、丁旭、盛群力:《教师如何变革教学——OECD创新教学法"5C"框架探析》,《开放教育研究》2018年第4期。

金生鈜:《何为教育实践》,《华东师范大学学报》(教育科学版)2014年第5期。

李超、金成平:《日本剑道发展经验及启示》,《体育文化导刊》2019年第3期。

李存山:《国学研究与中国的现代化》,《中国社会科学院研究生院学报》1996年第3期。

李锋:《乡村教师怎样真正回归乡土》,《中国教育报》2019年5月23日第6版。

李弘祺:《中国传统教育的特色与反省》,《北京大学教育评论》2012年第2期。

李宏伟、别应龙：《工匠精神的历史传承与当代培育》，《自然辩证法研究》2015年第8期。

李瑾瑜：《论师生关系及其对教学活动的影响》，《西北师范大学学报》（社会科学版）1996年第3期。

李建民：《破除功利化　让教育回归育人本位》，《光明日报》2019年12月10日第13版。

李景韬、刘华荣：《基于乡土情怀培育的大学生爱国主义教育模式》，《兰州交通大学学报》2018年第1期。

李萍：《论现代人文素养与中华茶道的内在关系》，《广东社会科学》2019年第6期。

李润洲：《完整的人及其教育意蕴》，《教育研究》2020年第4期。

李希贵：《改造我们的学校——"新学校行动研究"之内蕴》，《人民教育》2010年第7期。

李希贵：《"新学校行动计划"解读》，《基础教育》2007年第3期。

李谊、周婷：《小原国芳全人教育思想的理论构架及其渊源》，《湖南行政学院学报》2006年第3期。

李志刚：《扎根理论方法在科学研究中的运用分析》，《东方论坛》2007年第4期。

梁恒豪：《西方精神性概念的发展、应用及与中国处境的关联》，《世界宗教研究》2015年第6期。

廖小芒：《〈韶乐〉的乐教传统与当代价值》，《湖南社会科学》2020年第3期。

林杰：《人文主义教育与科学主义教育思潮评析》，《江苏高教》2002年第3期。

刘宝存：《全人教育思潮的兴起与教育目标的转变》，《比较教育研究》2004年第9期。

刘炳赫、于伟：《小原国芳"全人教育"的价值界定与理论探讨》，《贵州民族研究》2019年第10期。

刘立士：《"书道自然"与"书为心画"——中国书法本体建构的两个维度》，《中国书法》2017年第14期。

刘丽群、周先利：《校本课程深层开发：何以可能》，《湖南师范大学教育科学学报》2020年第6期。

刘守英：《当前中国已经步入"城乡中国"阶段》，《北京日报》2019年1月28日第14版。

刘云杉：《"知识改变命运"还是"教育使人不被命运所摆布"》，《探索与争鸣》2015年第6期。

刘云杉：《自由的限度：再认识教育的正当性》，《北京大学教育评论》2016年第2期。

楼世洲：《我国近代工业化进程和职业教育制度嬗变的历史考察》，《教育学报》2007年第1期。

卢川、郭斯萍：《国外精神性研究述评》，《心理科学》2014年第2期。

马多秀：《乡村教师的乡土情怀及其生成》，《教育理论与实践》2017年第13期。

马菁汝：《不要失去美术课的学科价值——对罗恩菲德和艾斯纳两种美术教育模式的思考》，《中国美术教育》2004年第4期。

潘显一：《简论道教的"山水"美学观》，《中华文化论坛》2014年第6期。

祁志祥：《国学人文精神的现代意义》，《浙江工商大学学报》2013年第1期。

钱峰：《无才去补天》，《福建教育》2015年第14期。

渠敬东：《迈向社会全体的个案研究》，《社会》2019年第1期。

隋斌、张建军：《二十四节气的内涵、价值及传承发展》，《中国农史》2020年第6期。

孙利天、赵天越：《从现象学看中国传统智慧》，《求是学刊》2018年第3期。

陶继新：《立己达人，成人之美——干国祥"全人之美课程"构建的哲学思考（上）》，《新教师》2018年第7期。

陶继新：《立己达人，成人之美——干国祥"全人之美课程"构建的哲学思考（下）》，《新教师》2018年第9期。

陶新宏：《佛教福田思想与社会慈善事业》，《青海社会科学》2013年第1期。

童宏保、高涵、谈丰铭：《从"全人教育"到"人的全面发展"辨析》，《中小学德育》2018年第12期。

童龙超：《乡土意识：乡土文学的"灵魂"》，《江淮论坛》2006年第

3 期。

汪明帅：《"班级教学"与"个别教学"的博弈——以私塾、道尔顿制和现代私塾为分析对象》，《上海教育科研》2011 年第 9 期。

王洪才：《教育研究的基本方法论》，《北京师范大学学报》（社会科学版）2006 年第 6 期。

王鉴、苏杭：《略论乡村教师队伍建设中的"标本兼治"政策》，《教师教育研究》2017 年第 1 期。

王鉴：《教育民族志研究的理论与方法》，《民族研究》2008 年第 2 期。

王晴锋：《反思社会研究中作为方法的深度访谈》，《云南社会科学》2014 年第 1 期。

王熙等：《从国学之"国"看国学教育的当代价值》，《北京师范大学学报》（社会科学版）2014 年第 4 期。

王阳：《做独立学校，而非私立学校——专访新苗书院国际学校总校长智隆博士》，《留学》2016 年第 1 期。

辛志勇、王莉萍：《中小学校长评价研究述评》，《教育理论与实践》2006 年第 18 期。

魏善春：《分科抑或全科：本科小学教师培养理念与课程建构省思——基于过程哲学的视角》，《教师教育研究》2020 年第 3 期。

邬志辉：《中国农村教育发展报告 2017》，《中国教师报》2017 年 12 月 27 日第 11 版。

吴康宁：《个案究竟是什么——兼谈个案研究不能承受之重》，《教育研究》2020 年第 11 期。

吴毅：《何以个案、为何叙述——对经典农村研究方法质疑的反思》，《探索与争鸣》2007 年第 4 期。

吴银银：《教师实践性知识表征形态的质性研究——以 Y 教师为个案的叙事》，《上海教育科研》2021 年第 1 期。

席梅红：《新中国成立 70 年乡村教师历史价值探析》，《中国教育学刊》2019 年第 6 期。

夏燕靖：《斧工蕴道："工匠精神"的历史根源与文化基因》，《深圳大学学报》（人文社会科学版）2020 年第 5 期。

肖川：《蔡元培教育思想的现代诠释》，《教育发展研究》2000 年第 12 期。

谢翌：《关于学校文化的几个基本问题》，《外国教育研究》2005 年第 4 期。

熊江宁、李勇刚：《北京"现代私塾"的现状与出路》，《北京社会科学》2011 年第 5 期。

熊江宁、李勇刚：《当代私塾的合法性与政府监管研究》，《中国行政管理》2015 年第 4 期。

徐迅雷：《教育要切实避免"内卷化"》，《杭州日报》2020 年 10 月 26 日第 A04 版。

徐邠：《想象的空间——中国画留白之诠释》，《苏州大学学报》（工科版）2006 年第 10 期。

薛艺兵：《对仪式现象的人类学解释》，《广西民族研究》2003 年第 2 期。

杨国荣：《论实践智慧》，《中国社会科学》2012 年第 4 期。

杨海英：《学习共同体溯源、基本内核及启示》，《北京劳动保障职业学院学报》2020 年第 4 期。

杨亚辉：《全人教育：培养全面发展的人的一种视角——"中国百年教育历程：回顾与展望研讨会"综述》，《中国高等教育》2010 年第 12 期。

杨跃：《谁是教师教育者——教师教育改革主体身份建构的社会学分析》，《南京师大学报》（社会科学版）2011 年第 6 期。

叶澜：《让课堂焕发出生命活力》，《教育研究》1997 年第 5 期。

叶小文：《儒释道三家的当代对话——"中华之道儒释道巅峰论坛"纪实》，《中央社会主义学院学报》2010 年第 12 期。

余国志、袁俊峰：《缔造完美教室朝向幸福完整——新教育实验"缔造完美教室"叙事研讨会会议综述》，《教育研究》2015 年第 4 期。

臧玲玲、刘原兵、吴伟：《高校教师参与社会服务的决策机制——一个基于扎根理论的解释框架》，《高等教育研究》2020 年第 9 期。

詹石窗：《关于"应用国学"的几点思考》，《厦门大学学报》（哲学社会科学版）2020 年第 2 期。

张国玲：《新中国 70 年教师队伍建设的"变"与"常"——基于历年国务院政府工作报告的语料分析》，《教师发展研究》2019 年第 3 期。

张环宙、黄超超、周永广：《内生式发展模式研究综述》，《浙江大学学报》（人文社会科学版）2007 年第 2 期。

张靖：《论教育改革过程中需要警惕的若干极端倾向》，《教育探索》2017

年第 5 期。

张俊列：《"七 I"课程观：美学取向的探究》，《陕西师范大学学报》（哲学社会科学版）2016 年第 1 期。

张立平：《拓展性学习：教师专业发展的共同体视角与实践意涵》，《教育学术月刊》2014 年第 4 期。

张立平：《十年教师专业学习共同体研究文献述评》，《教师教育论坛》2015 年第 1 期。

张立平：《两难空间的教师专业身份建构——中国社会文化视角下的案例分析》，《教育学术月刊》2016 年第 1 期。

张立平、王晓玲：《全人教育教师的"家族相似性"研究——基于扎根理论的分析》，《教育参考》2016 年第 2 期。

张立平：《当代中国全人教育的一种意涵——扎根理论分析与建构的视角》，《教育学术月刊》2018 年第 2 期。

张立平、程姣姣：《农村教师乡土情怀的意涵与培育路径》，《教育学术月刊》2021 年第 1 期。

张滢：《教育创新共享才有价值》，《中国教育报》2014 年 11 月 5 日第 2 版。

张荣伟：《从哪里来 到哪里去？——"新教育实验"本体论》，《山西大学学报》（哲学社会科学版）2017 年第 6 期。

赵贵胜：《画中有诗：中国水墨动画的诗意美学特征》，《民族艺术研究》2020 年第 4 期。

赵明仁：《先赋认同、结构性认同与建构性认同——"师范生"身份认同探析》，《教育研究》2013 年第 6 期。

中国教育科学研究院课题组：《乡村教师队伍建设的成效与困难——一项基于中西部五省区乡村教师队伍的调查》，《中国教育报》2018 年 7 月 10 日第 8 版。

钟启泉：《"整体教育"思潮的基本观点》，《全球教育展望》2001 年第 9 期。

周鸿志：《小原国芳的全人教育论及其别具特色的教学原则》，《北京师范学院学报》（社会科学版）1991 年第 2 期。

周文叶：《促进深度学习的表现性评价研究与实践》，《全球教育展望》2019 年第 10 期。

朱胜晖、孙晋璇：《乡土文化转型与乡村教师专业发展》，《当代教育科学》2018年第8期。

朱永新、汪敏：《"新教育实验"价值系统的特征与实现路径》，《教育科学》2020年第1期。

朱永新：《"新教育实验"的基本理论与实践探索》，《课程教材教法》2005年第9期。

朱永新：《过一种幸福完整的教育生活：新教育实验的缘起、发展与愿景》，《中国教育学刊》2016年第5期。

英文文献

Adler, P. A. and Adler, P., "Observational Techniques", In Denzin, N. and Lincoln, J. (eds.), *Handbook of Qualitative Research*, San Francisco, C. A., 1994.

Ascher, C., "ERIC/CUE: Alternative Schools—Some Answers and Questions", *Urban Review*, Vol. 14, No. 1, 1982.

Beauchamp, C. and Thomas, L., "Understanding Teacher Identity: An Overview of Issues in the Literature and Implications for Teacher Education", *Cambridge Journal of Education*, Vol. 39, No. 2, 2009.

Campbell, S., et al., "Purposive Sampling: Complex or Simple? Research Case Examples", *Journal of Research in Nursing*, Vol. 25, No. 8, 2020.

Clandinin, D. J., *Handbook of Narrative Inquiry: Mapping a Methodology*, Thousand Oaks, C. A.: Sage, 2006.

Clandinin, D. J., Pushor, D., and Anne, M. O., "Navigating Sites for Narrative Inquiry", *Journal of Teacher Education*, Vol. 58, 2007.

Clark E. T., "Holistic Education: A Search for Wholeness", In *New Directions in Education*, Miller, R. B. (ed.), Vermont: Holistic Education Press, 1991.

Clark E. T., *Designing and Implementing an Integrated Curriculum: A Student-Centered Approach*, Brandon, V. T.: Holistic Education Press, 2001.

Kathryn, F. C., James, A. D., and Richard, A. K., "Pedagogical Content Knowing: An Integrative Model for Teacher Preparation", *Journal of Teacher Education*, Vol. 44, No. 4, 1993.

Fadie, H., Oostdam, R., Severiens, S. E., et al., "Domains of Teacher Identity: A Review of Quantitative Measurement Instruments", *Educational Research Review*, No. 27, 2019.

Flinders, D. J., "In Search of Ethical Guidance: Constructing a Basis for Dialogue", *Qualitative Studies in Education*, No. 5, 1992.

Forbes, S., *Holistic Education: An Analysis of Its Ideas in Nature*, Brandon, V. T.: Foundation for Educational Renewal, 2003.

Franklin C., Kelly M. S., Szlyk H. S., "Alternative Schools", In: Levesque R. (eds.), *Encyclopedia of Adolescence*, Springer, Cham, https://doi.org/10.1007/978-3-319-32132-5_154-2, 2015-10-23.

Korthagen, F. A. J., "In Search of the Essence of a Good Teacher: Towards a More Holistic Approach in Teacher Education", *Teaching and Teacher Education*, Vol. 20, No. 1, 2003.

Glaser, B. G. and Strauss, A. L., *The Discovery of Grounded Theory*, Chicago: Aldine, 1967.

Grimes, B., *Multidimensional Classroom: Development a Comprehensive Research Base for Holistic Education*, Ph. D. dissertation, England: University of Cambridge, 2007.

Hargreaves, A., "Mixed Emotions: Teachers' Perceptions of Their Interactions with Students", *Teaching and Teacher Education*, Vol. 16, No. 8, 2000.

Honig, B., "Difference, Dilemmas, and the Politics of Home", *Social Research*, Vol. 61, No. 3, 1994.

Hutchins, R. M., *The Learning Society*, New York: Frederick A. Praeger Inc, 1968.

Katarina, N., "Ethical Dilemmas of Swedish School Leaders", *Educational Management Administration & Leadership*, Vol. 35, No. 2, 2007.

Kelly, A. V., *The Curriculum: Theory and Practice*, London: Paul Chapman Publishing Ltd., 1999.

Kohlberg, L., *Essays on Moral Development, Vol. I: The Philosophy of Moral Development*, San Francisco: Harper & Row, 1981.

Lee, K. D., *Toward a Philosophical Frame Work for Holism in Education*, Ph. D. dissertation, University of Arizona, 1997.

Lucila, T. R., *Holistic Education: An Analysis of Its Pedagogical Application Dissertation*, The Ohio State University, 2008.

Ginsburg, M. B., "Beachside Comprehensive: A Case Study of Secondary Schooling AND Dilemmas of Schooling: Teaching & Social Change", *Comparative Education Review*, Vol. 27, No. 3, 1983.

Michael, M. and Hofman, J. E., "Professional Identity in Institutions of higher learning in Israel", *Higher Education*, Vol. 17, No. 1, 1988.

Miller, John. P., *The Holistic Curriculum*, Toronto: OISE Press, 2001.

Miller, John. P., *The Holistic Curriculum* (2nd ed.), Toronto: OISE Press, 2007.

Miller, R., *What Are Schools for? Holistic Education in American Culture*, Brandon, V. T.: Holistic Education Press, 1990.

Miller, R., Introduction: In New Directions in Education: *Selections from Holistic Education Review*, Miller, R., (ed.), Brandon, V. T.: Holistic Education Press, 1991.

Miller, R., "Introduction: Vital Voices of Educational Dissent", In *The Renewal of Meaning in Education: Response to the Culture and Ecological Crises of Our Times*, Miller, R. (ed.), Brandon, V. T.: Holistic Education Press, 1993.

Miller, R., "Defining a Common Vision: The Holistic Education Movement in the U. S. Orbit", *Special Issue: Holistic Education in Practice*, Vol. 23, No. 2, 1997. Edited by Miller, J. P. and Drake, S., Toronto: OISE Press, 1992.

Miller, R., "Holism and Meaning", In *Ron Miller, Edited by Caring for New Life: Essays on Holistic Education*, Foundations for educational Renewal, 2000.

Miller, R., "Holistic Education in the United States", In Ron Miller, *Caring for New Life: Essays on Holistic Education*, Brandon, V. T.: Foundations for educational Renewal, 2000.

Miller, R., "Non-Standardized Education", In Ron Miller, *Caring for New Life: Essays on Holistic Education*, Foundations for educational Renewal, 2000.

Miller, R., "What Is Democratic Education? Paths of Learning", 2007, Retrieved from www.pathsoflearning.net.

Noddings, N., *Caring, A Feminine Approach to Ethics and Moral Education*, Berkeley, C. A.: University of California Press, 1984.

Pandit, "The Creation of Theory: A Recent Application of the Grounded Theory Method", *The Qualitative Report*, Vol. 2, No. 4, 1996.

Pittard, M., "Developing Identity: The Transition from Student to Teacher", Paper presented at the Annual Meeting of the American Educational Research Association, 2003.

Ronald, G., *Beginnings in Ritual Studies*, University of South Carolina Press, Rev. ed., 1995.

Rousseau, J. J., *Emile or on Education, Translated by Allan Bloom*, New York: Basic Books Inc. Publishers, 1979.

Schutz, P. A., "Inquiry on Teachers' Emotion", *Educational Psychologist*, Vol. 49, 2014.

Strauss, A. and Corbin, J., *Basics of Qualitative Research: Grounded Theory Procedures and Techniques*, Newbury Park: Sage, 1990.

Strauss, A. and Corbin, J., *Grounded Theory Methodology: An Overview*, Thousand Oaks: sage Publications, 1994.

Strauss, D. and Norman, K., *Strategies of Qualitative Inquiry*, Thousand Daks: SAGE Publication Incorporated, 1998.

Strauss, A. L., *Qualitative Analysis for Social Scientists*, Cambridge, UK: Cambridge University Press, 1987.

Theodore L., et al., "Curriculum Reform with a School-based Approach: Intellectual, Structural and Cultural Challenges", *School Leadership & Management*, No. 3, 2018.

Victor, B. and Cullen, J. B., "The Organizational Bases of Ethical Work Climates", *Administrative Science Quarterly*, Vol. 33, No. 1, 1988.

Ward, C., Bochners, S., and Furnham, A., *The Psychology of Culture Shock*, East Sussex: Routledge, 2004.

Wenger, E., *Community of Practice: Learning, Meaning, and Identity*, Cambridge University Press, 1998.

Wilber, "An Integral Theory of Consciousness", *Journal of Consciousness Studies* 4, No. 1, 1997.

Willson, V. L., "Research Techniques in AERJ Articles: 1969 to 1978", *Educational Researcher*, Vol. 9, No. 6, 1980.

Wright, M. C., *White Collar: The American Middle Classes*, New York: Oxford University Press, 1951.

Yin, R. K., *Case Study Research and Applications: Design and Methods*, Thousand Oaks: Sage, 2018.

Zembylas, M., "Discursive Practices, Genealogies and Emotional Rules: A Poststructuralist View on Emotion and Identity in Teaching", *Teaching and Teacher Education*, No. 21, 2005.

其他文献

刘云杉:《今天的教育已经变成了赌场》, http://finance.sina.com.cn/roll/2019-07-23/doc-ihytcerm5638718.shtml, 2019年12月6日。

李谊:《小原国芳教育思想探析》, 硕士学位论文, 湖南师范大学, 2005年。

陈能治:《以全人教育理念作为通识教育的核心价值》, 人文价值与生命关怀通识课程之理论基础研讨会, 树德科技大学通识教育学院, 2002年。

张东海:《全人教育思潮与高等教育实践研究》, 博士学位论文, 华东师范大学, 2007年。

杨东平:《"教育内卷化"的秘密》, https://www.163.com/dy/article/FUIJUFEA0536JW7T.html, 2020年12月27日。

中共中央国务院:《深化新时代教育评价改革总体方案》, http://www.gov.cn/zhengce/2020-10/13/content_5551032.htm, 2020年10月13日。

中华人民共和国国务院:《国务院关于深化考试招生制度改革的实施意见》, http://www.gov.cn/zhengce/content/2014-09/04/content_9065.htm, 2020年12月21日。

后　　记

但凡生活在中国、参加过高考激烈竞争的人，都会对那场考试充满矛盾心理。一方面，考试是公平的，大家通过应试实现人生的第一次涅槃，人生也因为一段奋斗历史而充满意义。另一方面，应试教育带给每一个人应试者的心酸或痛苦又是难以磨灭的，因为它耗去了个人与家庭太多的时间、精力、财富和热情，更有人因为这场考试出现生理、心理或情感问题。辩证地看，高考有利于国家选拔人才和个人的阶层流动，但过度的应试教育却异化了教育应有的育人功能。教育应该是一种信念，不是把世界上所有的知识教给孩子，而是教给他怎样在需要的时候去获取知识，教给他如何准确地估价知识的价值，教给他要爱真理胜于爱这世上的一切东西。好的教育应该成为世界上所有"善"的源泉，可以实现以文化人、以文育人、以文培元和文以载道。

带着对现实教育问题的反思和对未来教育的期许，本书探讨了进行全人培养的路径，呈现了教育的多样性发展图景，归纳出理念为先的快乐教育、文化奠基的全纳教育和智慧传道的经典教育三种路径（或可称为模式）。通过案例分析，研究者或多或少地在暗示：我们的教育不能只看到眼前的蝇营狗苟，更应该脚踏实地追寻人生的诗与远方。在当代培育全人，需要从中华传统文化和智慧中寻求至善之道，也需要"睁眼看世界"，从整个人类的思想精华中萃取营养。

本书源自笔者为完成博士论文而作的一项研究。为完成这项研究，我花费了将近两年的时间奔波于三省进行田野调查，访谈人数近50位，原始资料超过70万字。在案例学校中，我观察最多的是课堂、活动和典礼仪式。课堂主要观察了课程内容、课程时间和空间安排、教材使用、课堂教学方法、学生学习方式、师生互动频率和方式等。访谈是看似轻松实际劳顿无比的研究活动。每次访谈前，都要确定访谈对象并且对访谈对象的背景做尽可能多的了解；有时几次访谈可能都得不到理想的资料。后期的文字转录也耗费了不菲的资金。研究过程中，我还深入学习并使用个案研究、民族志研究、现象学研究和扎根理论研究等范式，虽然不尽完美但总体体现求其善者而用之的思路。模式建构阶段，主要使用了个案分析、扩展个案分析和跨个案分析，力求在宏观—中观—微观的社会结构和互动中寻求学校作为办学主体的行动逻辑。为出版而进行的研究报告修改过程中，笔者在兼顾研究完整性和可读性的同时，也尽量做到学术的规范性和严谨性。

尽管距离最初的调查工作已经过去一段时间，田野学校也发生了很多变化，包括办学思路修订、校长更换、学校裁撤等。但研究所揭示的全人教育模式仍然在不同地区和学校沿袭、变革，围绕全人教育的探索一直在持续。同时，我也一直在反思自己的研究。本研究所选择的个案是不是最具典型性？研究工具和方法的使用是不是恰切？经验升华和理论生成的高度是不是达到了资料所支撑的极限？在研究和论文初稿完成的几年间，作者不断思考、不断补充资料、不断分析数据，终于诚惶诚恐地将之付梓了。但我相信，实践者和研究者对全人教育的思考没有止境。

本书的形成要感谢北京大学教育学院的陈向明教授，她在我的整个研究中起到了耳提面命和画龙点睛的作用。刘云杉教授、文东茅教授、康健教授、蒋凯教授、沈文钦副教授以及北京师范大学的郑新蓉教授、首都师范大学的徐玉珍教授都为本研究提供了中肯的、建设性的、针对性的和指导性的建议。北大国际关系学院的雷少华副教授，同为北大博士研究生的江淑玲、董江华、陈昱岢、詹成峰等同学、北京海淀外国语实验学校的朱燕校长，以及案例学校的领导和老师们也通过不同形式给予了支持和帮助，天津师范大学的李婧瑶、王德洋、张景川、张林梦等学生在修订过程中也付出了大量劳动，对他们不应吝啬真挚的感谢。同时还要感谢我的家人在我攻读博士和研究期间的支持，没有他们我不可能完成学习和研究任务。最后，本书的出版还获得了中国社会科学出版社的大力支持，对此也表示深深的谢意。但是，文中的疏漏之处完全由笔者负责。

张立平
2021 年 8 月 9 日